U0448193

历史主义五论

焦佩锋 著

商务印书馆
The Commercial Press

图书在版编目(CIP)数据

历史主义五论 / 焦佩锋著. — 北京:商务印书馆,2022
ISBN 978-7-100-20308-1

Ⅰ.①历… Ⅱ.①焦… Ⅲ.①历史主义－研究－德国 Ⅳ.①K03

中国版本图书馆CIP数据核字(2021)第176154号

权利保留,侵权必究。

历史主义五论

焦佩锋 著

商 务 印 书 馆 出 版
(北京王府井大街36号 邮政编码100710)
商 务 印 书 馆 发 行
三河市尚艺印装有限公司印刷
ISBN 978 - 7 - 100 - 20308 - 1

2022年2月第1版　　开本 640×960　1/16
2022年2月第1次印刷　　印张 19 1/2

定价:98.00元

本书为作者所主持的国家社科基金"唯物史观与当代历史主义关系研究"（项目编号：13CZX015）的最终结项成果

目 录

导言 作为问题的历史主义 1

专论一 历史主义与历史科学 7
  一、历史学的三种类型 8
    （一）作为客观记述的历史学 8
    （二）作为揭示规律的历史学 15
    （三）作为意义阐发的历史学 20
  二、历史主义与历史科学 24
    （一）正相关 24
    （二）负相关 29
  三、当代史学的两重转向 33
    （一）第一重转向：全球史学 34
    （二）第二重转向：网络史学 40

专论二 历史主义与自然主义 46
  一、古典的自然法 47
    （一）古希腊的谱系 48

（二）中世纪的传统 60
二、近现代的自然法 71
　　（一）德国谱系 73
　　（二）英国谱系 78
　　（三）法国谱系 85
三、自然法与历史法 88
　　（一）自然大于历史 88
　　（二）历史大于自然 93
　　（三）自然史与人类史的综合 100

专论三　历史主义与相对主义 107
一、"历史相对主义"问题的由来 108
　　（一）一般性：历史主义与欧洲 108
　　（二）特殊性：历史主义在德国 125
二、"历史主义危机"及其克服 136
　　（一）古典历史主义 137
　　（二）中期历史主义 144
　　（三）晚期历史主义 151
三、历史主义与相对主义的弥合 157
　　（一）科学主义与历史相对主义 158
　　（二）形而上学与历史相对主义 161
　　（三）马克思主义与历史相对主义 164

专论四　历史主义与纳粹主义 167
一、历史法学派 168
　　（一）蒂堡 169
　　（二）萨维尼 174

二、历史经济学 180
　　（一）弗里德里希·李斯特 181
　　（二）威廉·罗雪尔 186
　　（三）卡尔·门格尔 188
三、历史文化学 193
　　（一）宗教改革对德语文化的影响 194
　　（二）德意志的古典主义运动 196
　　（三）虔信运动及其纪律性 198
　　（四）浪漫主义 201
四、德意志民族主义 205
　　（一）赫尔德 207
　　（二）费希特 210
　　（三）黑格尔 213
五、历史主义与纳粹主义 217
　　（一）历史主义对个体是一种无批判的认同 218
　　（二）历史主义放大了对历史过程的乐观主义想象 220
　　（三）纳粹主义是历史主义的间接结果 222

专论五　历史主义与保守主义 225
一、保守主义的内涵及其形式 226
　　（一）作为心理习惯的保守主义 227
　　（二）作为思想运动的保守主义 236
二、历史主义与保守主义的一致性 246
　　（一）思维原则上：面向过去 247
　　（二）理论立场上：信奉上帝 253
　　（三）政治立场上：推崇旧制 259
　　（四）政治手段上：拒斥暴力 263

三、历史主义与保守主义的差异性.................................270
　　　（一）民族观念的差异.....................................270
　　　（二）神学观念的差异.....................................278

参考文献..283
后　记..299

导言　作为问题的历史主义

在《唯物史观与历史主义》（复旦大学出版社 2013 年版）和《唯物史观与当代历史主义》（人民出版社 2019 年版）两部著作中，我们从思想史和哲学史的角度对近当代的历史主义及其与唯物史观的关系做了大致的梳理，在做完这些工作之后，我们发现：

一方面，只有在西方历史思想史的脉络和谱系中，我们才能看清历史主义的理论诉求与现实目的，实际上，这也是廓清历史主义诸多杂乱性内涵的必要工作。基于这项工作，我们也才能够看清"作为问题的历史主义"在近代历史哲学由历史本体论转向历史认识论、思辨的历史哲学转向批判的历史哲学之中所起到的某些积极作用。当然，作为一种观念论和方法论，历史主义也实质地参与了历史科学的构建，从而为职业化的历史学研究和发展奠定了基础。

另一方面，更为重要的问题在于，历史主义更多强调的是一种基于历史为现实进行辩护的理论立场，这种立场不仅体现在史学领域，而且渗透于哲学、政治、文化等多个领域，这为讨论哲学领域的历史相对主义和历史虚无主义、政治领域的国家主义和纳粹主义、文化领域的保守主义和民粹主义提供了有益视角。在之前的研究中，我们对近当代西方历史思想史的梳理有点偏重于历史哲学和历史科学，而对历史主义的衍生形式和相关思潮未进行重点关注和充分梳理，此乃之前研究的一种局限性所在。

为弥补上述不足，本著作试图以问题为导向，对历史主义进行专论性研究。我们的研究思路是：以历史主义所透显的历史意识为指引，以历史主义与历史科学的基本关联为基础，分别对其所关涉的自然主义、相对主义、纳粹主义、保守主义等问题进行分门别类的研究，以求全面呈现历史主义问题的跨学科特征。当然，既然是问题式研究，我们也就不做章节勾连，而是直接进行铺陈，以便使对历史主义问题的剖析更为鲜明和立体。具体是：

在"历史主义与历史科学"专论，我们的考虑是，作为一项对人类生产和交往活动的记载，历史学的发生发展源远流长，在这个意义上，古人对于神话、诗歌、音乐、建筑、战争、英雄的记载都属于历史记忆的基本形式。经中世纪基督教的浸淫之后，历史成了彰显上帝荣光和人自身命运的一种载体，但是，历史学真正获得科学化的面孔和身份则是近代科学主义的产物，18世纪意大利的维柯所谓的《新科学》（1725年初版）便是在这个意义上提出的。维柯向我们表明，历史是人的活动，作为一门"新科学"，历史学所要做的就是对人类的行为和活动进行记载并加以理解。此后，经过了启蒙运动的科学主义和人文主义强化之后，19世纪的实证主义思潮使我们对历史的理解上升到了新的高度，这便是，历史学不仅仅是一种对客观事实的记载，而是包含着对人的活动规律和历史发展规律的提炼与阐发。在此过程中，德国历史主义实质上从本体论和方法论意义上强化了这一思潮。和之前朴素的历史意识和泛神论的历史观念相比，历史主义更注重历史的本体论维度。在德国历史主义这里，一切事物都是历史事物，一切问题都是历史问题，它特别强调特殊性、个体性，甚至一次性历史事件的价值相对主义意义。因而，历史科学的萌芽和发展要早于历史主义，历史主义只不过从观念论层面强化了历史科学，此乃历史主义对于历史科学发展的积极意义。

在"历史主义与自然主义"专论，我们意在表明，认识历史主义问题需要参照西方古老的自然法和自然主义传统。在建立起对历史的敬畏之前，人类曾经在很长一段时间对自然充满敬畏感，所谓的自然神论其实就是这种敬畏感被神圣化的结果，基督教所宣扬的"万有论"便是这种结果的典型象征，这一点我们可以从奥古斯丁和阿奎那等人的思想中得到印证。然而，从格劳秀斯、普芬道夫、霍布斯、洛克、萨维尼等人开始，一种所谓的现代政治或民族国家的自然权利或天赋人权，及其带来的历史观念的兴起，导致了西方古典的自然法传统或自然正义的衰落。① 由此开始，西方的历史叙述开始由"天道"转向"人道"，而人道之开启同时意味着历史事业的真正开启，这才有维柯将历史作为一门新科学之说，也才有马克思后来所谓的"历史就是人的活动"之说，当然，更为重要的是，马克思对历史的兴趣显然不只是一种类形而上学的观念论置换，而是要从人的活动本身出发去科学对待人与自然、人与社会以及人与过去的历史的关系，这种将自然史与人类史进行综合处理的方法显然超越了西方过去的自然法及其近世的历史法传统。

在"历史主义与相对主义"专论，我们意在表明，在历史主义这里，一切事物都具有无可替代性，正所谓"具体问题具体分析"其实强调的就是这个意思，因而，尽管历史学可以采用自然科学的实证化方法为自己正名，但是，自然科学和历史科学毕竟存在某种不同。对于自然科学来说，其研究的是相对固定、可以累积甚至是反复出现的自然现象，因而，按照近代科学主义原则，所谓科学的东西一定意味着有规律可循，对于相对稳定的科学事实，我们可以借助特定的实验条件进行比对和验证，但是，历史学显然做不到这一点，原因是，一方面，历史事件往往不会重复发生，使这些历史事件得以可能的各种因素和条件也不会重复出现；另一方面，史学家在选取历史事实并进行历史叙述时，往往难以避免自身的主观色彩或者自身认识的局限性。因而，正如西方学者所言："绝不可能有一种科学的历史学。科学的方法是禁止历史家使用的。他不可能逐步积累起自己的知识，不可能从某种真实的类似到更真实的类似，并在最后达到事实本身；因为事实、事件在发生时就消失了，我们

---

① 参见〔美〕施特劳斯：《自然权利与历史》，彭刚译，生活·读书·新知三联书店2006年版，第11页。

展开并完成自己的研究,所使用的只是来自观察者的各种证据和目击者的不同陈述,也就是说,我们研究时使用的是见解(theory)而不是事实(fact)。"① 正是因为存在这种相对主义认识论的困扰,在这一专论,我试图对历史主义与相对主义的复杂关系做些探讨。

在"历史主义与纳粹主义"专论,我们的考虑是,历史主义毕竟是德国反抗启蒙运动的产物,讨论历史主义必须顾及德国历史,尤其要注意到其对于德意志第二帝国和第三帝国相继崛起的思想铺垫意义。熟悉历史主义谱系的人都知道,德国历史主义在诞生之初其实就是为了对外矫正法国启蒙运动的纯粹理性主义趋势,对内激活并强化德意志的民族主义和国家主义,所以,尽管若干历史主义者们有普遍主义情怀,也信奉历史的客观主义立场,但是,在催生德意志第二帝国降生这件事情上,从早期的兰克、赫尔德、黑格尔到后期的"普鲁士历史学派",没有一个德国哲学家和史学家愿意避讳自己的国家主义立场,尤其是在"普鲁士历史学派"这里,历史研究的直接目的就是为"小德意志方案"进行政治辩护,因而,当德意志第二帝国变成现实之后,这一学派可谓志得意满。可是,第一次世界大战之后,德国成了战败国,基于《凡尔赛和约》而新生的魏玛共和国让很多德意志思想家大失所望甚至惶惶不安,原因是,"他们把共和国新国体看作是战争失败的结果,德国人得到的这种新国体并不是什么人斗争得来的,只有少数几个人想要它"②。更为关键的是,《凡尔赛和约》通过领土划拨、巨额赔款、裁减军队等诸多严苛限制使德国人的民族感情受到了伤害,因而这份和约并没有为和平铺路,反而在德意志催生了一种屈辱、隐忍和复仇交织在一起的复杂心态。与此相伴,"一战"之后,德国本土的通货膨胀极为严重,食品供应和民众就业严重不足,政治生活极不平稳,各种反抗和暴动此起彼伏,在此风

---

① 〔英〕奥克肖特著,〔英〕奥沙利文编:《历史是什么》,王加丰等译,上海财经大学出版社2009年版,第32—33页。

② 〔德〕迪特尔·拉夫:《德意志史——从古老帝国到第二共和国》,波恩Inter Nationes出版社1987年版,第242页。

潮中，以希特勒为代表的"右翼"分子逐渐抬头并最终终结了魏玛共和国，此后，纳粹分子逐渐独揽大权并于1939年发动了第二次世界大战。因而，通过这段历史（尤其是基于历史意识对德意志民族情感和社会心理的梳理），我们意在表明，德意志的民族主义是德意志第二帝国和第三帝国的思想底色，历史主义对于这种思想奠基起到了某种推波助澜作用，这是讨论历史主义问题时所必须重视的一个角度。

在"历史主义与保守主义"专论，我们主要是想表明，在反启蒙的意义上，历史主义最初与英法的保守主义思潮属于同一门类。实际上，在启蒙的开端处，反启蒙的各类潮流就在欧洲蔓延，以1789年法国大革命为基点，保守主义思潮应运而生，在此一谱系中，英国的埃德蒙·伯克（也被译作"埃德蒙·柏克"）对法国大革命的反思，法国的德·迈斯特对法国大革命反宗教性质的省察，德国的赫尔德、费希特、黑格尔以及后来的法兰克福学派对启蒙主义展开了持续性批判，这无不从整体上反映出启蒙主义逻辑的历史局限性。当然，保守主义和历史主义既有共同点，也有差异性，其共同点在于反理性主义和批判法国大革命的暴力逻辑和激进政治，历史主义尤其是要反对这些东西对历史和传统的破坏作用；其差异性在于，保守主义思潮沿袭的是"向后看"的逻辑，而历史主义思潮既涵盖了保守主义又不单纯地等同于保守主义，历史是历史主义得以可能的本体论前提，这个历史既指向过去，也指向未来，因为历史主义不仅注重个体性，还强调发展原则，它反对对历史进行片段式和局部性理解。

总体而言，我们的考虑是：（1）将历史主义与历史科学放在一起讨论，是为了给全书奠定一个基本的分析基础，因为无论怎么讲，历史主义是历史学的命脉，没有这个观念论和方法论作支撑，历史学的合法性将会成为问题。（2）将历史主义与自然主义进行关联，我们试图呈现西方思想史由神道转向人道、由自然转向人事以及对其进行反向综合的马克思主义理论立场。（3）将历史主义与相对主义放在一起讨论，是为了从哲学层面对历史主义的现实效用加以探讨，无疑，我们并不否认历史主义的积极意义，但是，在使历史得以可能的那个本体论前提未被质疑和消解之前，历史主义与相对主义关系并未在历史主义谱系内部得到重视和清理。（4）将历史主义与纳粹主义放在一起讨论，是为了凸显历史主义的现实政治效用。从一种日常化的历史意识出发，我们敬畏历史似乎无可厚非，但是，当人类的政治活动被冠以历史目的论或者拒斥历史合理性之后，其所造成的灾难也需要引起我们的充分警惕。（5）将历史主义与保守主义放在一起讨论，是为了凸显二者对欧洲自由主义的遏制和批判，进而彰显现代性自身的复杂性及其对近代欧洲思想史的某种扬弃意义。

以上是对本书逻辑和内容的基本交代，限于个人研究水平，书中对上述想法的陈述与论证可能也是错漏百出，敬请学界各位同仁不吝批评指正。

焦佩锋

2022年1月于大有庄

专论一
历史主义与历史科学

> 历史学家的首要任务是研究人类在特定历史时代中的所思所为,这样就能发现,除去道德观念等恒久不变的主要理念之外,每个历史时代都拥有其特定的趋势和自己的理想。既然每个历史时代都具有其自身的合理性和价值,因此人们也不应忽视时代的产物。
>
> ——利奥波德·冯·兰克

在今天看来,对"历史"一词的双重理解是我们讨论历史主义与历史科学关系的重要前提。基于这一路向,希罗多德、奥古斯丁、维柯、伏尔泰、兰克、黑格尔和马克思等人的历史思想方能得到系统化的梳理和阐释,而这恰恰是我们展开后续各专论研究的一个知识论和方法论基础。当然,将历史主义与历史科学进行并列讨论还有如下考虑,一方面,它们都是19世纪欧洲思想发展的产物,德国是促成这一成就的主阵地;另一方面,历史主义与历史科学之间也存在较大的差异,前者注重观念论,后者注重知识论。此外,与那种原始的、朴素的和自发的历史意识相比,作为一种自觉的历史意识,历史主义是现代性的伴生物,它象征着人类与自然之间原初联系的间接化,因而,从一种"元理论"的意义出发去探究二者之间的关系是全部问题的基础。

一、历史学的三种类型

马克思指出:"历史不过是追求着自己目的的人的活动而已。"[①]但是,在这里,马克思界定的更多是历史的本质,而非历史学的本质。历史活动指向的是历史本身,而历史记载指向的是史料和史学。自从有文字记载以来,人类的历史活动和历史记载大体上保持了同一个进程,但是,人类历史意识的形成以及对历史的本质理解要晚于历史本身。实际上,历史学的技艺和手法比历史本身宽泛得多,因而,"一部'历史'自身的历史,可以根据各种可变因素——包括特定历史学家的心理特点、社会地位、政治立场,以及所处的文化环境——来撰写,也可以按照历史体裁自身的现象学方法以及已经成为历史学家基本表达手段和心理意识组成部分的现存准则来撰写"[②]。在此意义上,历史和史学往往存在很大的张力,这个张力从人类最初历史意识的诞生和历史实践的开始一直绵延至今,它也因此使得类型学意义上的史学实践成为可能。

(一)作为客观记述的历史学

无论怎么讲,作为对象和本体意义的历史世界只有一个,史学研究和写作的根本标准就是完整准确地呈现这个历史世界,问题是,由于阅历识见、史料范围、研究工具、研究方法、个人精力等因素的影响,要想真正地呈现这个历史世界其实十分困难,对于这一点,古今中外的诸多史家都有充分的自觉。但是,尽管如此,客观如实地记载和复现历史本身始终是每位史家的职业操守。因而,"一部历史是否可信"既是检验

[①] 《马克思恩格斯全集》第 2 卷,人民出版社 1957 年版,第 118—119 页。
[②] 〔美〕唐纳德·R. 凯利:《多面的历史:从希罗多德到赫尔德的历史》,陈恒等译,生活·读书·新知三联书店 2003 年版,第 1 页。

史家职业操守和史学成就的基本标尺，也是读者进行历史认知和历史评价的基本原则。

从整体上看，以"如实直书"为撰史原则的西方史学家和著作可谓不胜枚举，若就权威性和影响力而言，古希腊的希罗多德和19世纪德国的兰克可谓此一路向的两位翘楚。我们不妨分别做些梳理。

1. 希罗多德及古代史学

希罗多德（Herdotus，约公元前484—前425年）生于小亚细亚的哈利卡纳索斯城。由于对僭主政治的不满，他曾反复迁居和出走。此外，他好于游历，曾出访北海，南游埃及，东达巴比伦，西到意大利，几乎遍览了当时西亚和地中海东部的主要地区。在游历途中，希罗多德注重遍访民情，寻访历史遗迹，热衷于搜集各类传闻旧说，而传之后世的《历史》一书可谓其大半生游历所得的集中呈现。当然，希罗多德不是普通的民俗学家，他也不可能成为民俗学家。原因是，他生活于古希腊两次重要的战争——希腊波斯战争和伯罗奔尼撒战争——之间，所以，他的著作中既贯穿了战争的主线，同时也夹杂着对神人关系的讨论，其史学总体上体现出一种"半神话、半人事"的特征，但是，无论怎么讲，希罗多德本人一开始就表明过自己叙述历史的初衷，即"为了保存人类的功业，使之不至于年深日久而被人们遗忘，为了使希腊人和异邦人的那些值得赞叹的丰功伟绩不致失去它们的光彩，特别是为了把他们发生纷争的原因给记载下来"①。

希罗多德的《历史》还有另外一个名称叫"希腊波斯战争史"，战争的原因和过程是这部著作的主题和主线。全书分九卷。其中，第一卷描写居鲁士统一波斯并征服小亚细亚的经过，第二卷对古埃及的社会状况进行了介绍，第三卷主要记述了冈比西斯和大流士时期的史实，第四卷介绍了大流士攻打斯奇提亚人和利比亚的情况，第五卷主要记述伊奥尼

---

① 〔古希腊〕希罗多德：《历史》（上），王以铸译，商务印书馆1959年版，第1页。

亚起义，第六卷描绘的是大流士入侵希腊和马拉松战役，第七卷叙述的是波斯人侵入希腊和温泉关战役，第八卷记述的是雅典海军在萨拉米斯海战中的胜利，第九卷记述的是普拉塔伊和米利卡之战。可以看出，叙事体是以希罗多德为代表的希腊史学的典型风格，它上承为荷马所开创的神话史传统，下启以真人真事为题材的叙事史传统，体现了由史前神话向人类历史的过渡，正是因此，其对战争的原因和过程的真实描述的篇幅要远大于对神话故事的铺陈和想象。在汤普森看来，希罗多德之所以被誉为"历史之父"，一个主要原因是，他不仅注重对战事过程的如实描写，而且注重对战争原因的客观分析。在希罗多德之前，鲜有史学家这么做，即"这位'历史之父'赋予史学以庄严高贵的风格，这在过去还是从来没有过的。他能够从他的时期以前的那些被看作历史的大量杂乱无章的材料当中，即时构思成有条有理的故事；在这点上，他远远超过他以前的任何作家。作为一位绝好的记事能手，从来还没有人胜过他。他创建了最早、最古老的'叙事史'这一类型"①。

如果说希罗多德是叙事史类型的开创者，那么，修昔底德无疑在这一路向上迈进了一大步。在希罗多德这里，希波战争从来都不是单线叙事和素材堆砌，而是将人物、线索、城邦、政治、军事等因素进行了综合架构和整体叙述。换句话说，他已经为后世的历史叙述开创了一个卓越的历史写作模式，即"历史不只是一些突出的、并不相互连贯的事实的排列；在它们表面上的混乱下边，必然有一种统一性和连贯性存在；历史家的职责就是区别比较重大的事实和比较细小的事实并以适当的顺序把它们联系起来"②。紧随希罗多德的步伐，一方面，修昔底德对史料的重视程度要严于希罗多德；另一方面，修昔底德似乎更乐于探索和呈现使事件得以可能的主客观原因和来龙去脉。如汤普森所言，较之于希罗

---

① 〔美〕汤普森：《历史著作史》（上卷，第一分册），谢德风译，商务印书馆1988年版，第34页。

② 〔美〕汤普森：《历史著作史》（上卷，第一分册），谢德风译，商务印书馆1988年版，第34页。

多德，修昔底德开始把希腊批判哲学的原理应用到历史写作中，这是他最为杰出的地方。①

对于自己的撰史立场，修昔底德声称："我认为我们不能相信传说中的每个细节。普通人常常容易不用批判的方式去接受所有古代的故事——就是对于那些和他们本国有关的故事，他们也是这样。"②关于战争事件的叙述原则，他说道："不要偶然听到一个故事就写下来，甚至也不单凭我自己的一般印象作为根据；我所描述的事件，不是我亲自看见的，就是我从那些亲自看见这些事情的人那里听到的，经过我仔细考核过了的。就是这样，真理还是不容易发现的：不同目击者对于同一个事件，有不同的说法，由于他们或者偏袒这一边，或者偏袒那一边，或者由于记忆的不完全。我的这部历史著作很可能读起来不引人入胜，因为书中缺少虚构的故事。但是如果那些想要清楚地了解过去所发生的事情和将来也会发生类似的事件的人，认为我的著作还有一点益处的话，那么，我就心满意足了。我的著作不是只想迎合群众一时的嗜好，而是想垂诸永远的。"③

在开创性意义上，以希罗多德和修昔底德为代表的古代史学其实已经把握住了史学研究的古老精神，那就是客观如实地记述事件本身，此可谓代表了历史研究和历史学科发展的基本精神与路向，后世的各类史学无非是对此一路向的强化、丰富、发展和完善而已。正如汤普森所言："虽然历史科学已经提出更高的问题，但这种叙事史永远不会被废弃，永远不会死亡。它存在的理由是它能够满足永远存在的需要。所谓永远存在的需要指的是：以紧凑的表格形式排列的历史资料的需要和保存对实

---

① 〔美〕汤普森：《历史著作史》（上卷，第一分册），谢德风译，商务印书馆1988年版，第39页。

② 〔古希腊〕修昔底德：《伯罗奔尼撒战争史》（上），谢德风译，商务印书馆1960年版，第18页。

③ 〔古希腊〕修昔底德：《伯罗奔尼撒战争史》（上），谢德风译，商务印书馆1960年版，第20页。

践的记忆的需要。从好奇心和想象力产生的对惊险事件的朴素的兴趣也是一切年代都有的。结果，主要或完全以这些需要和兴趣为考虑对象的历史著作在每个时代都可找到。"①

2. 兰克及近代史学

我们之所以越过中世纪史学来直接讨论兰克对客观史学的贡献，理由是，在漫长的中世纪，以奥古斯丁和弗列辛根的奥拓为代表的宗教史学家对历史有一个"神之王国"与"世俗王国"的二分。其中，天上之国是基督之国，其具有永恒性；地上之国是世俗之国，其具有暂时性。相比之下，神是世界历史的主宰，历史本身就是实现神的启示、彰显上帝荣光的神秘化和神圣化过程。当然，兰克史学也充满了神正论色彩，他认为作为肉眼凡胎的史学家不可能像上帝那样洞悉世界历史发展的秘密，因而，在这个存在论预设下，兰克的历史兴趣始终聚焦于人间事务。与此同时，他以严格的史料批判方法为客观主义史学发展奠定了重要基础，也正是因此，他才获得了客观主义大师的美名并被视为历史主义的重要代表人物。

除了传之于后世的大量历史著作之外，兰克史学的主要贡献在于客观主义史学理论和史学叙述方法。在其影响下，历史学才走上了专业化、科学化和职业化的发展道路。对于史学研究的客观性，兰克有一种充分而连贯的自觉，他在《历史上的各个时代》中对此心迹进行了多次说明。

在作为成名作的《拉丁与条顿民族史》的前言中，兰克讲道："历史已被赋予的任务就是判断过去，为我们将来的利益教育我们。我正在写的这部书绝未妄图承担如此崇高的任务。这部书的目的仅仅在于写出事情是怎样发生的。"② 可见，与中国的司马迁不同，兰克自始就在弱化历史

---

① 〔美〕汤普森：《历史著作史》（上卷，第一分册），谢德风译，商务印书馆1988年版，第30页。

② 转引自〔美〕汤普森：《历史著作史》（下卷，第三分册），孙秉莹等译，商务印书馆1988年版，第249页。

的道德训诫和预测预报功能,而是聚焦于"如实直书"的客观主义事实性原则。在近代批判史学的标志性文献——《近代史家批判》的前言中,兰克一上来就直抒胸臆:"写作本书,我有三个意图:其一是为我在论述罗曼人和日耳曼人历史时所采取的运用史料的方式和方法进行辩护;其二是告诉那些想要全面了解近代历史开端的人,从哪些书中可以找到他们所需要的东西,从哪些书中找不到;第三个,也是最主要的、纯粹学术性的意图,就是尽我所能,为近代历史搜集一些未掺假的资料,对现存有关近代历史的较早著作的性质和价值做认真细致的鉴定。"① 这段话与前一段话写于同一年,而且,兰克对自己客观主义史学立场的辩护一以贯之。兰克深知,对于历史,每个人的心态或许不甚相同,而历史所能满足每个人的需求也较为有限。此外,对于史学家来说,事无巨细和面面俱到都不可能,也没有必要,史学家唯一所能做的便是在准确可信的史料范围之内呈现历史的本来面貌,正是基于对这种史学研究方法的自信,他对圭恰尔迪尼、比奥凯、马里亚纳、富格尔和施莱丹等史学家逐一进行了分析和批判。

例如,对于圭恰尔迪尼及其《意大利史》,兰克基本上评价不高。这是因为,从表面上看,圭恰尔迪尼似乎是在按照编年史写作,但是,日期不精准、事件条理不清晰的问题在其著作中俯拾皆是。兰克甚至推论到,若以1492年为其著作开端的年份,圭恰尔迪尼只有10岁,这意味着很多历史事件他并不是亲历者,他的史料来源和历史观察要么流于表面,要么依赖别人。经过仔细比对,兰克发现,卡佩拉的《米兰公爵弗朗西斯光复原位记事》是圭恰尔迪尼历史写作的直接蓝本,他甚至直接抄录了这书中的很多叙述,问题是,这些内容的真实性也需要考证。这便是兰克所提出的为所有历史学家所必须重视的第一位的问题,那就是"原始资料"的来源及其可靠性问题。

---

① 〔德〕兰克:《近代史家批判》"第一版前言",孙立新译,北京大学出版社2016年版,第3页。

《历史上的各个时代》是兰克为马克西米利安二世所做的若干讲座的合集。在讲座的开篇，兰克就对哲学意义上的那种进步史观进行了批判。他指出："某些哲学家认为，整个人类历史是从一个特定的原始状态朝着一个积极的发展目标发展着的。这个观念衍生出两种看法，一种看法认为人类历史的发展受到一种普遍的指导性的意志的推动；另一种看法认为人类拥有一辆精神列车，这辆列车将世间万物推向特定的必然目标。我认为，这两种看法不仅在哲学上站不住脚，而且在历史上也无法得到证实。"① 需要注意的是，兰克（1795—1886）生活在法国大革命之后，他目睹了法国和普鲁士与奥地利之间的混战、神圣罗马帝国的解体、黑格尔哲学的解体、共产主义同盟的成立和德意志第二帝国的成立等重大历史事件，因而，对于伏尔泰、孟德斯鸠、康德、孔多塞、黑格尔等人的理性主义历史观，兰克保持了足够的警惕甚至反对。兰克指出："历史学家的首要任务是研究人类在特定历史时代中的所思所为，这样就能发现，除去道德观念等恒久不变的主要理念之外，每个历史时代都拥有其特定的趋势和自己的理想。既然每个历史时代都具有其自身的合理性和价值，因此人们也不应忽视时代的产物。"② 当然，兰克也承认，不同的历史时代也存在某些内在联系，但这不是一种单线或直线的上升的运动，而是像一条奔腾不息的长河，"启蒙历史观虽然有些道理，但是应该认识到，在上帝面前，各个时代的人是权利平等的。历史学家必须这样去观察事物"③。

在兰克看来，历史就是历史，历史只能是具体而准确的事件和人物。正是基于对历史事件和人物的梳理，我们才能发现历史事物内在的联系，这是历史客观性得以可能的根本准则，与之相反，启蒙史学和黑格尔的

---

① 〔德〕兰克：《历史上的各个时代》，杨培英译，北京大学出版社2010年版，第6—7页。

② 〔德〕兰克：《历史上的各个时代》，杨培英译，北京大学出版社2010年版，第7—8页。

③ 〔德〕兰克：《历史上的各个时代》，杨培英译，北京大学出版社2010年版，第8页。

历史哲学恰恰违背了这一准则，它们使历史受制于一个普遍而宏大的计划与规制，这在根本上违背了历史发展的客观性原则，它使史料和史实变成了第二位重要的东西，正是在此意义上，哲学家和史学家是一对冤家，前者追求的是普遍性和整体性，后者追求的是特殊性和个体性，这便是兰克反对黑格尔的真正原因。

（二）作为揭示规律的历史学

在揭示规律的意义上，历史学的功能和效用实际上已经发生了较大变化。这是因为，虽然历史是前人故事的记载，但是，这些故事不同于自然现象，而是人的活动过程和结果。作为理性动物，人天然具有向外观察和自我审查的能力，随着物质手段的日益丰富和人的活动成果的不断积累，对大规模的人的社会活动规律进行揭示变成了历史研究的更大追求。这一点当推马克思主义史学。

在对费尔巴哈和黑格尔的唯心主义历史观进行批判时，恩格斯曾经指出，社会史和与自然史的最大差别在于，"在社会历史领域内进行活动的，是具有意识的、经过思虑或凭激情行动的、追求某种目的的人；任何事情的发生都不是没有自觉的意图，没有预期的目的的"①。这意味着，历史有自身的规律，这个规律就是人的活动规律，作为人，我完全可以理解自己所创造的历史。时隔四年，在《致约瑟夫·布洛赫》的信中，恩格斯进一步阐释道："历史是这样创造的：最终的结果总是从许多单个的意志的相互冲突中产生出来的，而其中每一个意志，又是由许多特殊的生活条件，才成为它所成为的那样。这样就有无数互相交错的力量，有无数个力的平行四边形，由此就产生出一个合力，即历史结果，而这个结果又可以看作一个作为整体的、不自觉地和不自主地起着作用的力量的产物。因为任何一个人的愿望都会受到任何另一个人的妨碍，而最

---

① 《马克思恩格斯文集》第4卷，人民出版社2009年版，第302页。

后出现的结果就是谁都没有希望过的事情。所以到目前为止的历史总是像一种自然过程一样地运行,而且实质上也是服从于同一运动规律的。"① 可见,历史是每个个体活动的结果,但是,历史并不会根据每个个体的主观愿望按部就班地发展,如果这样,历史就无所谓复杂性和偶然性,真正的结果是,所有个体的力的平均数构成了一种历史发展的合力,它体现了个体性与整体性、特殊性与普遍性、内在愿望和外在条件之间的辩证统一。这便是社会历史发展的辩证法,它真实地道出了历史唯物主义的基本原理。

我们认为,从马克思主义唯物史观的确立开始,历史学的科学性才变得可能,它意味着:

一方面,历史不只是简单的年代记,也绝非纯粹的史料集成,而是以这些为载体或外观来表现人类生活的基本经验和总体逻辑。对于马克思和恩格斯来说,历史学最主要的任务就是要描绘出人的现实能动的生活过程。这既是他们观察历史的主要方法,也是他们研究历史的主要目的。马克思和恩格斯在《德意志意识形态》中曾经专门强调指出:"只要描绘出这个能动的生活过程,历史就不再像那些本身还是抽象的经验主义者所认为的那样,是一些僵死的事实的汇集,也不再像唯心主义者所认为的那样,是想象的主体的想象活动。"② 此可谓他们对历史学科的真正期待。

另一方面,马克思和恩格斯同时反对那种脱离现实的历史条件和实际过程对历史进行过度思维加工的唯心主义做法,毋宁说,这是马克思主义对以黑格尔为代表的唯心史观最嫌恶之处。正是在此意义上,马克思和恩格斯共同表示:"在思辨终止的地方,在现实生活面前,正是描述人们实践活动和实际发展过程的真正的实证科学开始的地方。关于意识的空话将终止,它们一定会被真正的知识所代替。对现实的描绘会使独立的哲学失去生存的环境,能够取而代之的充其量不过是从对人类历史

---

① 《马克思恩格斯文集》第1卷,人民出版社2009年版,第592—593页。
② 《马克思恩格斯文集》第1卷,人民出版社2009年版,第525—526页。

发展的考察中抽象出来的最一般的结果的概括。这些抽象本身离开了现实的历史就没有任何价值。它们只能对整理历史资料提供某些方便，指出历史资料的各个层次的顺序。但是这些抽象与哲学不同，它们绝不提供可以适用于各个历史时代的药方或公式。"① 可见，实证化地研究历史是全部问题的起点和基础。

这样看来，马克思主义史学与兰克以及黑格尔既有区别也有联系。在较之于兰克的意义上，马克思并不反对实证化地整理和编辑史料，因为这是整个历史研究的基础，只不过兰克那种过于注重史料的做法让他觉得不满，因为这种做法忽视了现实的人对于历史变革的能动性。人既是历史的读者，也是历史的作者。历史并不只是依靠史学家的记载才会向前发展。与马克思的这种立场相比，兰克史学无非是突出了人作为历史的读者的一面，而弱化了人作为历史的作者的一面。在较之于黑格尔的意义上，马克思并不反对对历史进行抽象，但是黑格尔的思辨历史主义又让他看到了绝对精神对现实事物和历史过程的宰制，这种历史没有揭示出历史发展的现实根由，也无法为人类解放提供有益的指引。马克思和恩格斯同时指出："当人们还不能使自己的吃喝住穿在质和量方面得到充分保证的时候，人们就根本不能获得解放。'解放'是一种历史活动，不是思想活动，'解放'是由历史的关系，是由工业状况、商业状况、农业状况、交往状况促成的。"② 所以，让历史服从于某种神秘的"实体""主体"或者"自我意识"纯属于黑格尔的无稽之谈。

因而，马克思对兰克和黑格尔的批判是一种辩证批判。对于兰克，他在乎的是历史研究的客观主义方法以及历史自身演进的时间次序，如果没有这一前提，历史将变成混乱的事实拼凑和人物杂烩，而且，在类似于兰克的意义上，马克思也主张对历史和史实之间的联系进行发掘，他特别希望以实证主义态度找出使历史事件得以可能的现实原因。并且，

---

① 《马克思恩格斯文集》第 1 卷，人民出版社 2009 年版，第 526 页。
② 《马克思恩格斯文集》第 1 卷，人民出版社 2009 年版，第 527 页。

这种原因越丰富越具体越好，只有基于这个前提和原则写出来的历史才具有可信度。所以，在历史知识论和方法论维度，马克思和兰克是同道中人。在历史本体论的维度，二人的认识却截然相反，原因是：马克思认为人是历史的剧作者和剧中人，除了人之外，历史中没有其他神秘力量，作为过程和结果的历史是因为人的现实需要和实践活动才成为可能的，但是，在兰克看来，所有历史中的个体事件和人物都是上帝的手指，每个历史时代都是平等的，所谓的时代精神应该是每个时代的主导理念，而这"是指在每一个时代中占统治地位的趋势。这些趋势只能加以描述，而不能加以最终的评判"①。因而，"历史学家应该区分各个时代中的大趋势并展示人类的伟大历史，因为历史正是这种种大趋势的总和。从上帝的立场出发，我只能说，人类自身蕴涵着无穷无尽的多种多样的发展变化，而这种发展变化是按照不为我们所知的、远比我们所能想象的更为神秘和伟大的法则而逐步显示出来的"②。足可见，兰克史学其实隐含着一个隐秘的神正论前提，正是因此，在他看来，所有历史中的事物都是最好的事物，尽管上帝居于个体之中，但是这并不妨碍史学家对历史进行客观研究，反而提醒史学家要像敬畏神一样敬畏历史，因为历史就是神意外化的结果。与之相对，马克思要批判和解构的是兰克史学的这种神正论前提，在此意义上，马克思对黑格尔的批判同时意味着对兰克史学存在论前提的批判。

对于黑格尔，马克思的批判性姿态十分鲜明。在经历了费尔巴哈的唯物主义和人本主义思想过渡之后，马克思将目光进一步指向了人们之间古已有之的物质联系，并据此对历史的性质、结构、机制和方向等问题进行了系统解说。马克思和恩格斯指出："人们之间一开始就有一种物质的联系。这种联系是由需要和生产方式决定的，它和人本身有同样长久的历史；这种联系不断采取新的形式，因而就表现为'历史'，它不需

---

① 〔德〕兰克:《历史上的各个时代》,杨培英译,北京大学出版社2010年版,第9页。
② 〔德〕兰克:《历史上的各个时代》,杨培英译,北京大学出版社2010年版,第9页。

要用任何政治的或宗教的呓语特意把人们维系在一起。"① 按照这个标准，黑格尔的历史哲学其实并不是历史本身，而是让历史服从于特定的自由意识。当然，黑格尔自己也说得十分明确，他叙述的既不是兰克意义上的"原始的历史"，也不是批判的历史哲学（即"反省的历史"），而是思辨意义的历史哲学（即"哲学的历史"），这个历史其实就是精神活动的历史，其划分的标准是个体自由在世界各地实现的程度。正是因此，黑格尔在用思维统摄存在，而马克思和恩格斯在《德意志意识形态》中在对"意识问题"进行批判性分析时恰恰指出了黑格尔这个问题。在他们看来，意识不具有绝对的独立性，它本身没有历史，没有发展，所谓的意识活动及其历史只不过是人类的物质劳动和精神劳动进行分工的自然结果，"从这时候起意识才能现实地想象：它是和现存实践的意识不同的某种东西；它不用想象某种现实的东西就能现实地想象某种东西。从这时候起，意识才能摆脱世界而去构造'纯粹的'理论、神学、哲学、道德等等"②。可见，马克思主义并不否认人的意识，而是特别强调要注意人意识活动的派生性、依附性和相对独立性，而不是黑格尔那种绝对主义历史观念。

通过共同努力，马克思和恩格斯既实现了对德国历史主义神秘前提的批判，从而完成了唯物主义意义上的历史本体论和历史认识论构建，也即，他们最终将历史的内容还给了历史，整个历史唯物主义从原理到方法无不象征着马克思主义对历史问题的科学分析和阐释。在这种新世界观和方法论的映照下，尽管德国也涌现出了尼布尔、兰克、西贝尔、德罗伊森、特赖奇克等史学家，但是马克思和恩格斯依然认为，德国没有一位历史学家。

例如，在兰克这里，尽管他似乎也在实事求是地叙述历史，但是他对历史事件成因的分析缺乏真正的唯物主义视野。在马克思看来，这个

---

① 《马克思恩格斯文集》第1卷，人民出版社2009年版，第533页。
② 《马克思恩格斯文集》第1卷，人民出版社2009年版，第534页。

视野应该是经济、科技、政治、军事、文化、外交等多种因素的有效综合,说到底就是社会基本矛盾各个范畴之间的辩证运动,用他自己的话说就是:"这种历史观和唯心主义历史观不同,它不是在每个时代中寻找某种范畴,而是始终站在现实历史基础上,不是从观念出发来解释实践,而是从物质实践出发来解释各种观念形态。"[①] 如果说马克思对黑格尔的哲学进行了一次批判性倒转,那么,对兰克史学,马克思其实也进行了一次批判性倒转,毋宁说,这是马克思在哲学和史学两个领域所进行的理论革命。

所以,从唯物史观的诞生开始,历史才真正获得了自己的基础和内容,基于这一点,历史不应再是故事的汇集和史料的堆砌,而是对人的活动规律的科学揭示。这个科学性一方面指向人与自然之间的物质能量交换关系,另一方面指向人与人之间的物质利益交往关系。通过对人类分工形式的历史考察,我们很容易获得对劳动生产形式、历史发展进程和经济社会形态的全景式认识。当然,马克思也不拒斥自由的观念和人的发展,只不过在他这里,自由的实现和人的发展显然是个历史过程,其中,生产力和交往形式是衡量这一问题的根本原则。此外,马克思所谓的社会基本矛盾运动规律其实是个系统概念,也即是说,这个规律起作用的层次、范围和规模取决于历史所能赋予的特定条件,这些条件可以是经济因素、技术因素、劳动工具因素、历史人物的动机、地理环境条件、政治制度模式等,它们都可以成为影响历史变革的重大因素。正是在这个意义上,历史唯物主义从来都反对对历史进行教条化和机械化的解释,这恰恰是被第二国际诸多理论家所曲解的东西。

(三)作为意义阐发的历史学

无论是古希腊的希罗多德和修昔底德,还是近代的维柯和兰克,尽

[①] 《马克思恩格斯文集》第1卷,人民出版社2009年版,第544页。

管他们都将如实记载史实作为撰史的第一标准,但是,这并不妨碍我们提出如下问题:史家、史实和事实之间有没有心理或时间距离?如当代意大利学者所言:"一个历史学家可能只是简单记录一个存在的事实,例如某个事件的年代,或者提出有关那个事实的问题,碰巧那个问题可能让他很快在事实与证据之间做出区别。我们非常难以确定历史学家最为关心的是哪类事实,同样困难的,是确定在这些事实中历史学家关注的是什么。"① 这样看来,由于种种原因,史学家不可能一下子获得全部的史料,但是,事实和史实确实不是一回事,并不是所有事实都会成为史实,也并不是所有史实都反映了事实,史家、史实和事实之间的距离和张力从来都是一种客观存在,因而,我们看到的是被史家挑选出的事实所表现出来的史实,在此中间,有一个问题非常关键,那就是史学家在挑选史实时的价值立场和意义标准问题,而这恰恰是批判的历史哲学最为在乎的问题,这也因此成为历史学的另一种类型,或者说,这也是历史学所承担的另一项古老的功能。

我们不妨对这方面的原因做些分析。其一,前人的生存活动本来就附带着各种价值预设和主观意图,而作为对前人的活动进行客观记载的历史著作也必须要呈现这种意义,这种意义可以是个体层面的价值和意义追求,也可以是民族、国家、政党、制度、组织等集体意识层面的价值和意义追求。其二,历史固然是前后相继和代代相传,尽管时代之间的生存条件和生活方式有差异性,但是,这并不妨碍我们对历史中的人和事进行"同情式理解"和实证化考古,而成熟的理性和不断发达的科技手段是实现这种理解的共通性前提。其三,历史不仅是前人生活的记忆,而且也体现着前人生活的智慧,这种智慧对于后人有启迪、教育和指导意义,正所谓"历史是最好的老师""历史是最好的清醒剂"说的就是这个道理。其四,过于精细的历史研究容易导致史学研究的碎片化。

---

① 〔意〕莫米利亚诺:《论古代与近代的历史学》,晏绍祥译,北京大学出版社2015年版,第370页。

正如挖掘一座历史建筑一样，我们固然需要仔细去研究每一块砖头的式样和纹理，也需要研究整个建筑本身的框架和内部勾连。因而，专门史和普遍史、民族史和世界史的结合是历史研究的基本原则。综合这四个方面的分析，我们认为，无论怎么讲，历史活动的主体始终是人，无论是古人还是今人，我们都需要通过历史获得某种清醒的认识，以有助于寻求和呈现更加美好的生活，毕竟，细密烦琐的考证是少数职业史学家的事情，作为大众，我们更希望从历史中看到是非善恶及其因果效应，正是因此，前代的历史总是被后人一再阐发甚至重新写作。

历史既是一门科学，也是一门艺术。在此，科学的意义和方法自不必说，而作为艺术意义的历史必然意味着：历史既是语言和修辞的艺术，也是思想和智慧的艺术。在尊重史实的前提下，我们可以大胆运用我们的批判性和想象力使历史成为活生生的东西。按照克罗齐的说法，一切历史都可以是当代史，在这种情况下，"它能扩大人们的想象，并且提示对于一个未经训练的头脑所不会呈现的种种行为和感情的可能性。它从过去的生活中选择出来种种重要而有意义的成分；它用光辉的范例，它用渴望着要比无所傍依的思考所可能发现的更加伟大得多的目标来充实我们的思想。它把当前联系到过去，从而也就把未来联系到当前。它使得各个民族的成长和伟大，成为活生生的、历历可见的东西，使我们能把自己的希望伸展到我们自己一生的跨度之外。历史的知识就以所有这些方式而能赋予政治家的广度并赋予我们的日常思想以一种那些其视野只局限于当前的人们所无法达到的范围。"① 可见，历史并不是僵死的事实汇集，而是人类生活本身，并且，这种生活从来都是主观因素和客观条件综合作用的结果。

实际上，从兰克史学开始，关于历史学的客观性和科学性问题就争议不断。兰克之后的"普鲁士历史学派"首先攻击的就是兰克的客观主义撰史原则。德罗伊森直接指出："历史研究的对象不是过去；因为过去

---

① 〔英〕罗素：《论历史》，何兆武等译，广西师范大学出版社2001年版，第6页。

已经逝去。历史研究的对象是此时此地，还没有完全逝去的过去。……过去事物之于现实事物也只有理念上的关系；过去遗留下的痕迹极其幽暗，既不显目又不突出；好像过去事物存在过似的。"① 德罗伊森甚至表明："历史研究不是说明的工作，不是解说前事如何决定后事；不是把现象放在定律中，解说它的必然性；也就是说，不把后来发生的事仅仅视为是前事的结果及发展。如果人类的历史仅仅是无尽的重复，那么这个历史中就根本没有自由、责任、道德性的活动。"② 所以，"历史学是唯一的具有双重命运的科学：它同时又必须是艺术"③。

正是基于这种分歧和批评，19世纪以来的历史理论实际上在朝着两个方向发展：一种是实证主义史学，其以排斥主观想象、尊重客观史实见长，它代表了史学的职业化发展方向；另一种是思辨主义史学，其以某种普遍性和客观性的思想观念、心理意识和自在逻辑为统领，进而力求实现对历史的整体化理解，黑格尔、马克思、狄尔泰和梅尼克等人都堪称此一路数的代表。实际上，兰克史学也同时兼具这两种特征，此一问题，伊格尔斯在《美国与德国历史思想中的兰克形象》中有过专门分析。他指出，在美国，兰克被视为实证主义史学的思想始祖；在德国，兰克则被当作是新唯心主义史学家的一种灵感的源泉。④ 当然，这种分化也不是绝对的，毕竟史实是全部问题的基础，区别只在于史学家的历史观念对于其史料编辑和历史写作的影响大小罢了，但是不论怎么讲，在历史写作和研究中，史实与史论、观念与历史之间的矛盾永远存在，反过来说，空谈观念的史学或者空堆史料的史学很难引起人们持久的兴趣，而所谓的"以史带论""以论带史"或"论从史出"大体体现的则是将史论与史实、观念与历史相结合的一种努力，这种意义上的历史学不仅照

---

① 〔德〕德罗伊森：《历史知识理论》，胡昌智译，北京大学出版社2006年版，第9页。
② 〔德〕德罗伊森：《历史知识理论》，胡昌智译，北京大学出版社2006年版，第29页。
③ 转引自何兆武主编：《历史理论与史学理论——近现代西方史学著作选》，商务印书馆1999年版，第284页。
④ 参见〔美〕伊格尔斯：《二十世纪的历史学：从科学的客观性到后现代的挑战》，何兆武译，山东大学出版社2006年版，第155页。

顾到了历史事件及其细节,也增加了历史阅读的趣味与境界。

二、历史主义与历史科学

之所以将历史主义与历史科学放在一起讨论,主要是因为历史主义是历史科学的本体论和方法论前提。在历史主义看来,所有问题都是历史问题,历史中没有新事物,正是因此,史学家才会非常在乎事件本身以及能使事件得以完整呈现的具体史料,但是,从哲学上看,这种"一份史料=一份史学"的做法其实只是抓住了历史事物之间的区别,而忽视了它们之间的联系。殊不知,为历代史学家所关心的特殊历史个体从来都不是孤零零的存在。按照马克思的辩证史观,尽管旧事物是新事物产生的母体,但是,新事物也有旧事物所不可替代的内在性质和发展方向,这便是我们讨论二者关系的基点。

(一)正相关

历史主义和历史科学的正相关效应始终非常明显。在此意义上,历史学的首要目的主要是完成对现实事物的历史存在论前提和合法性身份的辩护,反过来说,在历史研究之前,所有的史学家都会认为历史事物可以被历史地呈现,史学家本人乃至整个史学家群体就是实现这一目标的操刀手。正如德罗伊森所言:"过去事件不再直接地呈现于我们面前,而只能通过'史料'构造关于它们的或多或少带有主观性的见解、观点或摹本;由于获得或争取的观点和见解是我们赖以认识过去的所有材料,因而历史学并不是作为外在的实体而存在,而只是间接地,作为研究结果和已知的东西而存在。"[①]

[①] 转引自何兆武主编:《历史理论与史学理论——近现代西方史学著作选》,商务印书馆1999年版,第285页。

所以，无论怎么讲，历史主义的基本内涵无非就是要承认并强化关于历史的本体论预设，即："历史主义就是认识到，我们每个人都是从我们自己在历史上所处的不断变化的形式所确定、至少是所制约的角度，来观察过去的事件。"① 其实，历史意识自古就有，但是，作为一股普遍化的思潮，历史主义是在18世纪向19世纪转折的过程中发生的。这主要是因为，在18世纪的哲学家看来，启蒙时代是发现和运用理性天赋的时代，消除宗教蒙昧和封建专制是思想解放和社会批判的前提，与之相应，在过去的中世纪，人权受制于神权，政教合一的体制使人的自由得不到伸张，因而，中世纪被启蒙史学家视为"黑暗的时代"，是历史的中断，只有理性的时代才是光明的时代，只有批判甚至否定过去，我们才能迎来新的时代。这恰恰是历史主义诞生的一个社会背景。德国历史主义之所以要对启蒙主义展开反击，主要是因为启蒙史学家们对历史进行了理性和非理性的裁剪，进而对那些不符合所谓的理性主义逻辑的历史时代进行了批判甚至否定。与之相反，历史主义在最初的意义上就是要对启蒙那种将历史进行非理性处理的做法进行理性化辩护，在其看来，只要是历史中发生和存在的事物都有其自身的合理性，我们不能根据所谓的理性标准对过去的历史进行裁剪和评判，这其实是不做一种用历史理性纠正纯粹理性的努力，其目的就是要将非理性的历史事物做成理性的秩序。

历史主义诞生的时代恰恰是启蒙理性主义遭遇悖论和危机的时代。今天看来，启蒙的时代并不是最好的时代，一部启蒙的历史就是一部反启蒙的历史，在最近的意义上，法国资产阶级革命的进程自始就伴随着恐怖专制和流血冲突。此外，尽管18世纪的诸多思想家激烈地批判了宗教蒙昧主义，但是在今天这个科学昌明的时代，宗教蒙昧主义依然存在，尤其是当它与政治问题和种族问题等问题交织在一起之后，那种自启蒙

---

① 〔意〕莫米利亚诺：《论古代与近代的历史学》，晏绍祥译，北京大学出版社2015年版，第370页。

主义时代所建立起来的理性主义和乐观主义将变得疑点重重。

回过头来看，卡洛·安东尼对历史主义的解释倒也非常准确。他指出，历史主义术语看起来语义杂多，但是，"这个术语只是为了描述'历史主义的危机'才开始传播，仿佛只有当它意味着文明价值观的重大震荡时，人们才最终意识到它的性质和影响，并觉察到我们全部的文化都受'历史主义'的浸透，而这种历史主义可能摧毁对我们的文明来说至关重要的思想和信仰遗产——从形而上学到自然法。……因此，历史主义问题——不仅牵涉理论价值，还有道德和政治价值——成为我们时代的一个重大难题，如果不是唯一难题的话；而对它的研究则是对我们当代文明的良知的考察"①。在我们看来，"历史主义危机"又何尝不是"理性主义危机"的另一种呈现形式？或者是，它抓住并兑现了启蒙的理性主义悖论，而这一点又可以追溯至古希腊的斯多葛主义以及西方悠久的自然法传统，正是在此意义上，梅尼克才声称历史主义是德国自宗教改革以来所取得的第二个伟大成就，即："历史主义的兴起是西方思想中所曾发生过的最伟大的精神革命之一。"②这一问题我们打算在后面的专论予以专门讨论。

所以，如果说兰克以科学化的要求和史料性的方式使史学研究走向了专业化，那么，历史主义则为强化这一方向提供了观念论（尤其是价值论）的支撑。实际的情况恰恰是，作为古典历史主义的代表人物，兰克史学本身就是观念论和方法论的结合，在他这里，所谓历史主义首先意味着多样性和特殊性的个体化叙事，其所谓的发展其实是个体自身逻辑的一种封闭式发展。也正是因此，梅尼克将莱布尼茨的单子视为历史主义的理念和思想原型，而马丁·路德所发动的宗教改革及其所推崇的新教个体也契合了这一思想传统的延展。与此同时，浪漫主义史学家赫尔德对民族有机体的生命意识之独特性的强调其实也为历史主义的勃兴

---

① 〔意〕卡洛·安东尼：《历史主义》，黄艳红译，格致出版社、上海人民出版社2010年版，第1—2页。

② 〔德〕梅尼克：《历史主义的兴起》，陆月宏译，译林出版社2009年版，第1页。

提供了先期的思想铺垫。质言之,"德国历史主义用个体化的具体思维代替了一概而论的抽象思维。18世纪的世界主义者徒劳地谈论人类,而德国历史主义则认为民族是个鲜活的有机体,它有自己的灵魂、自己的精神,以及自己独特的历史"①。

历史主义与历史科学的正相关关系还表现在,历史主义注重个体,而史学家们也注重个体。质言之,个体是历史得以可能的核心准则。在历史主义这边,由于要反对启蒙那种用纯粹理性对待非理性事物的粗暴做法,因而,他们主张要对非理性的历史时代或历史事物进行理性主义辩护,其所谓的理性其实就是历史理性,而非纯粹理性。在此意义上,历史并不从属于一个整齐划一的理性主义计划,而是有其内在的逻辑和秩序,只要是历史的事物都有其发生发展的时间逻辑,我们对其只能进行"同情式地理解",而不能按照某种外部原则对其进行批判甚至否定,所以,在树立历史思维、培养历史意识、强化历史观念、坚持历史连续性的问题上,历史主义功不可没。按此逻辑,过去的时代尽管有这样那样的问题,但它也是我们走过的路,所谓的文明本来就是个两面性概念,每个历史事件的发生都有其现实的产生机制,我们不能用价值判断来代替事实判断,至今依然盛行的各种非历史主义其实就是脱离现实的历史发展对历史进行评价的结果。

因而,黑格尔和马克思其实都是历史主义者,只不过,二人论述历史的哲学前提有所不同罢了。在黑格尔这里,个体历史和世界历史的发展都从属于时间的逻辑,而这个逻辑是通过精神自身的时间运动不断展开和实现的,所以,所谓历史的真理不是要确认"恺撒生于何时"这种简单问题,而是要通过诸多历史事件的搜集和整理为探寻精神自由提供解释。他指出:"在历史真理方面,如果为论述简便只就其纯粹历史性的东西而言,则人们很容易承认历史这里所涉及的是个别的客观存在,是

---

① 〔意〕卡洛·安东尼:《历史主义》,黄艳红译,格致出版社、上海人民出版社2010年版,第6页。

一种带有偶然性和武断性的内容，是这种内容的一些非必然的规定。"① 很显然，历史学不能为黑格尔提供历史的真理，在他看来，历史固然是一个过程，但是，构成这一过程的各个环节一个都不能少。"每个环节都同时建立另一环节，而因此每个环节又将两者作为两个方面而包含于其自身；它们共同构成全体，因为它们消溶其自身并使其自身成为全体的环节。"②可见，在黑格尔这里，个体与全体、环节与过程、特殊与普遍是一个有机的整体，这种整体主义视野是黑格尔对哲学（特别是绝对精神）的有效期待，在这种视野下，历史中没有虚妄的东西，每一个所谓的虚妄的东西都是绝对精神这个实体运行和实现自我的必备环节，否则就没有历史，更没有历史的真理。

与黑格尔不同，在马克思这里，历史主义意味着生产力和生产关系、经济基础和上层建筑各类要素之间的矛盾运动及其实现形式。在马克思主义看来，历史什么也没有做，在历史中真正活动的是有各种现实需要、欲望和动机的人，基于这一前提，人和人之间既有自然联系，也有社会联系，当然，自然联系最终要服从于社会联系，即"物质利益关系"或者"物质联系"是我们理解人的历史活动的基准线。在此基础上，人们的生产方式和交往方式是历史得以展开和延续的前提，所谓的历史或者历史科学所要描述的便是人的这种生产和交往方式内容和形式而已，我们所谓的关于历史的事实判断便是在这个前提下展开的。对此，马克思在《〈政治经济学批判〉序言》中曾经进行过整体性解释，即："人们在自己生活的社会生产中彼此间发生一定的、必然的、不以他们的意志为转移的关系，即同他们的物质生产力的一定发展程度相适合的生产关系。这些生产关系的总和构成社会的经济结构，即有法律的和政治的上层建筑竖立其上并有一定的社会意识形式与之相应的现实基础。物质生活的生产方式决定着整个社会生活、政治生活和精神生活的过程。不是人们

---

① 〔德〕黑格尔：《精神现象学》（上），贺麟译，商务印书馆1962年版，第26页。
② 〔德〕黑格尔：《精神现象学》（上），贺麟译，商务印书馆1962年版，第27页。

的意识决定人们的存在,相反,正是人们的社会存在决定人们的意识。社会的物质生产力发展到一定阶段,便同它们一直在其中运动的现存生产关系或财产关系发生矛盾。于是这些关系便由生产力的发展形式变成生产力的桎梏。那时社会革命的时代就到来了。随着经济基础的变更,全部庞大的上层建筑也或慢或快地发生变革。"① 这便是马克思所揭示的关于历史发展的唯物主义原理。

(二)负相关

按照数学理论的解释,正相关关系指的是两个变量的变动方向相同,一个变量由大到小或由小到大变化时,另一个变量亦会发生由大到小或由小到大变化。相反,所谓的负相关关系指的是两个变量的变动方向相反,因变量值会随着自变量值的增大(减小)而减小(增大),在这种情况下,因变量和自变量的相关系数为负值。在我们看来,历史主义既契合了历史科学的发展方向,也有自身特殊的发展路向,因为从某种意义上说,历史学专注的是个体叙事,而历史主义除了尊崇个体之外也追求或者默认了某种关于历史发展的普遍性和整体性。

我们不妨再回到兰克这里再做些探讨。

一方面,作为历史学大师,兰克明确反对对历史进行哲学化解释,当然,他也明确反对那种埋首于二手材料甚至抄袭史料的做法。在他看来,意大利史学家圭恰尔迪尼很多关于索德里尼和皇帝的演讲就是虚构出来的,这种虚构表现在三个方面:其一,他改动了当时的演讲;其二,他编造了很多未发表的演讲;其三,他为了符合虚构的需要不惜重新塑造历史事实,所以,在对其史学著作进行反复的推敲和比对之后,兰克断定,"圭恰尔迪尼的历史著作根本不配享受人们以往赋予它的荣誉,它

---

① 《马克思恩格斯文集》第1卷,人民出版社2009年版,第592页。

完全不是什么原始记录和细致研究"①。真正的历史研究必将是："不加任何修饰的赤裸裸的真相、对个别事物进行彻底研究，以及上帝命令做的任何其他事情；只是不允许虚构，哪怕在最微小的情节上，必须清除所有的幻觉。"②

另一方面，兰克对历史也存在普遍主义关怀，并且，这种关怀充满了神正论色彩。从整体上看，兰克的世界史主要局限于欧洲，而欧洲各国之间的动态平衡关系是其进行历史叙述的基本原则，这些叙述也遵从了年代记的模式，但是，兰克并未对过去的各个时代进行贬抑，而是认为它们具有同等的重要性。正如他自己所言："从上帝的立场出发，我只能说，人类自身蕴含着无穷无尽的多种多样的发展变化，而这种发展变化是按照不为我们所知的、远比我们所能想象的更为神秘和伟大的法则而逐步显示出来的。"③

可见，尽管反对黑格尔，但是，与黑格尔一样，兰克依然认为上帝是历史的主宰，此乃一种超越于历史过程之外的高级力量，正是因此，他仅仅承认人类在物质领域的进步，而在道德方面，情况并非如此。他坦言："某一代人在道德方面的真实高度与其他人是一样的，就道德高度来讲不存在更高的潜力。比如说，我们根本就无法超越过去世界的道德高度。不仅无法超越而且在精神领域甚至还常常出现倒退的情况，比如集约的道德规范变成了粗放的道德规范。今天的文学与古典文学相比正是如此。"④

上述两方面决定了兰克史学的矛盾性，而这也为我们透析历史主义与历史科学的关系奠定了基础。一方面，作为一种撰史的标准和观念，历史主义主张要对所有历史时代和历史事物等量齐观，在它这里，事实就是价值，它对历史事物持一种无批判立场。在此意义上，"它取代了过

---

① 〔德〕兰克：《近代史家批判》，孙立新译，北京大学出版社2016年版，第24页。
② 〔德〕兰克：《近代史家批判》，孙立新译，北京大学出版社2016年版，第39—40页。
③ 〔德〕兰克：《历史上的各个时代》，杨培英译，北京大学出版社2010年版，第9页。
④ 〔德〕兰克：《历史上的各个时代》，杨培英译，北京大学出版社2010年版，第9页。

去的形而上学和神学，成为一种奉历史世界为神圣的哲学，这种哲学认为人类生活本质上是内在于历史中的，它赞美人类思想在历史中的成就，因为这些成就本身具有绝对价值。总之，历史主义成为某种现代人道主义，同时也成了某种历史宗教"①。另一方面，历史主义又不等于历史科学。这是因为，历史主义更多是一种历史观念或历史哲学，而不是兰克意义上那种"史料第一"和"如实直书"意义上的客观历史叙事，在此维度，兰克反对对事件进行道德和价值判断，真正的历史研究必然意味着价值中立，与之相反，历史主义其实隐含着某种历史乐观主义，其对历史过程和历史趋势的乐观主义判断要强于其对历史环节和历史事实的关注，此乃历史主义与历史科学的关键区别。

在此，一个关键的追问在于，史学家如何保证自己在史料筛选和历史叙述中的客观性？连同历史档案在内的所谓客观历史本身是否早就包含着某种先期的价值判断？因为无论怎么讲，史料不会说话，是我们让史料说话，而这种历史言说的方式本身一定包含着某种逻辑预设和对史料的结构化处理。正如莫米利亚诺所质疑的那样："在发现事实并把它们纳入一个框架之中，以便我们理解且评价它们时，如果我们本人就是我们正企图理解的历史进程的一部分，那相对于这样的任务，我们到底处在怎样的地位。"②因此，尽管存在某种根本性区别，但是，历史主义与历史科学走向合流是思想史发展的必然趋势。原因就在于，史学家本人毕竟不是历史的当事人，既然如此，史学家本人的价值立场与当事人的价值立场如何保持一致？莫米利亚诺因此追问道："如果历史写作暗示我们根据某种标准选择事实，或者说我们根据某些兴趣发现新的事实，则这些标准和兴趣已经暗示对普遍性与概括的选择，据此我们对事实进行分类与理解。除非我们把事实与一般的类别和价值联系起来，否则我们

---

① 〔意〕卡洛·安东尼：《历史主义》，黄艳红译，格致出版社、上海人民出版社2010年版，第12页。

② 〔意〕莫米利亚诺：《论古代与近代的历史学》，晏绍祥译，北京大学出版社2015年版，第371页。

无法理解和评价事实,但除非我们心里已经有了某种我们据以提及事实的价值或者一般类别,否则我们就不能开始选择(或发现)事实。"①

实际上,从普鲁士历史学派形成开始,兰克史学的客观性就遭到了质疑和批判,更重要的是,这一派的几位史学家对历史研究注入了太多的政治性,在当时服务于德意志第二帝国的现实逻辑的促动下,包括梅尼克在内的很多德国历史主义者都是德意志第二帝国的理论奠基者,他们共同强化和巩固了历史研究的国家主义立场。在此意义上,当自由主义和世界主义历史观念向国家史观和民族史观转向的过程中,历史主义的确达到了某种为现实辩护的目的。于是,源于德国的兰克等人的历史的科学性概念在向英法美等地传播的同时,德国本土的史学家和思想家似乎对历史研究的科学性问题的兴趣越来越淡漠。

在狄尔泰这里,历史其实意味着一种生命解释学。如他所言:"(历史)学派所具有的特征是由某种纯粹经验的观察方式表现出来的,这种观察方式以同情的方式完全投入到历史过程的种种细节之中,是一种旨在完全根据一个具体事态所具有的发展脉络来确定这种事态之价值的、对于历史的具体普遍性的探讨。……由于缺乏与认识论和心理学的健康的联系,所以,这个学派一直没有获得某种说明的方法。仅仅凭借自身之力,历史性的见解和各种比较研究程序是无法建立某种具有自主性的、由各种精神科学组成的体系或者能够对生命产生某种影响的体系的。"②可见,狄尔泰对兰克史学十分不满,他特别在意生命体验和情感对于历史研究及其理解的重要性,并且,这种体验和情感在共时的意义上具有可通约性,承认并发扬这一点对于历史研究似乎必不可少。

在批判历史学的科学性问题上,后来的现象学和解释学走得更远。在胡塞尔看来,欧洲自然科学的实证主义原则和历史学科的相对主义倾

---

① 〔意〕莫米利亚诺:《论古代与近代的历史学》,晏绍祥译,北京大学出版社 2015 年版,第 371 页。
② 〔德〕狄尔泰:《精神科学引论》第 1 卷,童奇志等译,中国城市出版社 2002 年版,第 3 页。

向使我们对普遍性问题的关注变得必要，为此，他提出了"生活世界"的概念，以实现对"前科学"的、原初的、自明性的精神世界的关注，胡塞尔所谓的"超越论的现象学"就是为了还原这个先验意义的世界。在伽达默尔看来，解释学的目的就是在过去和现在之间架起一座桥梁，以克服历史理解的"他岸性"，因此，心理学的方法对于历史理解乃至于消除历史相对主义具有积极的方法论甚至本体论意义，这便是其所谓的"视域融合"和"效果历史"的问题背景。

因而，自兰克以后，欧洲史学在向两个传统进发。一个是科学主义传统，这一传统借助了史料批判的方法，从而使史学的科学化得到了职业化发展和巩固，它也奠定和表征了历史学科的基本样式；另一个是心理主义传统（也可称之为观念论传统），其特别强调理解、反思、解释等心理因素对于历史理解的意义。这两种传统的交织和渗透使历史主义问题变得日益复杂，这也为我们今天讨论历史主义问题制造了相当大的障碍。但是从总体上看，历史主义始终在观念层面发力，其更多表现为历史理论的进路；而历史科学始终在科学主义轨道运行，其更多表现为史学理论的进路，这两种进路共同表现了黑格尔对"历史"一词的双重界定及其相互关系。

三、当代史学的两重转向

只要历史不停止，历史科学的发展也不会停止。历史学既意味着史学意义上的对人类自身活动过程的经验性挖掘的记载，也意味着哲学意义上的对人的历史活动的反思、批判和自省。

从总体上看，近当代史学大致有两重发展路向。一个路向是，在传统的世界主义、民族国家、东方社会的框架下对整体史观进行批判、反思、修正和深化，这主要表现为对欧洲中心主义史观的反思和批判，后现代主义史学对启蒙以来整体主义和理性主义史学的解构，日常生活史、文化史、地方史和社会史等史学样式的兴起等。质言之，当代史学在格局和路向上已经远远超过了兰克史学，毕竟，兰克那种偏重政治史、军事史、外交史以及官方档案的做法已经远不能满足当代人多层次的历史需要。在另一个路向上，随着信息技术（尤其是网络技术）的蓬勃发展，数字技术、电子技术、传媒技术对于史学研究和传播的重要性日益突出，在此背景下，口述史、公众史、微观史得到了新的重视和发展。我们认为，这代表了当代史学研究的两重空间转向。其中，前一重转向代表了中西方学界基于深度全球化对当代史的历史地理学理解，后一重转向代表了史学发展的非线性、扁平化趋势，这是笔者剖析历史主义与历史科学关系的两大背景。①

（一）第一重转向：全球史学

英国史学理论家巴勒克拉夫指出："当代史的一个显著事实是，即它是世界史，而不是某些地区的历史。因此，如果我们不采用全球性的眼光，就不能够理解塑造世界史的诸种力量。"② 原因在于，较之于16—18世纪的以老牌资本主义国家为主导的世界秩序，在19—21世纪的世界历史进程中，非西方以外的亚洲地区对世界历史的影响力在增强，所以，尽管这种基于反殖民主义和反霸权主义而可能的民族独立和解放运动与欧洲的民族国家建构浪潮有差异性，但是，欧洲对其之外的地区的侵略和压迫是催生世界各国建立经济和政治联系的直接原因，因而，巴勒克拉夫进一步指出："正是由于美洲、非洲、中国、印度和其他欧洲之外地区的历史从另一个角度改变了以往的格局，所以它们已超越了传统的线

---

① 有鉴于笔者在《唯物史观与历史主义》和《唯物史观与当代历史主义》中对新康德主义历史哲学、新黑格尔主义的历史哲学、后现代主义史学等主要的史学理论进行过阐释。为避免重复，此部分，笔者更多是从近当代历史学学科分化的意义上对当代史学做些梳理。

② 〔英〕巴勒克拉夫：《当代史导论》，张广勇等译，上海社会科学院出版社2011年版，第1页。

型历史发展过程；面对这一历史事实，再用传统的历史发展模式来解释显然已不合时宜，因此有必要提出新的整体历史格局来取而代之。"①此处，巴勒克拉夫其实隐含着对欧洲中心主义世界观和价值观的批判，当然，这种批判正好代表了对二战后世界秩序和史学叙述模式的一种客观评判。

实际上，从一种更为宏阔的视野看，自从人类走出自然日渐提升自己的社会化程度以来，人与人之间的联系就从未中断过，或者说，这种联系一直在拓展和加深。与之相应，从作为对人类活动的记载——这个史学的原初意义——出发，史学对人类或者个体、群体或者部族联系的记述也从未中断，这便是为众多史学家所熟知的"通史"传统。在这方面，西方史学谱系中的希罗多德的《历史》、波里比阿（约公元前204—前122年）的《通史》、狄奥多罗斯（约公元前90—前21年）的《世界史》、奥古斯丁的《上帝之城》、鲍杜安（1520—1573年）的《世界史的结构》、凯勒尔（1638—1707年）的《古代、中世纪和新时期世界通史》、菲利普·梅兰希顿（1497—1560年）的《世界史》、博绪埃（1627—1704年）的《世界通史》、伏尔泰的《风俗论》、杜尔阁（1727—1781年）的《世界史论集》、孔多塞（1743—1794年）的《人类精神进步史纲要》、康德的《从世界主义者角度看世界通史观念》《永久和平论》、奥古斯特·施洛策尔（1735—1809年）的《世界史》、黑格尔的《历史哲学》、兰克的《论近代史的诸时期》、斯宾格勒的《西方的没落》、汤因比的《历史研究》、布罗代尔的《地中海与菲利普二世时代的地中海世界》《十五至十八世纪物质文明、经济与资本主义》等，都可以视为这一传统的前后相承。

在当代，西方史学的全球意识也在不断加强。根据国内学者的考证，从20世纪50年代开始，西方史学界开始逐渐抛弃了西方中心论的视野，进而掀起了用全球观点重新考察和撰写世界史的运动，这方面的史

---

① 〔英〕巴勒克拉夫：《当代史导论》，张广勇等译，上海社会科学院出版社2011年版，第2页。

学著作大致有：科恩和瓦尔贾维克的《世界史》、曼恩的《普罗皮兰世界史》、麦克尼尔的《世界史》、瓦特等人的《20世纪世界史》、伊斯顿的《1945年以来的世界史》、斯塔夫里阿诺斯的《全球通史》、丹斯的《大同世界史》、巴特菲尔德的《论中国史和世界史》、托马斯的《世界史》等。① 这从总体上表明，当代西方史学已经打破了传统的以西方世界为轴心来描画世界历史的模式，从而走向了全球史或整体历史的时代。

与西方相比，中国自古就有通史的传统。在这方面，西汉史学家司马迁的《史记》可谓扛鼎之作，尽管这部著作的重点是记载自上古传说中的黄帝时代至汉武帝太初四年间3000多年的历史，从某种意义上说，它更像是中华民族原初发展的"正史"和"内史"，但是，难能可贵的是，在《史记》中，司马迁还对朝鲜、越南、印度、中亚、西亚各国的历史进行了大致的记载，其《大宛列传》便是这种世界主义眼光的有力表现。可以说，在古代，东西方的文明及其史学事业几乎在平行前进，在此进程中，尽管后世的中国史学逐渐以王朝史和中华史为主旨，但是，中国史学家的史学精神、史学素养和历史写作方法并没有落后于世界，至少，中国的史学家群体全都恪守了使史学得以可能的客观主义原则。

从马克思主义立场出发，历史学既是事实记述，也是价值承载，哪怕是以事实记述为第一和最高原则，但这种客观性本身也是价值的一种蕴含和体现。若从更深层次观察，事实记载只是历史写作的基础性要求，而不是全部要求。马克思曾经说："世界史不是过去一直存在的；作为世界史的历史是结果。"② 可是，促成这个结果的前提和机制又是什么呢？马克思在乎的一定不是世界历史的范围和形式，而是使世界历史得以可能的现实前提和内在根由。

从表面上看，马克思主义史学似乎也是一种线性史学。马克思曾多次在自己的著作中表达过历史连续性和过程性意识，与之相应，学界基

---

① 参见〔英〕巴勒克拉夫：《当代史导论》"导论"，张广勇等译，上海社会科学院出版社2011年版，第34页。
② 《马克思恩格斯文集》第8卷，人民出版社2009年版，第34页。

于经济的社会形态和技术的社会形态对人类历史的整体理解和社会形态划分似乎也是合乎逻辑之举，但是，在历史问题上，马克思不是机械唯物主义者，也就是说，新时代取代旧时代、新社会代替旧社会不是一下子完成的。在《〈政治经济学批判〉序言》中，马克思曾坦言："无论哪一个社会形态，在它所能容纳的全部生产力发挥出来以前，是决不会灭亡的；而新的更高的生产关系，在它的物质存在条件在旧社会的胎胞里成熟以前，是决不会出现的。"① 我们认为，这段话是马克思主义辩证史观的有效表征，它至少表明，在对历史进程的纵向理解中，马克思表达了一种历史发展的叠加意识。

在横向的意义上，基于资本逐利逻辑的驱使，马克思主义认为，世界市场已经变成现实，在此情况下，农村屈服于城市、未开化和半开化的国家从属于文明国家、农民的民族从属于资产阶级的民族、东方从属于西方变得可能，与之相应，"资产阶级日甚一日地消灭生产资料、财产和人口的分散状态。它使人口密集起来，使生产资料集中起来，使财产聚集在少数人的手里。由此必然产生的结果就是政治的集中。各自独立的、几乎只有同盟关系的、各有不同利益、不同法律、不同政府、不同关税的各个地区，现在已经结合为一个拥有统一的征服、统一的法律、统一的民族阶级利益和统一的关税和统一的民族"②。在马克思这里，世界历史意识十分显著，当然，这也符合其对资本主义生产方式所展开的本质分析。正是在此意义上，马克思在《资本论》手稿中又一次强调，"把经济范畴按它们在历史上起决定作用的先后次序来排列是不行的，错误的。它们的次序倒是由它们在现代资产阶级社会中的相互关系决定的，这种关系同表现出来的它们的自然次序或者符合历史发展的次序恰恰相反。问题不在于各种经济关系在不同社会形式的相继更替的序列中在历史上占有什么地位。更不在于它们在'观念上'（蒲鲁东）（在关于历史

---

① 《马克思恩格斯文集》第 2 卷，人民出版社 2009 年版，第 592 页。
② 《马克思恩格斯文集》第 2 卷，人民出版社 2009 年版，第 36 页。

运动的一个模糊的表象中）的顺序。而在于它们在现代资产阶级社会内部的结构"①。

综合上述两类分析，我们认为，马克思的历史意识和历史理论是一种关于个体史与普遍史、局部历史与整体历史、短时段与长时段、地域历史与世界历史的综合考量和辩证分析。这种历史观较好地继承了欧洲社会古已有之的普遍史传统，但是，与冷兵器时代那种基于战争和农业所建立起来的世界交往不同，毋宁说，马克思的世界史意识既有纵向意义的对过往历史的贯通式理解，也有横向意义的对大工业时代基于资本和分工所建立起来的民族国家之间关系的空间化理解。

再回到巴勒克拉夫这里。我们发现，其对当代史学全球化发展趋势的判断基本成立，因而，他不无正确地指出："'地中海时代——欧洲时代——大西洋时代'这样的历史发展次序与其所要取代的'古代——中世纪——现代'历史发展次序，本质上并没有什么不同，都是欧洲中心论的表现。仅此一点就足以说明，把当代的历史称为大西洋时代是令人怀疑的，这是因为：当代历史的一个最显著的特征是欧洲优势的衰弱和欧洲以外地区地位的上升。"② 实际上，这一判断也被伊格尔斯所证实。在后者看来，在1990年以后，"全球史"变得越来越流行，只不过，世界史的写作在朝着两个方向发展，一个方向是以安德烈·贡德·弗兰克、艾力克·沃尔夫和伊曼纽尔·沃勒斯特等人为代表的世界史体系，他们将16世纪以来资本主义经济和世界市场的发展看作现代世界的核心，他们普遍认为资本主义的成长依赖于对经济欠发达国家的廉价劳动力的剥削，从而使世界秩序得到了某种矛盾性建构，而传统的马克思主义以及反马克思主义似乎也从属于这一理论体系，这一路向的重点是文明、国家和社会。另一个方向以麦克尼尔、曼宁等人为代表，以《世界史杂志》（*Journal of World History*，1990年创刊）和《全球史杂志》（*Journal of*

---

① 《马克思恩格斯文集》第8卷，人民出版社2009年版，第32页。
② 〔英〕巴勒克拉夫：《当代史导论》，张广勇等译，上海社会科学院出版社2011年版，第10页。

Global History，2006年创刊）为载体，其将"大规模的人口运动和经济浮动，跨文化的技术转移，传染病的传播，远距离贸易，宗教信仰、思想和理想的传播"为主题。据此，伊格尔斯认为，历史研究的世界化和全球化时代已经开始，在此情况下，传统的以民族国家为主旨的历史写作模式似乎日益边缘化，取而代之的是跨国家、跨民族、跨文化的历史研究，当然，"全球历史研究的对象是进程，从某种意义可以说是用更复杂的方法对现代化进行研究。现代化的进程不限于西方，但也不能与西方脱离。全球史不需要明确的历史发展理论，那只是一种宏大叙事；一般说来，它否定后者是西方帝国主义观念的一个组成部分；全球化的历史需要使用这样的宏大叙事，但它未必认为这一进程是积极的"①。

趋势归趋势，现实的情况是，传统的民族国家并未消失，它依然试图在全球化格局中为自己正名，同时，基于全球史观念而可能的历史作品似乎也在遭受某种程度的质疑，即这种宏大的历史叙事之下的历史知识是否可信也是个问题，后现代史学其实就是这种质疑的副产品，与之相应，事实和虚构之间的界限似乎也日渐模糊，毕竟全球化不等于"去国家化"，不等于史学研究的同质化。尽管我们可以在全球范围寻求并架构某种历史叙述的整体结构和过程，但是，全球化过程中国家与地区冲突及其内在的复杂性也需要引起学界足够的重视，更为重要的是，此一过程中所秉持的西方与非西方并立甚至对峙的二元化写作方法也需要我们进行深入反思，与之相反，多极化、多元化、多中心的历史观念或许需要在人类命运共同体的高度引起新的重视。

质言之，全球化的历史观念和历史写作方向已经变成现实，但是，内嵌于其中的中西二元主义矛盾依然需要引起思考，在此基础上，多元化的全球史观和历史写作需要引起我们更大程度的关注，这或许是破解今日世界诸多问题的一个思想史路径。

---

① 〔美〕伊格尔斯、王晴佳：《全球史学史》，杨豫译，北京大学出版社2011年版，第414页。

（二）第二重转向：网络史学

网络不仅是一种技术手段，而且是一种生存方式。从马克思主义原理出发，不同的经济社会形态表现的是人们对生产资料和社会财富的占有方式，也表现着基于技术手段而历史地呈现的社会分工方式和生活消费方式，所谓的历史知识或历史记忆乃至整个历史本身无非是这种社会存在方式的客观结果，这意味着，我们对历史学的理解不能仅仅停留于历史知识，而是要反其道而行之，要去追寻基于技术手段而凸显出来的人的历史性存在样态，这或许是马克思主义历史理论对于我们梳理今日历史科学发展的学理要求。

以网络平台和技术手段来更大程度地复现并求证历史真相成为历史学发展的新要求和新趋势。自 20 世纪 60 年代以来，以政治事件和历史人物为主线的传统史学观念遭到了普遍质疑，质言之，当代历史科学在格局和路向上已经远远超过了兰克史学。毕竟，兰克那种偏重政治史、军事史、外交史以及官方档案的做法已经远不能满足当代人多元化、多层次的历史需要。因此，在将研究视野进一步扩大到经济、社会、文化、性别、人口等领域的同时，史学家不再只把史料看作历史事实的唯一载体，对史料的考察也不仅满足于考证其真伪和记载可靠性，而是更多地思考作为文本的不同史料形成与流传所蕴藏的社会文化意涵与过程，在这种情况下，探究史料的文本脉络与社会历史事实建构之间的复杂关联，在某些领域已被作为主要研究课题。在此情况下，计算机技术对于大量历史资料和数据的整理起到了关键作用，这催生了数字史学的诞生。①

为了便于论述，我们需要对数字史学、网络史学和公共史学分别做些辨析。

---

① 参见申斌、杨培娜：《数字技术与史学观念——中国历史数据库与史学理念方法关系探析》，《史学理论研究》2017 年第 2 期；牟振宇：《数字历史的兴起：西方史学中的书写新趋势》，《史学理论研究》2015 年第 3 期。

关于数字史学。根据学者的考察，1997 年，爱德华·艾尔斯（Edward L. Ayers）和威廉·托马斯（William G. Thomas），首次使用"数字历史"这一术语命名一个机构——维吉尼亚数字历史研究中心。之后，他们在描述其"影子之谷"（The Valley of the Shadow）项目时也使用了这一术语。美国乔治梅森大学历史与新媒体研究中心主任丹尼尔·科恩（Daniel J. Cohen）认为，数字历史是采用新技术来管理超巨量历史数据的平台，它首先可以检索文献，其次进行管理并处理相关数据，最后通过网络技术与他人分享。印第安纳大学历史系教授柯尔斯顿·斯沃德（Kirsten Sword）认为，数字历史至少包括三个方面：（1）通过对新档案的新查询的扩大，数字资源重新界定了学科领域；（2）数字历史为学术与大众之间搭建起了一座桥梁；（3）数字历史项目可以实现合作，它不仅包括各学科专家，还包括技术队伍。内布拉斯加大学历史学教授威廉·托马斯指出，数字历史是采用计算机信息技术、网络技术和软件系统来研究和表述过去历史的一种方式，具体是：（1）它是以发展新课程教材和收集学术资源为核心的学术产品及学术信息的一种开放平台；（2）它是采用新技术超文本功能来收集、界定、查询和注释过去历史文献的一种方法。与传统史学不同，数字历史拥有一个可以让大众操作、管理、参与和调研的平台。故而，数字历史通过新技术创造了一种结构或本体论，让人们可以更广泛地参与历史阅读、评论和体验。①

关于网络史学。应该说，网络史学也是信息技术时代的产物，其大致产生于 20 世纪 90 年代之后，互联网是其基本空间，电子化、信息化、数字化、即时性、多元化、国际化是其鲜明特征。从研究的对象和范围来看，网络史学依然具有历史学研究的基本要素，其关注的依然是传统史学的基本问题和内容，即客观的历史过程依然是其研究对象，只不过，它补充了纸质史学的局限与不足，而且，它丰富了史学研究的主体，即

---

① 参见车振宇：《数字历史的兴起：西方史学中的书写新趋势》，《史学理论研究》2015 年第 3 期。

它打破了那种为职业史学家所主宰的历史研究范式，吸纳并扩大了历史研究和述说的主体，尤其是使那些掌握一定网络技术的史学工作者加入了史学研究的行列。根据学者的研究，网络史学是史学参与公共性问题讨论的先进形式，它巩固和强化了史学的公共属性，其新意在于：（1）更新了史料的存在形式。在纸质材料大规模电子数字化的今天，史学资料的电子化已成为常态，尤其是影像、影视资料的大规模出现使电子数据库的建设成为必须。（2）更新了学术信息的获取方式。史学信息本身就具有超时空、跨国境、跨文化、即时性等特点，网络史学使史学资料和史学信息的获取更加便捷化。（3）更新了历史的写作与发表方式。网络史学完全采用电脑录入，不再依靠纸质材料书写，其成果发表除了可按出版社、杂志社的电邮地址自由投稿外，还可广泛地向全国乃至全球范围内的史学网站及史学类电子版期刊和相关网投送。学者既可以在网站自由投稿，也可以借用网络平台发表史学论著，更可以利用自己的博客发表相关论文，而且此类文章一经发表即享受著作权保护。（4）更新了历史的表现形式。较之于纸质方式，网络史学可以用动态的或动感的影像图片方式来表现史学内容，更能体现史学的现场感和生动性，完全体现作者的个性化内容。①

关于公共史学。公共史学发端于美国，主要以 1978 年《公共史学家》杂志的创办和 1980 年"全国公共历史学会"（National Council on Public History）为标志，迄今为止已经发育了 40 余年。从背景上看，公共史学最初是为了解决历史专业的学生就业而设立的，在《公共史学家》的创刊号上，罗伯特·凯里教授指出，公共史学就是指历史学家的就业和在学术体制外——如在政府部门、私有企业、媒体、地方历史协会和博物馆，乃至其他领域——所运用的史学方法，当某个问题需要解决，一项政策需要制定，以及资源的使用或行动的方向需要更有效的规划时，历史学家便会应声而来，因而，在他这里，公共史学其实就是应用史学的

---

① 参见焦润明：《网络史学与公共历史问题》，《甘肃社会科学》2014 年第 1 期。

代名词。①1982年，罗荣渠教授在《当前美国历史学的状况和动向》一文中涉及了公共史学，自此，肇端于美国的这一新史学形态逐渐传入中国，经过40年的发展，中国的公共史学研究已经日益走向壮大与完善。与美国相比，中国的公众史学从开始到现在也始终注重史学研究的本土化和大众化倾向，更进一步看，"公众史学研究什么、谁去研究、如何研究、研究得怎么样、研究成果归谁所有等环节都是开放的，都是需要公众积极参与的，且公众也是这些进程中的中坚力量"②。正是因此，公众史学的实践性功用才得到了积极发挥，尤其是在与中华优秀传统文化的传承与发展、历史资源共享、以文化人的这一路向上，其所取得的积极成果是：（1）对活态历史空间的重构，如对古城、古镇、古庄园、古街区、古雕塑等的复原与营造，以及对其当代价值进行公共阐释；（2）对优秀通俗作品的创作与出版，进而向公众传递历史知识，以满足社会公众不同层次的需求；（3）把公众史学的理论与方法应用于其他科学，如利用公众档案反对历史虚无主义、利用口述史学展开稀有资料的搜集与整理等；（4）对地域特色文化进行深入挖掘，并扩大其公众化认知与传播。如各具特色的地方性文化、宗祠文化、寻根文化等；（5）以专业性方式对历史知识进行物质转化，如公众化历史知识的经营与管理、历史纪念品的开发与宣传等。

可见，当代史学实际上已经走出了一元主义话语模式，也就是说，所谓的历史的真理并不仅仅为职业史家和传统纸媒所主宰，尤其是随着后现代主义史学的解构、网络技术的推广和各种各样自媒体和融媒体平台的迅猛发展，今日的史学已经难以维持那种自说自话的单向传输范式，而是必须兼顾电子文明时代人类生存的基本现实，进而创造出与这个时代相符合的史学研究和传播范式。

在上述背景下，我们必须看到，网络已经成为当下人类生存的本体

---

① 张文涛：《在场感与公共史学》，《甘肃社会科学》2014年第1期。
② 师永伟：《三十多年来中国公众史学研究的现状与思考》，《泰山学院学报》2019年第1期。

论境遇,网络史学既是当代史学发展的一个技术性路向,也是一个存在论路向。至少,网络通信技术和各种APP应用已经实质地改变了我们对历史和现实的理解和言说方式,但是,技术对于今人的意义远不止生活的一个领域或者是一种可以选择或替换的生活方式那么简单。在霍克海默、阿多诺和海德格尔等人的意义上,我们认为,西方史学的科学化和技术化程度的提高只是意味着史学研究的手段和方法的丰富,所以,在一种狭隘的意义上,数字史学和网络史学更多是计量史学的延伸,其在整体上服从于海德格尔所揭示的哲学跟从于科学的亦步亦趋的逻辑,这种哲学连同其副产品的历史哲学、历史理论和史学理论并不在乎或者并不懂得这个时代的经济发展以及这种发展需要的架构,按照海德格尔的说法,"一场音乐会的节目安排并不就是音乐的理论"[1]。因而,在反思并批判西方形而上学传统的境况下,技术遮蔽了存在,它使自然变得可被计算和计量,所谓存在的意义无非就是可计算性,当然,历史似乎也成了这一路数的受害者。

我们之所以将当代历史学的网络化提升到哲学高度无非是为了说明这样的意思:尽管历史是人类现实生活的记载,尽管网络社会传输和表现的依然是人们的现实生活,但是,网络也成就了新的史学样式,无论是读者还是作者,我们都成了网络空间的活跃分子。在网络空间里,历史和现实之间的时间界限变得日益模糊,"在电子文明时代,由于时间感的麻木,历史学家从过去的热衷于研究时间性的线序'过程'转向考察空间性的块面'场所'或'平面中的布局'"[2]。我们甚至看到,随着智能化和云技术的发展,用特定的图文软件进行文稿写作、编辑和校对已经变成现实,所以,有学者反而以否定性的态度指出,网络技术的发展并没有带来"史料的大发现",我们依旧要在那些基本的史学著作中寻求突破,技术手段的更新并没有带来终极意义上的史学革命,尽管我们可以

---

[1] F. 费迪耶等辑录:《晚期海德格尔的三天讨论班纪要》,丁耘摘译,《哲学译丛》2001年第7期。

[2] 周祥森:《空间转向:电子传媒技术与当代史学形态》,《史学月刊》2015年第1期。

快速便捷地检索史料，但是，受知识结构、学术积累和理论修为的局限，我们依然无法确保自己能够准确地分析、鉴别和合理地利用史料，在数字化时代，我们依然需要回归传统。质言之，计算机技术有利于我们获得史料，但是从占有史料到驾驭史料，我们还有很长的路要走。①

需要强调的是，在数字化时代，尽管人人都可以成为自己的历史学家，但是，有三个问题不能回避：其一，检索的功夫和读书的功夫不是一回事，或者说，海量的阅读与海量的检索不是一回事，史料检索不能代替史料研读，否则，技术手段只会加剧历史的谬误；其二，史学家、网络史学从业者必须具备甄别和处理史料的能力，为此，史学家必须要有丰厚的才识和学养；其三，必须保证历史研究的学术水准，而不能满足碎片化的历史叙述，否则，史学的价值就无法体现。

综上所述，历史主义是历史科学得以可能的观念原则，没有历史意识（尤其是历史的贯通意识），史学研究必然流于表面，但是，对于严谨而权威的历史研究而言，仅有历史意识远远不够，史学家必须以更多样的手段和形式使历史意识和历史事实相互印证、令人信服，或者说，历史观念和历史事实必须相得益彰，彼此成就。反观 20 世纪以来历史学的发展状况，我们可以看到，随着比较史学、计量史学、心理史学、年鉴史学、社会史学、文化史学、数字史学、网络史学等不同史学形态的发展，史学的科学化、大众化、技术化、生活化、底层化趋势的确在加强，但是，所有这些史学样式都不同程度地存在微观主义和个体主义倾向，其隐含的"只见树木，不见森林"的局限性也需要引起我们足够的重视。质言之，本体论与方法论、宏观与微观、官方与民间、目的与手段的结合或许是更为理想的出路。对此，我们还需付出更为细致而艰苦的努力。

---

① 陈爽：《回归传统：浅谈数字化时代的史料处理与运用》，《史学月刊》2015 年第 1 期。

专论二
历史主义与自然主义

> 整个人类历史纯然是根据地点和时间编排的,关于人类力量、行为和本能的自然史。
>
> ——约翰·哥特弗雷德·赫尔德

在理性主义和科学主义传统中,一切问题似乎都变成了实证问题,物理学、化学和生物学等诸多自然科学的兴起对这一传统的形成和巩固起到了巨大作用,于是,包括狄尔泰和马克思在内的许多思想家似乎都愿意借助自然科学的方法来研究历史问题。实际上,反观西方的思想史传统,自然和历史从来都不是一对冤家。如柯林伍德所言:"作为思想形式的自然科学,存在于且早已存在于一个历史的连贯性中,并且为了自身的存在,它依赖于历史思想。……一个人除非理解历史,否则他就不能理解自然科学,除非他懂得历史是什么,否则就不能回答自然是什么这个问题。"[①] 尽管历史主义源于19世纪与科学理性主义相对抗的背景,但是很显然,这种对抗并不是问题的全部,因为二者的统一性也深藏于思想史之中,此乃我们深化历史主义研究的必要工作。

[①] 〔英〕柯林伍德:《自然的观念》,吴国盛等译,华夏出版社1999年版,第195页。

一、古典的自然法

在《历史主义的兴起》一书中,梅尼克一上来就讲:"历史主义的兴起乃是西方思想中所曾发生过的最伟大的精神革命之一。"① 梅尼克之所以要在这本巨著中对历史主义持肯定性态度并对其进行思想史辩护,主要是因为,作为一个新的名称和一项精神革命,德国历史主义遭到了广泛的批评和攻击(韦尔纳,1879;门格尔,1884)。当然,在这种意见之争的背后,梅尼克也看到,特勒尔奇不仅为历史主义产生的必然性进行了及时辩护,而且对历史主义的内在问题进行了揭示。因此,在特勒尔奇的意义上,梅尼克认为,历史主义不仅是一种历史观,而且也是一种生命观和世界观,这种合理性观念是西方文明自身的产物。尽管围绕历史主义已经展开了诸多争论,但是,"受到攻击和被认为有害的东西,事实上是从同样的土壤中生长出来的,这种土壤滋养了自从十九世纪初以来重新繁荣的精神科学"②。他进一步指出:"历史主义所做的首先是把崭新的生命原则应用于历史世界。这种生命原则是从莱布尼茨直至歌德去世为止的伟大的德国运动所获得的。这场运动是一场普遍的西方运动的延续,但是西方运动的巅峰在伟大的德国思想家中才能找到。这是他们继宗教改革之后做出的第二伟大的成就。但是作为一项相当新颖的生命原则被发现时,历史主义所代表的就不仅仅是一种精神科学的方法了。一旦人们习惯于按照这些新的方式进行观察,世界及生命就呈现出了一个新的方面,表现出了一种更加深邃的背景。"③

基于梅尼克的定位,我们的问题是:历史主义是不是仅仅是19世纪以来的德国精神科学发展的自然结果? 历史主义所坚持的个体性和发

---

① 〔德〕梅尼克:《历史主义的兴起》,陆月宏译,译林出版社2009年版,第1页。
② 〔德〕梅尼克:《历史主义的兴起》,陆月宏译,译林出版社2009年版,第2页。
③ 〔德〕梅尼克:《历史主义的兴起》,陆月宏译,译林出版社2009年版,第2页。

展性原则是否在西方文明的源头就已经确立？梅尼克所谓的"德国运动"在何种意义上继承并更新了西方文明的历史观、自然观和世界观？这件事情在19世纪自然科学和历史科学的对抗中已经产生或者还将产生何种意义？为了廓清这一系列问题，我们必须回到西方文明的大脉络中进行一番考察。

从本意上说，"历史"二字无非体现的是一种"真实的叙事"，在西方"两希文明"（即希伯来文明和希腊文明）的系统中，历史大体上表现为自然的历史、人的历史和神圣的历史三种叙事类型。在此，自然史研究的是自然事物的必然性，人的历史研究的是人的活动得以可能的真实性，而神圣的历史探讨的则是超越于自然和人的宗教神义的真理。① 我们理解，这三种类型恰好对应了西方哲学的大体走向，我们不妨对这三类原则做些叙述。

（一）古希腊的谱系

根据黑格尔的看法，自然问题是古希腊哲学家们共同的话题，但是，古希腊的哲学家们对自然的谈论并不总是就自然谈自然，而是从对自然事物的谈论中生发出对精神和自然关系的深刻理解。也正是从这个时候开始，哲学开始登场，这主要体现为精神对自然的普遍把握，当然，这种把握依然体现着自然的、感性的色彩。② 对此判断，美国的梯利做了肯定性回应和系统化阐释。他指出："最早的希腊哲学是自然主义的：注意自然；它大半是物活论的：认为自然能够活动而有生命；它是本体论的：探索事物的本质；它主要是一元论的：试图用单一的原则来解释自然现

---

① 参见刘小枫编：《从普遍历史到历史主义》，谭立铸等译，华夏出版社2017年版，第341—342页。

② 参见〔德〕黑格尔：《哲学史讲演录》第1卷，贺麟等译，商务印书馆1959年版，第176—177页、第282页。

象；它是独断的：天真地设想人的思想能够解决宇宙问题。"① 经由这种判断，我们认为，希腊哲学之所以是整个西方哲学的开端，根本原因是其通过自然激活了人的理性，从而实现了对人与自然关系的深入把握，这构成了人类历史意识萌生的原初语境。

1. 前苏格拉底时期

在这一时期，希腊哲学的自然哲学色彩十分浓厚。对于这一时期的哲学家来说，他们追问的普遍问题是：什么是世界的基本材料？围绕这个问题，哲学家们的思考大体表现在：

（1）实体主义。泰勒斯认为，水是世界的本原。对于这个命题，黑格尔给予了充分肯定。在他看来，泰勒斯堪称古希腊自然哲学的第一人，"水是原则"的命题至少包含两层含义，一是指其哲学性质，即"感性的水并不是被当作与其他自然元素和自然事物相对待的特殊事物，而是被当作融合和包含一切实际事物在内的思想，——因此水被了解为普遍本质"②。二是指其自然哲学性质，即"'普遍'被认定为'实在'，——因而'绝对'被认定为思维与存在的统一"③。在阿那克西曼德看来，万物的本原不是水，而是一种无限的、永恒不灭的实体，是一种无穷无尽充满于空间的活泼的质料。这表明，阿那克西曼德已经具有了某种物质不灭的观念，他已经试图开始论证自然世界的变化过程，这为后世进化论观念的提出埋下了伏笔。在阿那克西美尼看来，事物的原始基质是太一和无限，而气是表征这种无限的根本基质，我们的灵魂也是一种气。

表面上看，这三位哲学家都在主张用实体性因素对世界的本原进行界定，但是，在更为深入的层面，我们不要忘记，这些因素是贯穿于万

---

① 〔美〕梯利：《西方哲学史》，葛力译，商务印书馆1995年版，第8页。
② 〔德〕黑格尔：《哲学史讲演录》第1卷，贺麟等译，商务印书馆1959年版，第206页。
③ 〔德〕黑格尔：《哲学史讲演录》第1卷，贺麟等译，商务印书馆1959年版，第206页。

物始终并且有其有机化的演化过程,所以,这表现的是一种抽象思维,这也因此为其向毕达哥拉斯学派过渡提供了可能。

(2)数的理念。根据黑格尔的意见,毕达哥拉斯完成了从实在论向理智哲学的过渡。这主要是因为,在伊奥尼亚的几位哲学家看来,本质、原则是一种确定的物质性的东西,但是,进一步的问题必然是:这些确定性的物质性的东西必然存在于各种范畴之中,而要梳理和归纳这些范畴,就必须借助数的概念。所以,毕达哥拉斯的哲学命题就是:数是一切事物的本质,数和数的关系构成了整个宇宙组织。自此以后,我们谈论自然就不再是实体化的列举,而是将自然事物进行数字化的勾连和归类。例如,"一"代表着统一和相等,"二"就代表着对立和不相等,自然界就是不同的对立面的结合,为此,毕达哥拉斯学派还提供了十组对立范畴,即有限与无限、奇数与偶数、一与多、左与右、男与女、静止与运动、直线与弯曲、光明与黑暗、善与恶、正方形与平行四边形等,在此过程中,数充当了感性和超感性的中介,这也为其在天文领域提出宇宙系统理论奠定了基础。

在毕达哥拉斯的基础上,赫拉克利特提出了变化的原则,其经典名言是:"人不能两次踏进同一条河流。"在他看来,火是万物的原始基质,"万物变成火,火变成万物;正如货物换成黄金,黄金换成货物一样"①。同样的道理,火是宇宙秩序的规律,这是一切事物的逻各斯,"事物的这一秩序不是任何神或人所创造的,它过去一直是、现在是、将来也是永久是永生之火,按照定则而燃烧,又按照定则而熄灭"②。

原子学派的创始人是留基伯和德谟克利特。在留基伯这里,原子是绝对的"一",它不可分割,是一切事物的属性,但是,原子在虚空中运动,虚空使原子与原子分开,并使原子来充实虚空,让原子浮游在虚空之中,意味着"一"与"连续性"的对立。当然,我们认为,这种思

---

① 〔美〕梯利:《西方哲学史》,葛力译,商务印书馆1995年版,第21页。
② 〔美〕梯利:《西方哲学史》,葛力译,商务印书馆1995年版,第22页。

想表达了原子与虚空之间的外在性、机械性关系，或者说，原子论并没有说出事物与事物之间的内在联系。作为留基伯的朋友和学生，德谟克利特对原子论进行了继承和发挥。他说："按照意见有热，按照意见有冷，按照意见有颜色、甜和苦；按照真理只有不可分割的（原子）和虚空。"① 比留基伯更进一步的是，德谟克利特认为："灵魂是圆形的原子。"② 这意味着，他已经将原子论思想深入到对意识问题的理解之中。

到阿那克萨戈拉这里，希腊哲学的自然哲学色彩似乎淡了一些。他认为，普遍的东西并不是神灵、感性的元素，也不是各种思想质素，而是自在自为的思想自身，这种思想在自身的范围内包含着一切，这种思想具有客观性，它是宇宙和自然的自在心智和理性，这就像我们用犬来归类狗、用木材来归类桌子一样，在这种情况下，思想被当作原理来应用于实体，这种能思维的实体不再是纯思想，而是一个主体，即真正的普遍者并不是抽象的，而是在自身中自在自为地规定着特殊的东西。正是因此，亚里士多德才对阿那克萨戈拉评论道："说生物和自然里面的理性乃是世界和一切秩序的原因的人，与前此那些胡乱说话的人比较起来，乃是一个头脑清醒的人。"③

对于前苏格拉底时期的自然哲学，黑格尔有一个保守性评价。他指出，这些哲学家尽管意识到了从本质的维度把握自然的必要性，每个人似乎都知道普遍性，但是，他们眼中的普遍性是一个贫乏的规定，即："思想诚然已经达到了感性事物的不可见性（达到了超感性的东西），但没有达到积极的规定性，而只达到了一个没有宾词的绝对者或单纯的否定者，只是达到了今天一般的见地的地步，而没有达到把绝对设想为有

---

① 〔德〕黑格尔：《哲学史讲演录》第1卷，贺麟等译，商务印书馆1959年版，第377页。
② 〔德〕黑格尔：《哲学史讲演录》第1卷，贺麟等译，商务印书馆1959年版，第377页。
③ 〔德〕黑格尔：《哲学史讲演录》第1卷，贺麟等译，商务印书馆1959年版，第378页。

积极内容的普遍者。"① 所以，他们的思维还很幼稚，他们的规定还很贫乏、抽象而干燥，也只有在阿那克萨戈拉这里，我们才看到了普遍者被规定为自身规定的活动性。

2. 苏格拉底时期

在黑格尔看来，智者学派、苏格拉底和苏格拉底学派是希腊哲学第一期的第二阶段，在这一阶段，智者学派把握到了内容的主观性方面，苏格拉底把握住了自在自为的内容，而苏格拉底的门徒们进一步规定了这些内容。

智者这个词最初指的是聪明而有才能的人，这些人周游各地，精通论辩、文法、修辞、音乐、数学和演说，善于以智慧的形象示人，当然，他们也充满了批判精神，实际上，他们就是希腊社会的职业教师，他们是一个特殊的社会阶层，他们代行学校教育的任务以教育青年，"智者们教学的目的在于指出：什么是世界上的权力，——什么是解决一切特殊问题的普遍思想，——这只有哲学才能知道；所以智者们是思辨哲学家。他们要使人知道，是什么东西在道德世界起决定作用，以及是什么东西使人满足"②。正是通过他们，希腊的论辩和智慧文化得到了充分弘扬。

一般认为，智者学派有两个代表人物，一个是普罗泰戈拉，一个是高尔吉亚。普罗泰戈拉是第一个自称为智者的人，他周游希腊，也曾在雅典住了很久，关键的是，他提出了一个非常著名的命题："人是万物的尺度；合乎这个尺度的就是存在的，不合乎这个尺度的就是不存在的。"③ 在黑格尔看来，这是一个伟大的命题，一方面，它把思维当作有内容的东西；另一方面，思维能够规定以及提供内容，而这个规定就是尺度，

---

① 〔德〕黑格尔：《哲学史讲演录》第 1 卷，贺麟等译，商务印书馆 1959 年版，第 413 页。

② 〔德〕黑格尔：《哲学史讲演录》第 2 卷，贺麟等译，商务印书馆 1960 年版，第 10 页。

③ 参见〔德〕黑格尔：《哲学史讲演录》第 2 卷，贺麟等译，商务印书馆 1960 年版，第 28 页。

就是衡量一切事物价值的准绳。黑格尔意在表明,思维是人的思维,通过思维把握对象并规定内容是思维活动的本质特点,其言下之意在于佐证人是万物的尺度的合理性。较之于普罗泰戈拉,高尔吉亚更注重纯粹的辩证法,原因在于,前者主张一切存在物的相对性或"非自在性",所以,存在物只存在于关系之中,而且只存在于对意识的关系中;后者不仅不把意识或者对方作为前提,而且指出了其虚无性,并最后得出了"无物存在"的结论。

在西方哲学史上,对于智者学派,人们长期存在误解,这主要是因为他们质疑和否定了一些成见,甚至导致了对知识本身的否定。在黑格尔看来,我们需要为智者学派正名,原因是:其一,他们使哲学从天上回到人间,使人们的注意力由自然转向人自身,当然,他们也同时夸大了人与人之间的分歧;其二,他们激发了人们求知的欲望,"要求哲学、宗教、习俗、道德以及建立在它们之上的制度来辨明自己的合理性"①。所以,他们迫使哲学开始寻找自己的认知标准,从而把问题转化为对"什么是知识""什么是真理""什么是正确"和"什么是国家和人类制度的根本目的"等元问题的思考上,这意味着古希腊自然哲学所发生的一种深刻转向。

作为一个出身社会底层的穷孩子,苏格拉底面对的是希腊哲学的混乱局面,所以,在方法上,他并不反对用辩证法(也即对话的方法)来考察是非曲直,即:"他心中的目标不是建立一个哲学体系,而是激发人们爱真理和德性,帮助他们做正确的思维,以便他们过正当的生活。他的目的是实际的而不是玄想的。"②为此,他不遗余力并且也是不分场合地与人进行论辩,论题涉及战争、政治、婚姻、友谊、爱情、家政、艺术、商业、诗歌、宗教、科学和道德等方面,在这些谈话和交流中,他力求将问题引向深入并发现论辩中的谬误,所以,用"思想的助产士"来称

---

① 〔德〕黑格尔:《哲学史讲演录》第2卷,贺麟等译,商务印书馆1960年版,第48页。

② 〔美〕梯利:《西方哲学史》,葛力译,商务印书馆1995年版,第51页。

赞他真可谓实至名归。

对于苏格拉底，黑格尔评价很高，一方面是因为，苏格拉底经历了希腊从全盛向衰落的转折，他体验了雅典从繁荣向衰落的转折，这种遭遇似乎映衬出了其一生的悲壮色彩，正是在这个意义上，黑格尔敬佩苏格拉底是一位英雄，而其本人的主动受死更是对这一点的有力诠释。另一方面，苏格拉底表现出了一种崇高的独立的意识和精神，尤其是在对社会事务以及对美的追求中，苏格拉底不再寄托于外在的自然规定，而是通过特有的"苏格拉底式的讽刺"让人们发现内在的自我，即："他有意识地认识了并且说出了精神的更高原则。这个更高的原则是有绝对的权力的。这个原则现在出现了，它表现得与精神意识的另一形态处在必然的关系中，这一种形态构成了雅典生活的实质，构成了苏格拉底所生活的世界的实质。"①

苏格拉底的方法和传统为他的门徒所继承，在此基础上，麦加拉学派的欧几里得把苏格拉底"德性即知识"的论点同辩证法统一在一起，规定单纯的善是万物永恒的本质和原则，除此之外，物质、运动和变化都不是真正的存在。居勒尼派似乎距离苏格拉底的原则较远，甚至站在了苏格拉底的反面。他们似乎也承认作为共相的善，可以对于"什么是善"的问题，他们发出了更根本的追问，作为这一学派的创始人和代表，阿里斯底波把单纯的快乐和享受当成最高原则，这样一来，感觉对于人就显得很重要，"愉快的感觉就是善，不愉快的感觉就是恶。因此各种感觉乃是认识的标准，并且是行为的目的"②。在黑格尔看来，犬儒学派似乎没有什么东西值得一书，这一学派也把善设为普遍目的，但是，与居勒尼派相反，犬儒主义者并不在乎人对快乐的主观意识和自觉，而是以完全独立和自由的人的感觉作为原则，这是一种不受制于自然的最高独立性，

---

① 〔德〕黑格尔：《哲学史讲演录》第2卷，贺麟等译，商务印书馆1960年版，第112页。

② 〔德〕黑格尔：《哲学史讲演录》第2卷，贺麟等译，商务印书馆1960年版，第143页。

这便是他们所理解的善,这便是安底斯泰纳竟然能和狗住在一起的原因,所以,黑格尔指出,这一学派在科学上无所建树,其与居勒尼派之间的对立是斯多葛派与伊壁鸠鲁学派对立的源头。

3. 柏拉图时期

在柏拉图之前,希腊哲学的话题似乎具有发散性和铺陈性,而发展到柏拉图和亚里士多德这里,哲学日益具有体系性。作为苏格拉底的益友,柏拉图"把握了苏格拉底的基本原则的全部真理,这原则认本质是在意识里,认本质为意识的本质。这就是说,绝对是在思想里面,并且一切实在都是思想,……苏格拉底把自觉的思想的权利提高为原则,而柏拉图则把思想这种仅仅抽象的权利扩张到科学的领域里"[①]。对于柏拉图哲学的特点,黑格尔点评道:他"把哲学的方向指向理智的超感性世界,并且把意识提高到精神的领域里;于是,理智的成分便获得了那属于思维的超感性的、精神的形式,并且在这样的形式下,得到了对意识的重要性,进入了自觉的阶段,而意识在这个基础上,也取得了一个坚实的立足点"[②]。这便是众所周知的"理念论"。

在自然哲学方面,柏拉图认为,自然世界比理念世界低一个层次,是其复制品。按照梯利的理解,柏拉图对理念与自然关系的理解体现了一种宇宙生成论,当然,这种生成论披着神灵的外衣,它将自然宇宙变成了理念的派生物,尤其是作为理念世界和现象世界的中介,世界灵魂是一种中介,它按照其本性的规律来构造世界,并使这些物质按照善的理念来运动。当然,柏拉图的这种思想更像一种自然神论,黑格尔也巧妙地认为:"如果把上帝(按即圣父)认作主体,那么就会这样:上帝产生了他的儿子(按即圣子)、世界,它自己实现它自身于这个好像是它的

---

① 〔德〕黑格尔:《哲学史讲演录》第2卷,贺麟等译,商务印书馆1960年版,第159—160页。

② 〔德〕黑格尔:《哲学史讲演录》第2卷,贺麟等译,商务印书馆1960年版,第160页。

对方的现实世界,——但是就在这现实世界中它保持和它自身的同一,否定了它的堕落,使自身在对方里只是和自身相结合;这样,上帝才是精神(按即圣灵)。"① 我们认为,这深深地影响了中世纪的宗教神学及其对自然的解释。

柏拉图对时间概念的理解同样让人瞩目。在他看来,理念世界是永恒的世界,它体现的是永恒的生命,自然的现象世界总是这一世界的摹本,这个按照数的关系而运动着的永恒图像,就是我们所谓的时间。柏拉图因此说道:"我们习惯于把过去和将来叫作时间的一部分,并且把区别在那时间中运动着的变化的段落转变为绝对的存在。但真正的时间是永恒的,或者说,它是现在。因为本体既不会年老些,也不会年轻些;这作为永恒之直接图像的时间同样也不是以将来和过去作为它的部分。"② 当然,柏拉图不是单纯地强调时间,而是说,时间属于理念世界,而空间属于物质世界,前者是统一性,后者是差异性,并且,这两个世界不是二元对立关系,而是决定与被决定的关系,它同时肯定了抽象世界和实体世界的双重存在。正是因为这种丰富性和深刻性,柏拉图哲学成为整个欧洲思想的宝库。

4. 亚里士多德时期

作为最优秀的弟子,亚里士多德将柏拉图的理念论向前做了系统性推进,从而使其哲学的思辨性更加突出。当然,从总体上看,亚里士多德哲学尽管范围广阔,但是,"他的哲学却不像是一个次序及联系皆属于概念的有系统的整体,而却是各个组成部分都从经验取来,被搁在一起;部分单独被认为一定的概念,但概念却不是起联系作用的运动"③。因而,

---

① 〔德〕黑格尔:《哲学史讲演录》第2卷,贺麟等译,商务印书馆1960年版,第240页。

② 〔德〕黑格尔:《哲学史讲演录》第2卷,贺麟等译,商务印书馆1960年版,第249页。

③ 〔德〕黑格尔:《哲学史讲演录》第2卷,贺麟等译,商务印书馆1960年版,第283页。

他对自然的叙述是一种"是其所是"的生命主义和经验主义叙述。按照这种理解，事物自身就是其目的，它包含着内在的规定性，这是一种自然意义上的"隐德莱希"，它自己产生自己，实现自己，即"每件东西的本性是什么样，它就怎么样生成；它就变成为怎么样的东西"①。正如燕子筑巢、蜘蛛织网、植物生长，这些动植物天生的属性表现的就是自然事物的生命本质，这种本质具有必然性和内在性。

在关于时间的问题上，亚里士多德指出，人们往往会觉得，时间总是在流动，无论我们怎么理解，时间都是由"过去—现在—未来"三个环节构成，过去已经过去，未来尚未到来，所谓的现在也只是一个环节，所以，人们自然就会以为，由非存在的东西所构成的东西是不存在的。对于这种理解，亚里士多德认为："时间既不是运动，又不能没有运动。……时间要么是运动，要么是运动的什么；既然它不是运动，就必然是运动的什么。"②说到底，时间是计量运动的数目，运动的连续性或者静止性让我们感受到了时间，反过来说，我们通过运动的数量也可以来度量时间，如果事物在时间中，它就可度量，所以，时间是存在的，甚至是永恒的。

对于亚里士多德，黑格尔评价很高，他甚至直呼其堪作人类导师。原因是，亚里士多德深入到了人类认识的一切领域，并对每一个领域都进行了深刻而正确的阐释，美中不足的是，"在各式各样现象被他的哲学提高到概念里面之后，这个概念却又分解为一系列彼此外在的特定的概念，那个统一性、那个绝对地把它们结合起来的概念却没有被强调"③。这里，关键的问题在于"统一性"。在黑格尔看来，这个统一性就是那个绝对的存在，它首先表现为自我意识和意识的统一性、纯粹思维的统一性；之后，作为存在的统一性乃是客观的统一性，是一种被思维的思想；在最终的意义上，"作为概念的统一性、那本身普遍的否定的统一性、作为

---

① 〔德〕黑格尔：《哲学史讲演录》第2卷，贺麟等译，商务印书馆1960年版，第327页。
② 〔古希腊〕亚里士多德：《物理学》，徐开来译，中国人民大学出版社2003年版，第112—113页。
③ 〔德〕黑格尔：《哲学史讲演录》第2卷，贺麟等译，商务印书馆1960年版，第401页。

绝对地充满了的时间,并且在时间充满之中作为统一性,这乃是纯粹的自我意识"①。很显然,亚里士多德这里已经出现了自我意识,但是他尚未使自己从客观性之中挣脱出来,或者说,他尚未克服这种异己的客观性。

从公元前322年亚里士多德逝世到公元529年雅典学校被罗马封闭的这800多年里,西方哲学经历了希腊化和罗马两个时代,这一时期也被称为晚期希腊哲学时代,先后出现了斯多葛主义、伊壁鸠鲁主义、怀疑主义和新柏拉图主义等哲学派别。简单来讲,斯多葛主义把抽象的思维当成理解原则,伊壁鸠鲁主义把感觉当成原则,怀疑主义则对一切原则都持否定态度,新柏拉图主义则大量接受了神秘主义,将柏拉图的理念论带进了宗教,开始注重对神圣事物的领悟,这为基督教自然观的形成奠定了思想基础。

作为一个流传甚广的派别,斯多葛主义的历史大体有五百年。一般认为,芝诺是这一学派的开创者,他和克里安提斯、克里西波斯一起成为早期斯多葛学派的代表之一;中期斯多葛主义的代表人物是巴内修斯、波赛唐纽斯、西塞罗;晚期斯多亚学派也被称为罗马斯多亚派,主要代表是塞涅卡、爱比克泰德和罗马皇帝奥勒留。尽管这一学派观点纷呈,但其核心主张是人应该保持与自然的一致性。在自然问题上,斯多葛主义者认为,宇宙从原始的神圣之火演化而来,气、水、土也是由火而生,最后又消解于火,而火又是新的世界生命的唤起者,因此,世界是一个不断生成和循环的过程。当然,他们并不是纯自然主义者,而是认为,神是自然和火的活动的本原和灵魂,"神、世界灵魂是火性的,同时是逻各斯,——是自然的合理的秩序和活动"②。可见,他们的自然哲学来自于赫拉克利特,而逻辑思想来自于亚里士多德,其在根本上透显着自然主义泛神论,尤其是在晚期斯多葛主义者这里,这一点更加明显。

在伊壁鸠鲁主义流行的时候,希腊的政治生活和伦理风俗已经走向

---

① 〔德〕黑格尔:《哲学史讲演录》第2卷,贺麟等译,商务印书馆1960年版,第401页。

② 〔德〕黑格尔:《哲学史讲演录》第3卷,贺麟等译,商务印书馆1959年版,第19页。

没落，而罗马帝国的统治更加让人们感到了生活的无意义，这时，人们力求回到自己的内心，以发现快乐生活的可能性。在黑格尔看来，伊壁鸠鲁的哲学是斯多葛主义的反面，他们更在乎思维的真实性，而所谓的存在更多和人们的感觉有关，所以，在类比原则的基础上，他们不仅否定世界的普遍目的和有机体之间的目的性联系，而且否定了统一和主宰世界的造物主智慧，毋宁说，这是其哲学的宏大贡献所在，在此意义上，"伊壁鸠鲁是经验自然科学、经验心理学的创始人。……伊壁鸠鲁的哲学，就它被用来反对任意地捏造事物的原因这一点来说，它在它的时代起了自然法则等等知识的兴起在近代世界所起的同一的作用。在后世，人们越是认识各种自然法则，迷信、奇迹、占星术等等也就越是销声匿迹；所有这一切都由于自然法则的认识而黯然失色了"①。

　　黑格尔指出："怀疑主义完成了一切认识皆属主观的看法，将认识中的存在都普遍地用显现这个名词来代替了。"② 我们认为，怀疑主义哲学的产生其实代表了古希腊哲学的另一种高度，在此之前，希腊哲学家们似乎都在追求和推崇绝对确定的东西，并以此作为万物的本原，这种本体论哲学几乎成了古希腊哲学的代名词，当然，怀疑主义哲学家也并不是否认感性的确定性，而是要指出确定的事物的有限性，并进而否定那个普遍永恒甚至具有独断论特征的东西，毋宁说，这也是其积极的哲学贡献。当然，这种哲学也制造了一种对立，即"感觉到的东西"和"思维到的东西"的矛盾，这一点在笛卡尔那里得到了又一次呈现。

　　总体上看，古希腊的哲学可谓异彩纷呈，后世哲学的很多问题和观点基本上来源于此。只不过，在早期阶段，哲学家们对自然的关注更多一点，或者说，他们的哲学基本上都是自然哲学，而在后期，逻各斯中心主义日益明显，自然日益被统摄进理性、精神或理念所构筑的世界里，并且，这个世界往往被赋予至善的伦理意味，但是，此时讨论的理性还

---

① 〔德〕黑格尔：《哲学史讲演录》第 3 卷，贺麟等译，商务印书馆 1959 年版，第 75 页。
② 〔德〕黑格尔：《哲学史讲演录》第 3 卷，贺麟等译，商务印书馆 1959 年版，第 115 页。

不是人的理性，而是一个趋于普遍而神秘的"隐德莱希"，这一点在中世纪得到了进一步强化。

（二）中世纪的传统

从柏拉图开始，包括自然世界在内的现实世界被认为是理念世界的摹本，这种界定与早期的教父哲学——尤其是奥古斯丁的神学观念——构成了某种同构性关系，与此同时，为历史主义所强调的"个体性"和"发展性"原则也具有了某种理论原型。在此，个体性更多表现为自我意识，而发展性表现为时间意识，但所有这些东西最后都在向至高至善的逻各斯靠近。在新柏拉图主义兴盛之际，一些犹太学者甚至已经开始直接用上帝来充当这个逻各斯，进而用其来解释自然和历史，尽管此时的上帝形象还有点虚幻和随意。当然，独断主义和怀疑主义的相继兴起也表现出了希腊哲学的某种不完整性和非系统性，这为基督教神学系统讨论人与神、神与自然的关系奠定了基础。

在早期基督教那里，自然法观念就已经得到继承。例如，圣约翰·克里索斯托姆就指出："在反驳异教徒时，我们不仅使用《圣经》也使用理性。他们的论点是什么？他们说，他们没有良心的律法，没有上帝自然地灌输的法律。我们的回答是，就他们的立法者所颁布的关于婚姻、自杀、遗嘱、伤害他人的法律询问他们。也许在世者是从他们的父辈那里知道的，他们的父辈又是从自己的父辈那里知道的，等等。但追溯到第一个立法者那里，他又是从哪里知道的呢？难道不是自己的良心和信念？不能说他们听到了摩西和先知的话，因为，异教徒不可能听到他们的话。"[①] 在此，我们能够十分清楚地看到，在早期基督徒这里，对人的理性和对上帝的崇敬似乎在平行使用，而这也是斯多葛派折中主义哲学的一种绵延，当然，有一点十分肯定，那就是，斯多葛主义十分肯定

---

① 转引自〔德〕海因里希·罗门：《自然法的观念史和哲学》，姚中秋译，上海三联书店2007年版，第32—33页。

人的理性精神,这也因此成为其对抗罗马残暴统治的一种精神主张,而这恰恰体现了古典自然法的现实意义。

在斯多葛派看来,自然法具有天然的正义性和神圣性,它是善的源头和正义的标准,它是我们内心的法律,它代表了神圣的理性本身以及我们与自身的和谐,所以,斯多葛派是带着某种浓厚的宗教热情来对待人的理性以及理性的生活,自然法是其判断正义与否的根本标准。与之相比,实证法是自然法的影子和摹本,而具有实证意义的"十二铜表法"或者其他法律总是具有某种局限性。西塞罗就指出:"假如正义的诸原则是建立于人民的命令、君王的敕令或法官的裁决之上的,那么,只要抢劫、通奸和伪造遗嘱得到大众的投票或指令认可,正义也就会认可这些行为。但假如如此重大的权力归于傻瓜的决定和指令,自然的律法可以因他们的投票而改变,那么,它们为什么没有规定,坏的和有害的东西应被视为好的和有益的?或者,假如一条法律可以将不义变为正义,那么它就不能把坏的变成好的?而事实上,我们能够察觉到好的与坏的法律的区别,只要将其与自然的标准相对照即可,而无须其他标准了;其实,自然不仅可以分辨正义与不义,它也能毫无例外地分辨出荣耀的和可耻的。因为,我们人所共同具有的理智使得万物为我们所知,并在我们的心灵中得到详尽描述,荣耀的行为被我们归为美德,而可耻的行为被我们归为恶行;只有疯汉才会说,这些判断是意见而已,而不是由自然所确定的。"① 可以看到,在西塞罗这里,融人性与神性于一体的自然法是法律的基础,它要求我们不要迷信那种冰冷的法律指令,而是要思索和把握法律背后的那种基于共同人性而可能的良心与正义,此可谓自然法与实证法之间的重要区别。

对于自然法的神圣性,西塞罗有一段较为清晰而经典的论述,他说:"真正的法律是合于自然的正确的理性;它是可以普遍使用的,不变的

---

① 转引自〔德〕海因里希·罗门:《自然法的观念史和哲学》,姚中秋译,上海三联书店 2007 年版,第 20—21 页。

和永恒的；它通过它的命令提出义务，通过其禁令避免人为非作歹。对于健全的人，它的命令或禁令不会无效的，尽管这些命令或禁令对于恶人是没有什么效果的。试图改变这种法律，乃是邪恶的，试图废除其中任何一个部分，也是不正当的，而完全废除它则是不可能的。我们不可能通过元老院或人民免除它规定的义务，我们需要在自身之外寻找它的阐释者或解释者。在罗马和雅典，不会出现不同的法律，或者在现在和未来，不会出现不同的法律，相反，那永恒的、不变的法律对所有国家和所有时代都是有效的；在我们所有人之上，只有一个主宰者和统治者，那就是神，因为它是这种法律的创制者，是它的发布者，是执行它的法官。不管是谁，只要他不服从它，他就背弃了自己，否定在自己的人性，而正是由于这一事实，他将遭受最严重的惩罚，即使他逃脱了人们通常所认为的那些惩罚。"① 可以看出，在西塞罗这里，自然法是万法之法，它超越于人的理性，代表了一种客观正义和永恒标准，它具有至高无上的地位。

斯多葛派之所以非常推崇自然法，主要是因为古罗马的奴隶制度对人的尊严的蔑视和生命的践踏，因此，作为另一位代表，爱比克泰德强调指出，测试一条法律是否正当，主要就是看其是否获得理性的认可，他甚至声称，奴隶制度下的法律就是私人的法律，这是一种赤裸裸的犯罪。塞涅卡认为，罗马斗兽场中奴隶的决斗是对人的尊严的直接践踏，奴隶和贵族、希腊人和野蛮人都是神亲生的孩子，都应该享有同样的尊严，即："构成神和人的是同一个东西——我们都是一个伟大实体的组成部分。自然造我们时就让人们彼此相关，因为，它是同一个源头、为着同样的目的造我们的。她把我们造的可以互相友爱，让我们倾心友谊。她树立了公平与正义。"② 据此，我们完全理解，犹太教和基督教的产生其

---

① 转引自〔德〕海因里希·罗门：《自然法的观念史和哲学》，姚中秋译，上海三联书店 2007 年版，第 21 页。

② 转引自〔德〕海因里希·罗门：《自然法的观念史和哲学》，姚中秋译，上海三联书店 2007 年版，第 22 页。

实有其现实的社会根源,其教义中所主张的上帝造人并使人互相友爱以及上帝惩恶扬善的宗旨根源于现实社会中人与人的不平等。这种宗教正义推动了西方法律对私人权益的认可和维护,所以,我们至少可以得出两个结论:一个是,斯多葛派的主张深深地影响了基督教的平等主义精神;另一个是,斯多葛派对自然法的推崇影响了西方法理学的更新,尤其是使罗马法日渐摆脱了部落、民族和地域意义,成为一种象征着普遍正义和要求的自然法和实证法的混合体,此可谓古典的自然法传统对后世乃至于人类文明进步的重大影响。

在基督教发展的早期,自然法的正当性已经得到了某种承认和坚持,这也因此成为中世纪自然法理论的基础。当然,这只是问题的一个方面,这是因为,从总体上看,中世纪并没有简单地复制古典的自然法传统,而是将心智论和泛神论的自然法原则直接抽象为单一而纯净的神正论原则。在中世纪之前,自然法表征的是一种可被人理解的"自然而然"和"是其所是";在中世纪,自然法表征的则是一种以上帝为根本的"神圣正义"和"神圣秩序",换言之,教会法取代了自然法以及作为其演进结果的罗马法,在此意义上,自然法的永恒性被天主的永恒性所置换,因而,我们不可能想象让天主教说出"我是习俗和法规"的论调,毋宁说,上帝就是真理本身,灵的世界统摄着物的世界,这便是中世纪自然法的根本准则,也是其历史观念的根本宗旨。

值得一提的是,最早的基督教原是在西亚地区活动的犹太教的一个小分支,它反映了被压迫群众的一种思想和愿望,其主要表达的是一种基于末世论而可能的终极平等精神。在《圣经》的旧约部分,我们特别能感受到这一点,但是,早期的基督教徒和教会更多是一种精神上的批判和反抗,他们更多借用的是新柏拉图主义和新斯多葛主义来阐述基督教义的合法性,这便是教父哲学的由来。当然,从公元 2 世纪开始,有一些精神空虚的上层权贵人士也开始纷纷加入教会,这使得教会的性质和主体发生了变化,它使基督教由最初的穷人立场变成了贵族立场,其教义也由最初对权贵的仇恨和对末日审判的迷信变成了劝人向善以及求得来世获救。尤其是323年由君士坦丁大帝召集罗马300多名主教举行的尼西亚宗教会议更是强化和垄断了教会对教义的话语权,这也因此构成了教父哲学向经院哲学演进的一个基本背景。

作为教父哲学的集大成者和西塞罗的"粉丝",奥古斯丁曾经潜心钻研过柏拉图和亚里士多德的哲学,但是,在皈依基督教之后,他将自己的精力完全放在了上帝的事业上,《忏悔录》《上帝之城》《驳学园派》《独语录》《论自由意志》《论三位一体》等都可谓其阐释宗教义理的经典之作,正是因此,他才被誉为"伟大的教父"和"上帝的圣者"等称号。

在本论题下,我们更多关注的还是历史观念问题。我们认为,《上帝之城》集中表现了奥古斯丁对历史问题的基本看法,这一点主要是通过对时间问题的论述而得以表现的。在他看来,依照《圣经》的"创世纪"篇,时间和空间都是上帝的造物,上帝在创造万物的同时创造了时间,使世界有白天和黑夜之分,使时间有工作日和安息日之别,在完成了这些之后,上帝用泥土创造了人,并将生气吹入人的鼻孔从而使人有灵,之后,上帝专门给人建了伊甸园,使人安居其中,并告诫人类不得吃分别善恶的智慧果。可是,人类终究禁不住蛇的诱惑而吃了禁果,最终被上帝逐出乐园,从而遭受世间生活之苦。实际上,结合《圣经》的教义来看,上帝既在时空之上,又在时空之中,而作为上帝的造物,人必须在世间万物和自身的经历中随时感受上帝的存在,否则就不能得到救赎。于人而言,正是"在这个变化不定的世界中,表现出万物的可变性,我们便从而能觉察时间和度量时间,因为时间的形成是由于事物的变化,形相的迁转"[①]。这意味着,万物都在时间中存在并发生运动,我们只能通过"期望—注意—记忆"来理解时间,它们也因此成为人把握和理解时间的三种自我意识,当然,这三种意识最终体现的还是人的心理意识。

在上述基础上,奥古斯丁认为,罗马的灭亡是罗马人的罪有应得。原因是:善统治者上帝之城,恶统治者人间之城,这是两个截然对立的

---

① 〔古罗马〕奥古斯丁:《忏悔录》,周士良译,商务印书馆1963年版,第264页。

世界，前一个世界追求并实现的是善与幸福，后一个世界弥散并表征的是恶与灾难，这两个世界的斗争构成了人类历史。罗马的灭亡是人间之城的覆灭，历史发展的结果必然是上帝之城的胜利和人间之城的超越，而这也符合《圣经》所规定的末日审判理论。质言之，这种时间观念体现的是一种线性的进步主义逻辑，这一点对后世的历史哲学产生了深远影响。

从公元8世纪开始，为了维护自己的统治，查理大帝开始大兴学校，这些学校因此成为宣传和解释基督教哲学的主要阵地，这便是中世纪经院哲学兴起的政治背景。作为经院哲学的第一位哲学家，爱留根纳建立了中世纪第一个完整的哲学体系。较之于那种正统教义用信仰取代理性的做法，爱留根纳表达了使信仰服从于理性的新见解。他指出："为了达到真正的、完善的知识，最勤奋、最可靠的探求万物的终极原因的途径就在于希腊人称为哲学的科学之中。""一切权威，只要它没有被理性确证，就是相当软弱的，真正的理性依靠其内在的威力不需要任何权威的支持。"[①] 当然，爱留根纳并不是要否定信仰，而是强调理性与信仰的一致性，他并不主张将二者对立或互相取代。

关于自然，爱留根纳指出："自然乃是一般名称，指的是全体存在的与不存在的"，是"心灵所能了解的或者超越心灵力量所能及的全部事物"[②]。在此基础上，他将自然分为四类，分别是：（1）创造意义上的自然，这是一切存在和不存在的原因，即上帝；（2）被创造又能创造的自然，这是众多创造的原因，即逻各斯；（3）被创造而不能创造，这是世间万物，这是上帝理念的表现；（4）不创造又不被创造，这是一切事物的终极目的，即上帝。在此，我们看到了爱留根纳思想的混杂性或者矛盾性，这里既有自然主义，也有理念主义，更有泛神论色彩，当然，其核心的意思无非是为了强调，在认识上帝这件事情上，我们必须借助理

---

① 转引自苗力田等主编：《西方哲学史新编》，人民出版社1990年版，第158、159页。
② 转引自苗力田等主编：《西方哲学史新编》，人民出版社1990年版，第159页。

性，理性使我们看到了存在与非存在之间的辩证关系，尽管它们从根本上体现的都是上帝的形象和功能。

作为中世纪经院哲学的杰出代表，托马斯·阿奎那主张用亚里士多德来代替作为教会哲学支柱的奥古斯丁神学，当然，他依然坚信信仰高于知识，神学高于科学，他说："神学可能凭借哲学来发挥，但不是非要它不可，而是借它来把自己的义理讲得更清楚些。因为神学的原理不是从其他科学来的，而是凭启示直接从上帝来的，所以，它不是把其他科学作为它的上级长官而依赖，而是把它们看成它的下级和奴仆来使用。"① 这便是著名的"哲学是神学的婢女"的理论根据。但是，在论证上帝存在的问题上，阿奎那没有像安瑟尔谟那样从本体论层面进行抽象论证，而是从宇宙论和目的论层面展开，他认为："假设这个世界是受着神圣天命之统治……那么，很明显的，整个宇宙共同体便都受着神圣理性之管辖。上帝对受造物的这种合理指导，我们可以称之为永恒之律。"② 为此，他提出了上帝存在的五种论证方式，分别是：

第一种：立足于运动变化的论证。阿奎那认为，运动是一种普遍现象，凡是运动的事物都必然受外力推动，事物只有处于现实之中才会运动，潜能不可能使事物运动，但是，"在与同一事物的联系中，某物不可能同时既是现实又是潜能，只有在与不同事物的联系中二者才能同时存在；因为现实的热不可能同时又是潜能的热，尽管它可以同时是潜在的冷。因此，在与同一事物的联系中，任何事物都不可能以同样的方式既是推动者又是被推动者，否则，它就是一个自我推动者"③。既然事物不能自我推动，那么其必然有一个第一推动者，这便是上帝。

第二种：立足因果关系的论证。阿奎那认为，事物之中存在因果联系，但是，事物不可能成为自身的原因，否则它就先于自身而存在了，

---

① 转引自苗力田等主编：《西方哲学史新编》，人民出版社1990年版，第177页。
② 〔意〕登特列夫：《自然法：法律哲学导论》，李日章等译，新星出版社2008年版，第42页。
③ 转引自胡景钟等主编：《西方宗教哲学文选》，上海人民出版社2002年版，第10页。

我们不可能将原因追溯至无限,"如果我们把所有的动力因都置于秩序之中,那么,第一动力因也就是中间动力因的原因,而中间动力因则是最终动力因的原因,不管这种中间动力因有许多还是只有一个"①。这样一来,必然有一个第一因,因为没有第一因就没有中间因,如果这个第一因是一种必需的存在,那么,它必然是上帝。

第三种:立足于偶然性的论证。阿奎那认为,生灭变化是世间事物的常态,事物既可以存在也可以不存在,"如果所有事物都会不存在,那么,就会有一个无物存在于宇宙中的时候。……因此,如果曾经有一个时候无物存在,那么,任何事物要开始存在就是不可能的,这样,现在就会无物存在。因此,并非一切事物都是偶然的,宇宙中必然存在某种必然的事物"②。因此,我们必须设定某物本身就是必然的,它不是由外在的他物获得规定性,而是说它自身就是其他事物的必然性原因,这个"某物"便是上帝。

第四种:立足于优越性的论证。阿奎那认为,事物之间存在或多或少的优越、真实和尊贵,但是,"'多'和'少'的词语被用于不同的事物,是和它们以不同的方式接近于某种最高程度的特定性质成比例的——当一物接近某种最高程度的热的东西时,我们便称其为比较热的东西。因此,必然存在某种最真实、最美好和最崇高的东西。因而也就必然有某种具有最高的存在等级的事物,因为最真实的事物也是具有最高存在等级的事物"③。这里,我们在阿奎那身上看到了亚里士多德的影子,他坚信火是一种最高程度的热并且是所有热的东西的原因,因此,一定存在某种东西,它是所有存在物的存在、美好和完善性的原因,这便是上帝。

第五种:立足于和谐的论证。根据自己的观察,阿奎那认为,这种

---

① 转引自胡景钟等主编:《西方宗教哲学文选》,上海人民出版社 2002 年版,第 10 页。
② 转引自胡景钟等主编:《西方宗教哲学文选》,上海人民出版社 2002 年版,第 11 页。
③ 转引自胡景钟等主编:《西方宗教哲学文选》,上海人民出版社 2002 年版,第 11—12 页。

方式立足于自然在其中受支配的方式,作为没有智慧的自然物,它们的活动并不是毫无目的,而是遵守某种方式使事物之间出现和谐,但是,他追问道:"除非受到某一具有知识和智慧的存在者的操纵,这些缺乏智慧的东西就不能趋向自己的目标,正如箭没有射手的操纵便不能射向目标一样。因此,存在某种有智慧的存在物,所有自然物都靠它被导向自己的目标,我们称此存在物为上帝。"①

上述可见,阿奎那是在用自然论证上帝,只不过,他更多援引和改造的是亚里士多德的哲学思想,尤其是其关于运动与变化、潜能与现实、原因和结果以及自然目的论等学说。此外,阿奎那还从存在论、认识论和伦理学等方面对其神学观点进行了丰富和完善,他也因此成为中世纪一位百科全书式的神学家。

当然,阿奎那也继承了斯多葛主义自然法学说,只不过,他基于神学立场对其进行了改造。他在《神学大全》中指出:"既然所有听命于神圣天命的东西都受到永恒定律之规范……那么,很明显的所有的东西便都在相当程度上分享了该永恒定律——就它们都由于该定律而有了对某些与他们相宜的行动与目标的偏好而言。但比起其他一切东西,理性的造物可以说是以一种很特殊的方式听命于神圣天命;他们被制造成为天命之分享者,他们既控制自己的行动,又控制其他东西的行动,以此听命于神圣天命。因此,他们都分享了某些神圣理性,由于这理性而有了对某些与他们相宜的行动与目标的偏好。理性的造物所分享的永恒定律,即称为自然法。……正是这自然理性之光,它就是自然法。因此,很明显,自然法不外就是理性的造物所分享的永恒定律。"② 在此,我们可以看到,在推崇神圣天命的同时,阿奎那没有否定人的理性,而是说,人要通过对自身理性能力的把握去理解那个最高神性,并以此作为自然秩序的基础,毋宁说,这体现了一种神性和人性的融通性,这一点不仅指

---

① 转引自胡景钟等主编:《西方宗教哲学文选》,上海人民出版社2002年版,第12页。
② 转引自〔意〕登特列夫:《自然法:法律哲学导论》,李日章等译,新星出版社2008年版,第42—43页。

向宇宙秩序论,而且也指向生命伦理学,所以,登特列夫指出,阿奎那至少给了后人两点启示:一个是,人与一切造物一样,都有世俗性,因而人的自然属性(尤其是动物性)值得承认和尊重,这也从属于自然法,这应该去肯定。另一个是,阿奎那把自然法界定为道德的基础,这也是其对人的尊严和能力予以肯定的结果。在他看来,这涉及自然证据与神圣证据之间的关系,我们都知道,在《圣经》的教义中,人是"有罪之身",但是,恰恰是这个"原罪"可以彰显上帝的善念与善能。

此外,在世俗生活中,受欲望和利益的驱使,人还会犯更多的罪,但是,一方面,上帝并没有放弃人类;另一方面,人可以通过忏悔和行善得到救赎。为此,人类需要在社会生活的诸多领域给自己立法,在这两种意义上,罪并未使自然神性(或自然法)丧失。换言之,"神恩并不废止自然,而是成全它"①,这里包含了一个罪对于人性的影响的深刻观念,它表明了阿奎那的基督教人文主义主张,它也因此开启了近代人文主义运动的思想先声,从而使后世关于"上帝的事业"和"恺撒的事业"的讨论和分离成为可能。

隐含在阿奎那神学思想中的第三层意思是,上帝一定是全知全能、至善至美的存在。这意味着,教会必须履行正义,惩恶扬善,因为这是自然法的根本要求。他指出:"奥古斯丁说:'法律不成其为法律,除非合乎正义。'因此,法律之有效性系于它的正义。但,在人类事务中,一件事只在符合理性之法则时,我们才说它合乎正义:正如我们已经看到的,理性之首要法则便是自然法。因此,所有人类制定的法律,只要是从自然法引申出来,便都是符合理性的。如果一项人类的法律与自然法有所乖违,它便不再合法,而毋宁是法律之败坏。"② 所以,即使国家是自然道德的最高体现,我们对国家的忠诚也有限度,公民对国家的忠诚最

---

① 转引自〔意〕登特列夫:《自然法:法律哲学导论》,李日章等译,新星出版社2008年版,第45页。
② 转引自〔意〕登特列夫:《自然法:法律哲学导论》,李日章等译,新星出版社2008年版,第47页。

终要落脚到正义上,而不是服从于国家或统治者的强制力,毋宁说,这一思想基本上回归到了基督教的本义,它同时隐含着对教会、教职人员和世俗权力的潜在反思和批判。

从总体上看,随着自然科学的发展和人类理性能力的提高,人类必然要走出中世纪,经院哲学的解体便是这一趋势的产物。作为与阿奎那同一时代的哲学家和实验科学的先驱,英国的培根便是促成经院哲学解体的一名主将。在他看来,在认识真理的道路上,有四大障碍必须被清除,即:"屈从于谬误甚多、毫无价值的权威;习惯的影响;流行的偏见;以及由于我们认识的骄妄虚夸而来的我们自己的潜在的无知。"[①] 为此,我们必须借助科学对其进行反思和谴责。他指出,获取知识的途径有两个,一个是理性的推理,另一个是内外部的经验。关键是,他非常重视科学实验,他说:"没有经验,任何东西都不可能被充分认识","凡是希望对于在现象背后的真理得到无怀疑的欢乐的人,就必须知道如何使自己献身于实验"。[②] 这体现了中世纪神学的非神学化发展路向。对于教会和俗界的腐败,培根也是深恶痛绝,他揭露道:"在我们这个时代,充满了比以往任何一个时代都严重的罪孽。圣位成为不义的人们欺骗和虚伪的牺牲,……放纵玷辱了整个教廷,奢侈统治了一切。……看看那些高级教士吧。看他们怎样搜刮财物,不关心人们的灵魂,提拔自己的亲族和其他俗界朋友以及那些出主意毁灭一切的狡诈的律士。"[③] 反观世俗社会,"诸侯、男爵和骑士们互相压榨,使其臣民们背上了无休止的战争和赋税的沉重负担。人民痛恨折磨他们的诸侯,只是被迫才向他们表示忠诚。上行下效,他们也互相压榨、欺瞒,这些我们到处都可以亲眼看到。他们完全沉湎于纵欲和奢侈,堕落得难以名状。至于商人和手工业者则根本无法说,因为他们的言行中充满了虚伪、欺骗和奸诈"[④]。当然,

---

① 转引自苗力田等主编:《西方哲学史新编》,人民出版社1990年版,第187页。
② 转引自苗力田等主编:《西方哲学史新编》,人民出版社1990年版,第189页。
③ 转引自苗力田等主编:《西方哲学史新编》,人民出版社1990年版,第190页。
④ 转引自苗力田等主编:《西方哲学史新编》,人民出版社1990年版,第190页。

对此情状，依然有神学家选择了视而不见，例如在邓·司各脱这里，宗教的纯洁性依然在被维护，面对理性削弱信仰的动向，他强调："上帝不是形而上学的主题。"①神学并不是思辨的科学，而是一门实践的科学，理性的原则并不适用于上帝的事业，在灵魂中就包含着作为基质的物质。

整体来看，在漫长的1000多年里，基督教哲学有一个从树立到解体的过程。在早期的教父哲学这里，为了抬高神性，他们借用的是希腊哲学的语词、概念和义理。但是，当理性被承认并引入到基督教神学内部之后，理性就充当了神性，从而削弱了宗教信仰的正统地位，这必然导致经院哲学走向衰落，更重要的是，理性是人的理性，对理性的承认必然意味着对人的地位的承认，这使得基督教哲学必然难以为继，所以，关于神的历史最终要服从于现实的属于人的世界及其历史。在此一分化格局中，西方的历史观念发生了深刻变化。

二、近现代的自然法

在经历了文艺复兴——尤其是经由达芬奇、哥白尼和布鲁诺等人的科学主义思想的洗礼之后，西方哲学发生了较大分化。在此背景下，欧洲的天主教正统必然发生变革，这中间，加尔文和路德所发动的宗教改革更是直接否定了罗马教会的权威，并导致了天主教的分裂。我们甚至可以说，宗教改革和文艺复兴运动其实是宗教信仰危机在不同领域的表现，这从某种意义上折射出世俗世界及世俗精神崛起的必要性和现实性，自此以后，人的世俗生活、人的自然权利和人的解放越来越成为一个现实的唯物主义命题。在此情况下，借助自然和自然科学的实证性来讨论人的解放日益成为一个现实的要求，因此，同样是谈论自然法，但是，近代的自然法已经拨开了神学的迷雾，并日益用普遍的人性和自然权利

---

① 转引自苗力田等主编：《西方哲学史新编》，人民出版社1990年版，第192页。

学说来为自己正名,这也因此改变了历史的认知和叙述模式,这便是近世实证法兴起的主要背景。

由于本专论主要讨论的是历史法与自然法之间的关系,因而,我们就需要在晚期经院哲学的基础上对作为转折人物的格劳秀斯的自然法思想做些梳理。自然法学家罗门认为,在一般情况下,人们都愿意将笛卡尔视为近代哲学的开创者,这主要是因为笛卡尔提出了"我思故我在"的命题,这表明了一种鲜明的主体性哲学,它严格区别于中世纪的那种为上帝存在所展开的种种论证。实际上,笛卡尔哲学不是凭空产生,"在笛卡尔之前所存在的不是'经院哲学的繁琐诡辩的不毛之地'。关于若干哲学问题之演进的历史都证明了,当时所存在的乃是一个伟大的哲学体系,笛卡尔仍然身处其中"①。此外,若将荷兰学者胡果·格劳秀斯作为自然法的开创者也不恰当,这是因为,他与他之前的几个世纪的自然法的导师们也有思想联系,格劳秀斯只不过是第一个将自然法和实证法融合到国际法中的人,这标志着从形而上学自然法到唯理主义自然法的转型。

我们认为,上述判断基本成立。按照自然法的本来含义,古希腊的自然主义哲学,晚期的斯多葛主义、新柏拉图主义和整个中世纪的宗教哲学都试图在回答"什么是自然正义"这样一个基本问题,哪怕是哲学家采取了直接为上帝论证或者用上帝给自然法定义的方式,但是,这些问题也并不是在中世纪之后就戛然而止。例如,在近世的德国古典哲学那里,上帝的永恒性问题依然在讨论和辩护。其中,黑格尔借助自由观念和精神活动对法的理性主义定义和叙述尤其让人印象深刻,问题在于,我们所理解的哲学史的线索是英国化的、法国化的,抑或是德国化的?更关键的是,时至今日,欧洲社会乃至整个世界范围内的基督教传统依然存在,《圣经》的义理依然在多种层面被解释和更新,所以,我们反对那种将哲学史理解为按照某种鲜明的对立性逻辑发展的学术方法,毋宁

---

① 〔德〕罗门:《自然法的观念史和哲学》,姚中秋译,上海三联书店2007年版,第64页。

说，这是一个相互交织的复杂性工程。

（一）德国谱系

从国籍意义上说，荷兰法学家胡果·格劳秀斯并不从属于德国谱系，但是，他的自然法思想是德国历史法学派进行攻击和修正的一个靶子，这件事情可以视为德国历史法学派开宗立派的思想基础。

首先，我们必须重视格劳秀斯为自然法所下的那个著名定义，即："自然法乃是正当理性的指示，它指出，一项活动，依其是否合乎理性和社会的自然，而内在地具有道德上的卑劣或道德上之必然性的性质；因此，这样的活动被自然的创制者上帝所禁止或允许。"① 在此，我们固然可以看到格劳秀斯身上所具有的中世纪基督教神学思想的痕迹，但是很显然，在这个定义中，理性和神性似乎具有同等的重要性。在其本意上，自然法体现的是一种"正当理性"，这个正当性既包含着一种崇高的善念，这种德性原则可以调节人们之间的社会关系，当然，这种善念也经得起理性的推理。所以，他相信，"即使上帝不存在，自然法也仍然不失其效力"②，他无非是要强调，所谓的自然法一定意味着人可以借助理性去明辨善恶。他坦陈："我一直留意着把涉及自然法的种种事物之证据归指于绝不成问题的若干基本概念；这样一来，否定它们的人便非得自打嘴巴不可。因为自然法之原理，只要你留心加以辨识，无不是本身就已昭然若揭的，几乎跟我们用五官去知觉的事物一样明显。"③ 也即是说，上帝及其所代表的自然正义是内在于人心中的，正如那种不证自明的数学公

---

① 转引自〔德〕罗门：《自然法的观念史和哲学》，姚中秋译，上海三联书店2007年版，第66页。
② 转引自〔意〕登特列夫：《自然法：法律哲学导论》，李日章等译，新星出版社2008年版，第57页。
③ 转引自〔意〕登特列夫：《自然法：法律哲学导论》，李日章等译，新星出版社2008年版，第60页。

理一样,即使在发生战争等非常情况下,我们也不能对自然法失去信心,这确实体现了一种从神性向理性的过渡。

在格劳秀斯的影响下,德国的赛缪尔·普芬道夫被认为是"自格劳秀斯开始的近代自然法传统的构建者与系统化者",其1672年出版的《论自然法和万民法》和据此提炼出版的《根据自然法论人类和公民的义务》曾被欧洲各大学当作法律和哲学专业基础教材达100多年之久,尤其是在《论自然法和万民法》一书中,普芬道夫对契约理论做了较为充分的论述。这对于当时各邦以及后来的法、德两国的债法理论均产生了较大影响。

受格劳秀斯的影响,普芬道夫也认同那种基于人的理性来理解善恶与正义的自然法思想,在此基础上,他似乎提炼出了一种基于人的自我保护意识而可能的个体主义原则,即人在对自我的爱中能够生发出对自己的财产和生命的爱护以及对他人的尊重和爱戴,而这种原则同样适用于社会本身,它可以使社会不受到一些无谓的骚扰和破坏。在此基础上,他申明了自己的社会契约和社会成员平等思想。应该说,普芬道夫已经使自然法与上帝相脱离,他所谓的自然法已经不等于神学意义上的自然法,在他这里,宗教只是一桩关于上帝的义务,而对人自身的义务则关乎道德,其所谓的法律关乎的是道德性义务。也正是在此意义上,自然法变成了一桩关于人的社会性动机的义务。这种基于人的自然本性来论述人与人、国家与国家的法理义务的思想不仅对于当时处于乱世的德国社会有一定的引领和整合作用,而且也奠基了后世的民法、刑法乃至国际法的基本准则,他也因此成为近代古典自然法思想的奠基人以及德国法哲学的真正创始人。

总体而言,德国的历史学派似乎是实证法的拥趸,并且,他们极其热情地关注法与国家和民族之间的历史性联系,在此意义上,"历史法学派表明了一种热烈关注各个民族的过去、尤其是本民族历史的倾向"[①]。

---

① 〔德〕罗门:《自然法的观念史和哲学》,姚中秋译,上海三联书店2007年版,第104页。

这就是说，抽象的自然法本身不能成为法律之源，只有地域性、民族性的国家精神或民族精神才是法律之源，法律一定与一个民族的语言、习俗、活动空间紧密联系在一起。正是在此意义上，确如梅尼克所言，德国历史主义的兴起代表了西方思想史的伟大变革，其在改变西方自然法传统的同时也对德意志民族的团结统一起到了积极作用，当然，它也激活了一种保守主义传统并隐含了一种与国家主义相捆绑的政治危险性。

以萨维尼为例。在他这里，自然法与实在法似乎是一对对立的范畴。此处，所谓的自然法无非是指那些为各个国家或普遍的人性所共同认可的法律原则，例如，自由、平等和公正，等等。但是，萨维尼更倾向于认为，自然法必须通过实在法起作用，也就是说，法律必须有自己的时间和空间范围。据此，他指出："当我们说法律的本座（seat）位于国家，或国家的特定组成部分时，这只是对同一真理的另一种表述。因为，只有在国家内，个人意志才得以发展为共同意志，也只有在国家内，民族才具有可认知的存在。"① 源于对法律的民族性和时间性的认可，他在关于实在法的起源中又一次指出："法律随着民族的成长而成长，随着民族的壮大而壮大，最后，随着面对于其民族性的丧失而消亡。……民族的共同意识乃是法律的特定居所。"② 我们认为，这实际上是以萨维尼为代表的整个德国历史学派关于自然法的思想基准和权威界定。它表明，即使我们要探讨并拥护自然法，也不能笼统而盲目地进行，而是要在一个民族自身的生存范围和时间维度中去把握法律的适用性，真正的法律既不是高高在上，也不是远在他乡，而是在一个民族形成、发展的历史过程中。在此维度，德国的历史法学派既告别了神学自然法，也告别了理性自然法，而且开始深耕实证自然法，这的确代表了西方法律传统的转向。

由于坚持强烈的民族主义立场，所以，萨维尼必然要对有万世法之

---

① 〔德〕萨维尼：《法律冲突与法律规则的地域和时间范围》，李双元等译，法律出版社1999年版，第7页。
② 〔德〕萨维尼：《论立法与法学的当代使命》，许章润译，中国法制出版社2001年版，第9页。

称的罗马法进行批判。他指出:"罗马法的倡导者常常指认,罗马法的根本价值在于以其特有的纯净形式,蕴涵了永恒的正义原则,因而赋予自身以自然法的秉性,而其具有的实际惩罚功能,则又使其具有实在法的功能。"① 初看上去,问题的确如此。可是,仔细去考辨,我们会发现,查士丁尼所编撰的罗马法其实是古典时代诸多法律的汇编,这当然包括了帕比尼安和乌尔比安所做的贡献。因此,尽管罗马法本身体系完整、逻辑严谨、法理通畅、自我融洽,但是,"如若将其视为某一得宠的幸运时代的纯粹创造物,而与历史无关,则大错特错。相反,此前历史上的科学资料,其中很大部分甚至来自自由共和国时期,均传承至此时的法学家之手"②。所以,法律一定是个历史问题,罗马法的产生、构建、丰富、完善、鼎盛和衰败就是个时间过程,甚至只有在其衰败之际,他们才产生了编纂法典的念头。

根据上述判断,萨维尼认为,德国民法典是罗马法的产物倒也没有问题,罗马法是德国民法典的重要参照倒也没错,但是,如果我们过于注重罗马法,那么,我们就会忽视甚至伤害德国的"普通法",用他的话说就是:"罗马法剥夺了我们的民族性,我们的法学家们只专注于罗马法,便阻止了将我们本土法律提升至同样独立而科学的状态。"③ 同样的道理,罗马法体现的是罗马的历史与民族性,德国的民法体现的是德意志的历史与民族性,这两种法律可以进行比较和相互汲取,从根本上说,它们都有其内在的圆融性和自洽性。当然,德国各个邦国之间的法律差异性确实很大,但是,"设若一名公民、一座城镇和一个省份忘记了自己所属的国家竟会是一个极为普通的现象,那么,大家不会将此视为非自

---

① 〔德〕萨维尼:《论立法与法学的当代使命》,许章润译,中国法制出版社2001年版,第22页。

② 〔德〕萨维尼:《论立法与法学的当代使命》,许章润译,中国法制出版社2001年版,第24页。

③ 〔德〕萨维尼:《论立法与法学的当代使命》,许章润译,中国法制出版社2001年版,第29页。

然的病态才怪呢！"①所以，按照历史法，真正的问题在于整体与局部之间的均衡，"设若每一阶级、每一城镇，不，每一村庄，都能创生一种特定的集体精神，则此特性鲜明而又多元纷呈的个体性，必将增益公共福利。所以，当法律本身已然对于爱国之情构成了影响之时，各具体的省、邦的具体法律，就不应再被视为障碍了"②。在彼时的德国，尽管各邦有各邦的法律，看上去这些法律似乎只适用于当地，可是，这里面有一个"德国"与"德国之内的邦"之间的均衡，这体现的是整体与局部、总体与个体之间的平衡。

罗门指出："历史学派眼里的法律是历史发展过程中那种具有生机的、非理性冲动的产物，是历史的必然性和大众心灵自发运作力量的产物，而不是一致清晰的、冷静的、非历史的理性产物。"③也就是说，在历史法学派看来，永恒的法不具有真正的约束力。或者说，这种意义的自然法太过完美和抽象，它体现的是一种外在的正义，在对抗启蒙的意义上，这一学派将古老的自然原则传统转换成了历史原则，从而建立了一种以"事实创造正当"的法律新认识。在此过程中，自然法被设定为一种纯粹的形态，特别是从18世纪开始，"随着经验主义、唯科学主义和反形而上学思想的胜利，自然法再一次被迫退回到天主教道德哲学和永恒哲学坚持的那个小天地内"④。当然，这也不是绝对情况，或者说，在19世纪，自然法依然在发挥着作用，这主要体现为将传统的自然法关于道德问题融合进了实证法（尤其是国际法原则）之中。其中，德国的亚里士多德主义者特伦德伦堡（F. A. Trendelenburg, 1802—1872）所主张

---

① 〔德〕萨维尼：《论立法与法学的当代使命》，许章润译，中国法制出版社2001年版，第32页。
② 〔德〕萨维尼：《论立法与法学的当代使命》，许章润译，中国法制出版社2001年版，第32页。
③ 〔美〕罗门：《自然法的观念史和哲学》，姚中秋译，上海三联书店2007年版，第107页。
④ 〔美〕罗门：《自然法的观念史和哲学》，姚中秋译，上海三联书店2007年版，第108页。

的便是这种意义上的自然法。此外,天主教对这种转向也进行了谴责。例如,在1864年的《事项举要》中,教皇庇护九世就对"道德不需要神的许可,人法也不必要符合自然法或从上帝那里获得约束力"以及"权利是由纯粹的物质事实组成的,所有人的义务都是空洞的名词,每个人的行为都具有正当的效力"的说法进行了批判。①

(二)英国谱系

从时间上看,英国的托马斯·霍布斯几乎与德国的普芬道夫处于同一时代,但是,由于二人所处的国家环境和社会状况的不同,所以,霍布斯与普芬道夫的自然法表现出了某种较大的差异性。

其一,二人对神学自然法的态度不同。在普芬道夫这里,尽管神义的自然法也遭到了批判,教会的腐败也遭到了淋漓尽致的揭露,但是,他依然给神职人员和上帝的存在留下了空间,也就是说,他的自然法还拖着一根神学的尾巴。但是,在霍布斯这里,神被根本否定。在他看来,上帝根本不存在,上帝也不可能成为万物的终极原因,宗教在根本上源于人们的恐惧和愚昧无知,而这恰恰是宗教欺骗和控制人民的背景。因此,霍布斯已经开始用人的现实生活的局限性和悲剧性来解释甚至批判宗教,他代表了用人权反对神权的思想坚决性。

其二,同样是谈论社会契约,但是,霍布斯谈论的是人与人以及人民与君主之间的契约。在此意义上,自然法似乎依然意味着一种合乎理性的规则,但是,这种理性不是外在的抽象的理性,而是一种人人生而自由和平等的理性。说到底,这种自然法已经是人自身的事情。将其放置到国家层面来说就是,国家不是根据神义所创造,而是人们通过社会契约将自己的权利让渡给国家或君主的结果。这样一来,他就彻底推翻

---

① 参见〔美〕罗门:《自然法的观念史和哲学》,姚中秋译,上海三联书店2007年版,第110页。

了"君权神授说"并进而摧毁了封建专制的理论基础。我们看到,在普芬道夫这里,人性恶的方面也得到了重视,他也主张用社会契约精神来建立与政治权威之间的约定,但是,他更多将这种约定的义务关系放在个体的理性层面,而较少对君主的义务进行讨论。

在强调人的自然权利的同时,霍布斯依然坚信政治权威对于维系自然法的必要性,这体现了一种个体向君主绝对服从的意识。他指出:"如果没有某种权威使人们遵从,便跟那些驱使我们走向偏私、自傲、复仇等等的自然激情互相冲突。没有武力,信约便只是一纸空文,完全没有力量使人们得到安全保障。这样说来,虽然有自然法(每一个人都只在有遵守的意愿并在遵守后可保安全时才会遵守),要是没有建立一个权力或权力不足,以保障我们的安全的话,每一个人就会、而且也可以合法地依靠自己的力量和计策来戒备所有其他的人。"① 放在今天的语境中,我们似乎会觉得霍布斯的这种思想有点替君主专制辩护之嫌,但是,在当时的语境中,霍布斯的意义在于用"君权人授"代替"君权神授",当然,这个"君"不是哪个具体的君主,而是国家精神和公共人格的集成,这便是其所谓的"利维坦"。关于这个"活的上帝",霍布斯描述道:

如果要建立这样一种能抵御外来侵略和制止相互侵害的共同权力,以便保障大家能通过自己的辛劳和土地的丰产为生并生活得很满意,那就只有一条道路:——把大家所有的权力和力量托付给某一个人或一个能通过多数的意见把大家的意志化为一个意志的多人组成的集体。这就等于是说,指定一个人或一个由多人组成的集体来代表他们的人格,每一个人都承认授权于如此承当本身人格的人在有关公共和平或安全方面所采取的任何行为、或命令他人作出的行为,在这种行为中,大家都把自己的意志服从于他的意志,把自

---

① 〔英〕霍布斯:《利维坦》,黎思复等译,商务印书馆1985年版,第128页。

己的判断服从于他的判断。这就不仅是同意或协调,而是全体真正统一于唯一人格之中;这一人格是人人相互订立信约而形成的,其方式就好像是人人都向每一个其他的人说:我承认这个人或这个集体,并放弃我管理自己的权利,把它授予这人或这个集体,但条件是你也把自己的权利拿出来授予他,并以同样的方式承认他的一切行为。这一点办到之后,像这样统一在一个人格之中的一群人就称为国家,在拉丁文中称为城邦。这就是伟大的利维坦的诞生,——用更尊敬的方式来说,这就是活的上帝的诞生;我们在永生不朽的上帝之下所获得的和平和安全保障就是从它那里来的。①

结合当时的语境,我们认为,霍布斯关于"利维坦"的描述来自于对蜜蜂活动的观察,在他这里,臣民与君主的关系就像是蜜蜂与蜂王、上帝与犹太人之间的约定关系。一方面,这似乎是一种自然力的自然筛选,因为人的能力有强弱,但是在权利上,人人平等,而且人人都希望这种自然权利得到较好的保障。另一方面,这体现了一种"政自民出"的现代政治观念和社会契约精神,与中世纪神学那种上帝与人立约并按约对人进行善恶处理的神学政治论不同,霍布斯已经超越了中世纪的神权政治。但是,霍布斯在主张主权者权力的同时,似乎很少限定其义务,或者说,他过于自信臣民与君主之间立约和履约的一致性,更进一步说,他似乎对这种意义上自然法充满了自信,以至于他很少去关注主权者对背叛臣民的可能性及其后果。

如果回到霍布斯的问题逻辑中,上述问题也很好解释。在他看来,所谓的良法不是一部可以总揽万事的法律,法律一定有其局限性或不公正性。"国家的法律正像游戏规则一样,参加的人全都同意的事情对他们每一个人说来都不是不公正的。良法就是为人民的利益所需而又清晰明

---

① 〔英〕霍布斯:《利维坦》,黎思复等译,商务印书馆1985年版,第131—132页。

确的法律。"① 可见，霍布斯所谓的良法体现着理性主义和个体主义但又不直接等于这两类东西，毋宁说，他所谓的良法是一种现实应当，而不是一种价值应当，或者是，他是从现实应当中提炼出价值应当。

霍布斯之所以不对君主的权力和违背臣民意愿的风险进行判定，根本的原因在于，在他看来，君主与臣民之间是一种"一荣俱荣，一损俱损"的关系，一旦君主违背了公平公道，他就失去了执政的合法性，这就为其下台埋下了祸根。所以，他也认为，人们可以不根据法律本身，而是根据自己的良知意识来判断是非，臣民如果对国家法律的合法性未做自行判定就盲目遵守或服从也是一种犯罪，臣民对财物的所有权能够排斥国家对财物的主权，最关键的是，臣民杀戮他们称之为暴君的人是合法的。② 在此意义上，霍布斯真可谓早期启蒙哲学家的杰出代表，他的思想代表了从"神义自然法"向"理性自然法"的转折。

在文艺复兴的基础上，西方的自然法在沿着两个方向向前发展：一个方向是英法的唯理主义和经验主义，一个是德国的唯心主义和思辨主义。所以，尽管从16世纪开始，科学主义和人文主义日渐成为西方思想发展的主脉，但是，在德国本土，在吸收诸多早期启蒙思想家成果的基础上，德国的古典哲学家依然在为上帝提供存在论辩护。在此思想史格局中，我们看到的是一种唯物主义、经验主义和唯心主义和唯理主义的较量和混杂，其区别无非只是谁多谁少的问题。在前一个方向上，我们可以关注继之而起的洛克、卢梭、伏尔泰、休谟、弗格森、伯克等人；在后一个方向上，我们可以关注德国的萨维尼、赫尔德、康德、兰克、黑格尔等人。所以，尽管梅尼克似乎有意在将历史主义理解为西方思想自身发展的合理产物，实际上，这里的区别还是很大的。这是因为，同样是追求自然权利，英法思想界在用经验论证理性，而德意志的思想家们在用神义论证理性。在此意义上，古老的自然法传统已经被安置在两个基座上向前发展：一个

---

① 〔英〕霍布斯：《利维坦》，黎思复等译，商务印书馆1985年版，第270页。
② 参见〔英〕霍布斯：《利维坦》，黎思复等译，商务印书馆1985年版，第267页。

是经验的、逻辑的、实证的方向,一个是理性的、意识的、思辨的方向。正是在这种张力和分化中,从中世纪脱胎而出的自然法发生了分化。在英法传统中,自然法日益具有现实性和经验性,而在德国的传统中,自然法日益具有传统性和历史性。前一个传统的基础是世俗社会的人的理性,后一个传统的基础是世俗社会的历史理性,这便是近代德法之间自然法与历史法分立的思想史背景。

在英国这一脉,我们还需要提一下洛克。初看上去,洛克似乎也同意霍布斯的自然法观念,他甚至同意将自然法提升到可被科学证明的层面来定义,当然,这是一种隐含和体现着理性意识的自然法,可是,洛克实际上不是直接地接受自然法,而是对此表示了怀疑。一方面,他认为,作为一种普遍原则,自然法的确体现的是上帝的意志,似乎"这些原则一定是一些恒常的影响,一定是人类心灵在受生之初就必然而切实地受之于天,带在世界上来的,就如他们带来自己任何一种天赋的才能似的"①。可是,另一方面,从我们自身获取知识的方式去看,并没有什么天赋的原则或者与生俱来的原始意念,"要假设人心中有天赋的颜色观念,那是很不适当的,因为果真如此,则上帝何必给人以视觉,给人以一种能力,使他用眼来从外界物像接受这些观念呢,要把各种真理归于自然的印象同天赋的记号,那亦是一样没理由的"②。基于这种怀疑,洛克认为,那种上帝意义的自然法是否存在主要取决于人的经验、认识和理解,既然上帝给人心中印上了真理,那么,人就必然能够通过自己的理性能力的运用去认识和理解这些真理,"因为要说把一件东西印在人心上,同时人心又不知觉它,那在我认为是很难理解的。"③ 所以,"如果人们在运用理性以前,原来已印了那些天赋的真理,可是在不能运用理性的时候,他们常常不知道那些真理,那实际上只是说,人们同时知道而

---

① 〔英〕洛克:《人类理解论》(上),关文运译,商务印书馆1959年版,第7页。
② 〔英〕洛克:《人类理解论》(上),关文运译,商务印书馆1959年版,第6页。
③ 〔英〕洛克:《人类理解论》(上),关文运译,商务印书馆1959年版,第8页。

又不知道它们"①。

基于上述追问以及对儿童认知行为的观察和分析，洛克认为，没有理性，理解根本不可能。可是，理性的运用并不意味着要去发现原来就存在的天赋的真理，毋宁说，我们先有理性，后有对权利的意识，在运用理性之前，我们并不知道那些所谓的普遍的真理（抑或自然法），所以，"人心所从事的，仍是后得的观念，不是天赋的观念"②。更进一步，他指出，这个观念来自于人的感觉经验以及对这种经验的反省和抽象，形象地说，在获取这些经验之前，人的内心如同一张白纸，并没有什么东西天然地印于其上，经验以及对经验的理解是观念的基础，而不是相反。在此，人的理性是把握感觉经验和理解经验的关键因素，我们心里印的是这些感觉经验，我们理解和抽象的也是这些感觉经验，感觉和反省是我们获取知识的两个来源。③

可以看出，洛克是从对自然法认识论的质疑入手最后转向了以人的自我感觉为主的经验论和唯理论，"洛克设想的自然状态并不是自然无辜状态，也不是堕落之后的状态"④。按照《圣经》的解释，在自然状态下，人并没有感受到上帝，而在人拥有了灵性并背叛上帝进而受到惩罚之后，人类自身的痛苦和罪孽似乎也没有减少多少。例如，即使上帝对夏娃进行了诅咒但是也没有减轻女性分娩的痛苦。那么，在这个意义上，那种所谓的以上帝为主或者天赋观念意义上的自然法又是什么呢，并且又有何种意义呢？再如，《圣经》指出，必须孝敬父母，可洛克认为，服从的义务应与未成年期一同结束，如果父母在子女成年之后仍然对其强烈地约束，那只能说明父权制依然在起作用或是财产继承权对其有影响，所

---

① 〔英〕洛克：《人类理解论》（上），关文运译，商务印书馆1959年版，第11页。
② 〔英〕洛克：《人类理解论》（上），关文运译，商务印书馆1959年版，第14页。
③ 参见〔英〕洛克：《人类理解论》（上），关文运译，商务印书馆1959年版，第68—69页。
④ 〔美〕施特劳斯：《自然权利与历史》，彭刚译，生活·读书·新知三联书店2006年版，第220页。

以，没有什么自然的约束，不存在任何自然法的规定要让成年子女必须服从父母，子女对父母的孝顺仅仅基于其生养了子女这样一个经验的事实，在此意义上，子女对父母的孝敬与父母对子女的关爱似乎成正比，这是一种良心判断，而绝非神学意义上自然法。

在《政府论》中，洛克对其在《人类理解论》中的逻辑进行了再次推演。他认为，自然法意味着一种自然状态，可是，在公民社会中，如果这种自然状态的自然法没有有效制约性和引导力，那么，这种自然状态也将不存在，换言之，如果自然状态不能确保和平，那么，这种意义的自然法将难以为继。按照他的理解，在社会中，自然法一定是一种基于正常良知才可能的自我保全意识，倘若这种自我保全与保全他人之间产生冲突，那么，那种天赋意义上的和平保全就没有可能性。因此，自然状态一定是一个和平、友善、互助和相互保全的状态，在这种状态中并不存在一个共同的上级。质言之，自然法必须为人所知，否则它就不成其为法律。

在宗教宽容的问题上，洛克的思想显得更为清晰而明确。在自由主义信仰原则下，他认为，政府事务与宗教事务要进行区分和划界。一方面，国家和政府保障的公民的私人权利，即"国家是由人们组成一个社会，人们组成这个社会仅仅是为了谋求、维护和增进公民们自己的利益"①。政府及其官员便是公民利益的尊重和守护者，即"公正无私地行使平等的法律，总体上保护所有的人并具体地保护每一个公民属于今生的对这些东西的所有权"②。也就是说，官员的全部权责只限于管理世俗事务，而不涉及灵魂的事业，"公民政府的全部权力仅与人们的公民利益有关，并且仅限于掌管今生的事情，而与来世毫不相干"③。前一项事业是外部事业，官员代表的是一种外部力量，而后一项事业是内心的事业，是否要加入教会抑或退出教会完全是人的自由，"教会不应、也不能受理任

---

① 〔英〕洛克：《论宗教宽容》，吴云贵译，商务印书馆1982年版，第5页。
② 〔英〕洛克：《论宗教宽容》，吴云贵译，商务印书馆1982年版，第5页。
③ 〔英〕洛克：《论宗教宽容》，吴云贵译，商务印书馆1982年版，第8页。

何有关公民的或世俗财产的事务，任何情况下都不得行使权力。因为强制权完全属于长官，对一切外在物的所有权都属于官长的管辖权"①。当然，政府的官员也必须具有宗教宽容的精神，这是因为，公民之所以会通过宗教集会或骚乱去发泄不满，主要是因为其在现实生活中蒙受了苦难和压迫，对于这种行为，我们要给予同情和宽容。

在洛克之后，休谟是一位不得不提及的人物。作为一位让康德心心念念的怀疑论者，休谟对一切具有独断论色彩的哲学和神学都表示了质疑。休谟认为，有宗教要比没有宗教好，但是，真正的宗教一定代表着真理和善意，可是，由于人类理解力的限制，使我们对神的性质难以把握，所以，"问题不在于神的存在，而在于神的性质"②。为此，休谟对宗教迷信和宗教狂热进行了攻击。同时，他也认为，神迹不可信，一切所谓的神迹都是违反自然秩序的，对神迹的迷信只会使我们丧失理性，或者说，根据后天的经验和论证，我们无法理解宇宙的起因。当然，在另一方面，依靠先天的论证也无法证明一个事物。这是因为，凡是能够清晰设想的事物一定不包含矛盾，基于这些矛盾，我们面对的都是多样化的结果，我们不可能从"多果"中推出"一因"来，因此，所谓的"人神同形论"必然站不住脚，人所掌握的和上帝创造的不是一回事。说到底，真正的宗教只是一种哲学，其根本的目的是让人摆脱迷信和狂热，进而建立起对独断论的自然法的怀疑和批判，这便是其"以破为主，立之不足"的怀疑主义的逻辑结果。

（三）法国谱系

在法国这一脉，我们最先要关注的是卢梭。卢梭其实是一个反现代主义者，也正是因此，他被视为浪漫主义的代表。在他看来，罗马人才

---

① 〔英〕洛克：《论宗教宽容》，吴云贵译，商务印书馆1982年版，第11页。
② 〔英〕休谟：《自然宗教对话录》，陈修斋等译，商务印书馆1962年版，第16页。

是一切民族中最值得敬重的民族，只有罗马时代才是最好的时代，它代表了一种自由得到实现的自然状态，正是因此，卢梭的自然法思想萌生于一种自然社会与公民社会之间的紧张甚至对立状态。从现实的不平等、不自由状况出发，卢梭向往的是非社会化的自然秩序，他指出："在森林里的马、猫、雄牛、甚至驴子，比在我们家里所饲养的大都有更高大的身躯，更强壮的体质，更多的精力、体力和胆量。它们一旦变成了家畜，便失去这些优点的大半，而且可以说，我们照顾和饲养这些牲畜的一切细心，结果反而使它们趋于退化。"① 以纯粹的自然状态为比照，卢梭认为，人类从自然状态向社会状态的进化其实是自然性和自由的丧失，因为"人也是这样，在他变成社会的人和奴隶的时候，也就成为衰弱的、胆小的、卑躬屈节的人；他的安乐而萎靡的生活方式，把他的力量和勇气同时消磨殆尽。而且野蛮人和文明人之间的差异，比野兽和家畜之间的差异必然还要大一些"②。

根据其对自然法的纯自然主义定义，卢梭对霍布斯的那种恶的人性论观点进行了批判。卢梭指出，在自然状态中无所谓善恶，难道说在文明人中善就比恶多一些吗？文明人所谓的美德给其带来的好处就一定比邪恶给他们带来的损害多吗？文明人所谓的知识的进步是否意味着足以补偿其所做的恶事？所以，我们绝不能对人的恶性和恶行进行天然地辩护，自然法所要讨论的真正问题在于："由于自然状态是每一个人对于自我保存的关系最不妨害他人自我保存的一种状态，所以这种状态最能保持和平，对于人类也是最为适宜的。"③ 很可惜，霍布斯把人的欲望塞进自我保存之中，从而使法律也必须来保护这种欲望，"霍布斯没有看到：我

---

① 〔法〕卢梭：《论人类不平等的起源和基础》，李常山等译，红旗出版社1997年版，第69页。
② 〔法〕卢梭：《论人类不平等的起源和基础》，李常山等译，红旗出版社1997年版，第69页。
③ 〔法〕卢梭：《论人类不平等的起源和基础》，李常山等译，红旗出版社1997年版，第85页。

们的法学家们所主张的阻止野蛮人使用他们自己的理性的原因，恰恰也就是霍布斯自己所主张的阻止野蛮人滥用他们自己的能力的原因"①。因而，野蛮人无所谓善恶，这种对善恶的无知使我们对其邪恶和美德的判断毫无意义。与其说是原始人是邪恶的，不如说他们是粗野的；与其说他们有意加害于人，不如说他们更注意防范可能遇到的侵害；他们并不知道什么是虚荣、尊重、重视和轻蔑，他们没有"你"和"我"的概念，反过来说，当我们开始意识到"你的"或"我的"时候，我们就产生了嫉妒心和虚荣心，这便是走向邪恶的开始。所以，尽管我们处在社会的联系中，但是，一旦自己的利益受损，我们就会互相戕害甚至杀戮，这便是人类堕落的开始，正是在此一维度，卢梭触及了人类的私有制问题，而这为马克思所赞赏。

卢梭似乎非常认同霍布斯意义上的人性的恶，但是，他认为是社会加剧了这种恶，霍布斯则认为通过对君主的服从能够在社会中规范甚至消除这种恶，所以，霍布斯的自然法是世俗的、当下的、政治性的，而卢梭是前现代的、自然的、去社会化的。正是在此意义上，施特劳斯指出，卢梭偏离了霍布斯。②毋宁说，在思索人类心灵的最初和最单纯的运作的意义上，卢梭更相信人性的原始之善，正是各种社会规范使人越来越自私和自保，社会使人天然的怜悯心和同情心在减弱。与之相应，卢梭并不相信理性能力，这是因为，理性要比肉体的初级欲望来得晚一些，所以，我们越是信赖公民社会，我们就必然会丧失纯然的自然权利与幸福，我们越是相信历史的进步主义，我们越会遭受更多的痛苦，反之，"历史过程要有意义，就必须最终达到对于真正的公共权利的完美的知识；人们不具备此种知识，就不会或者无法成为自己命运的有预见力的主宰者。因此，给人们提供了真正的标准的，不是有关历史过程的知识，

---

① 〔法〕卢梭：《论人类不平等的起源和基础》，李常山等译，红旗出版社1997年版，第85—86页。
② 〔美〕施特劳斯：《自然权利与历史》，彭刚译，生活·读书·新知三联书店2006年版，第274页。

而是有关真正的公共权利的知识"①。可见,作为一名自然主义者,卢梭既反对理性主义,也反对历史主义。

三、自然法与历史法

以上部分,我们对近代的自然法传统只是做了概略的叙述,反过来说,上述部分并不意味着自然法的全部,但是至少,从19世纪开始,自然法与实证法似乎成了西方法学思想发展的两种对立形式。在自然法这一脉,似乎依然是神学原则在起作用,我们会发现,近世的天主教、基督教和新教都愿意将道德和伦理的问题交给上帝。与之相反,在实证法(也含历史学派)这一脉,自然法被进行了国别化、民族化和本土化的个体主义解释。正是在这个意义上,施特劳斯在《自然权利与历史》中指出,即西方现代政治哲学中的"自然权利"(Natural Right)或"天赋人权"及其带来的"历史观念"的兴起导致了西方古典的"自然法"(Natural Law)或"自然正义"的衰落。②从总体上看,这恰恰代表了"天上之国"的衰弱和"地上之国"的兴起,以及非理性主义对理性主义的质疑和改造。基于这种张力,我们的分析大致如下:

(一)自然大于历史

在西方思想史的早期,尤其是在前苏格拉底时期,对自然的敬重和崇拜大于一切。这种本体论传统使得哲学家们普遍以自然作为观察对象并据此对道德、伦理和法律问题做出了一种"类自然化"的解释,这便

---

① 〔美〕施特劳斯:《自然权利与历史》,彭刚译,生活·读书·新知三联书店2006年版,第281页。

② 参见〔美〕施特劳斯:《自然权利与历史》,彭刚译,生活·读书·新知三联书店2006年版,第11页。

是人类所理解的最初的"自然的正义"。当然，这种自然哲学也并非绝对纯粹，而是或多或少有一种神圣性，所以，"在希腊人看来，所有的法律都盖有神的印章"①。据此，罗门进一步认为，自然法的概念最初出现于古希腊，希腊社会各种法律概念的形成之际也是自然法哲学的形成之时，并且，在古希腊这里，自然法大致表现着两种认识论的差异性：第一种表达的是一种"是其所是"的自然状态，城邦的建设也应该体现为这种自然主义功用以及社会成员之间的自愿契约；第二种自然法观念则以一种形而上学观念为基础，它认定，人应该生活在法律之中，当然，这种法律更多体现为一种类自然意义上的合理应当，这是因为在此背后还有更高更广泛的神作依托，这个神似乎是自然的主宰。②

如果上述后一种意义成立，我们便很容易理解为什么苏格拉底至死都要捍卫雅典的法律。在他看来，雅典法律的形而下意义与形而上意义本质相通，遵守这种法律是公民天然的义务，这种遵守意味着秩序和平和。与之相应，在柏拉图这里，雅典的法律依然不可亵渎，据此而建立的社会秩序必然是优良的，对这种法律的遵守必然意味着善的生活。

从相反的意义上，我们也可以看到，在智者学派这里，自然法的权威性受到了质疑。我们看到，智者学派的自然法观念很具有挑战性，在他们看来，法律并不具有内在价值，只有自然正当才算正当，所以，我们应该不断地向自然进行申诉。城邦的自然秩序与自然本身的秩序有时候不是同一个指向，或者似乎是一种对立，统治者让人民所臣服的法律有时候代表的是统治者自身的利益，而不是一种"万民法"意义上的正当性。这意味着，自然法内部出现了某种裂痕，从赫拉克利特的"万物皆流"到伊壁鸠鲁的"原子论唯物主义"的一脉向我们表明的便是自然法与实证法之间的这种分立可能性，并且，后世的"卢梭、霍布斯、普

---

① 参见〔德〕罗门：《自然法的观念史和哲学》，姚中秋译，上海三联书店2007年版，第4页。

② 参见〔德〕罗门：《自然法的观念史和哲学》，姚中秋译，上海三联书店2007年版，第7页。

芬道夫、托马修斯及历史法学派的追随者以不同的方式混合了两个体系中的要素，他们完全是在重复和发展这些古代的观念"①。

我们不妨以柏拉图对公正问题的讨论为例做些说明。柏拉图也看到，尽管公正与不公正的问题同时存在，并且，人们之所以选择通过不公正去实现自己的目的，在此过程中甚至对他人乃至公正本身有所损害，以至于人们往往认为不公正可以使自己的利益最大化。可是，柏拉图最终认为，一方面，在现实生活中，坚守公正的人即便是穷困潦倒、身患重病或者苦难不断，但是，时间会最终让我们看到这类人的公正之心，从而给予他们最终的肯定和回报，"公正的人到了年长的时候，只要愿意就可以在本邦担任官职，就可以从自己满意的家族里娶来妻子，把女儿嫁给他本人满意的男儿"②。我们认为，这种思想倒是非常符合中国人所说的"善有善报，恶有恶报；不是不报，时候未到"，与之相反，"对于不公正的人我也会说，他们中间的多数人虽然年轻时候不被识破，到了晚年就会被认出来，遭到非议和讥嘲，老来被异邦人和本邦人所不齿，打得半死不活，受到你恰当地称之为粗野的酷刑，如鞭笞和烧灼之类"③。在此，柏拉图特意强调了时间的概念。另一方面，神是最高的主宰，这是因为"一个人热切要求做到公正无私，而且尽可能实践一种与神相似的品德，神是不会对他熟视无睹的"④。

对于神义论的自然法，柏拉图坚信不疑。他还专门讲了一个灵魂离开肉体之后的故事作论证。他说，有一个叫爱若的英勇之士在一次战役中阵亡了，在其死后十天尸体被寻获抬回，可是第十二天他在火葬场竟然复活了，而且讲了自己灵魂离开肉体之后的一些见闻。这个爱若说道，他的灵魂和很多灵魂一道游荡，在一个奇异的地方，他看到地上和天上

---

① 参见〔德〕罗门：《自然法的观念史和哲学》，姚中秋译，上海三联书店2007年版，第10页。
② 〔古希腊〕柏拉图：《柏拉图对话集》，王太庆译，商务印书馆2004年版，第479页。
③ 〔古希腊〕柏拉图：《柏拉图对话集》，王太庆译，商务印书馆2004年版，第479页。
④ 〔古希腊〕柏拉图：《柏拉图对话集》，王太庆译，商务印书馆2004年版，第479页。

并排着两个洞口,在天地之间坐着一些裁判,他们向亡灵宣读判决书之后,就吩咐公正的走进天国,不公正的则进入地下。到了爱若的时候,判官让他向人们传达那里的情况,并命令他仔细地查看和听那个地方的一切。他看到,在天地之间,很多亡灵之间互相交谈,其中,从天上下来的干干净净,从地上上来的蓬头垢面。这些亡灵彼此倾诉自己的过往,从地上上来的泣不成声,从天上下来的则心满意足。关键的是,"他们每个人都要为自己过去做的不公正的事受到十倍的惩罚,一百年罚一次,这是因为人寿百年,一千年才能为不公正承受惩罚十回。因此,那些致使很多人丧命、出卖国家和军队、令人们沦为奴隶,或犯有其他这类性质的罪过的人,必须为某一件罪行判处十倍的重罚。他们如果做了善事,表现得公正圣洁,那就要受到同样规模的奖赏。……至于那些虔信神灵、孝顺父母的以及不敬神灵、不孝父母并且亲手杀人的,都要得到更大的报应"①。

以上故事出自于《柏拉图对话集》的"治国篇",我们认为,这则故事足以代表古希腊哲学对自然法的根本理解,它表明:

其一,古希腊的自然哲学已经包含着鲜明的时间性和历史性,尤其是在柏拉图这里,公正是最高原则。我们可以在世俗生活中基于不公正的念头去实现自己的目的,但是,时间会让这种不公正得到最终体现,并且,在灵魂所在的彼岸世界,公正与不公正会得到最终审判,而且,这种审判也会以"十倍"的方式在时间中继续褒奖或惩罚灵魂本身,这主要体现为这两类不同的灵魂在天上或地上的长期居住。

其二,时间服从于空间,地上服从于天上,肉体服从于灵魂。这里有一个决定与被决定的存在论设定,最高的正义存在于天上,它是一种高度纯粹的理性,它不受尘世的干扰和感染,我们只要相信这件事情,那么,理智的沉思就自然会让我们远离不义,即是说,"此岸的物,只有

---

① 参见〔古希腊〕柏拉图:《柏拉图对话集》,王太庆译,商务印书馆2004年版,第481页。

在其参与永恒的理念之存在,或者只有当人们以其工匠、艺术家尤其是立法者的身份复制这些理念,才成其为物,才存在"①。这便是理念世界和世俗世界之间的决定与被决定关系。当然,这种关系也有时间和历史纵观其中。

古希腊哲学所开启的这种"自然大于历史"原则一直延伸到中世纪神学之中。在中世纪,哲学充当了神学的婢女,即理性的主要任务在于理解神的实践性和时间性存在,上帝既存在于万物之中,又存在于万物之上,万物的自然生命在表面上有其自身的运行逻辑,它可以为善或者为恶,可是在最终意义上(甚至每时每刻),上帝都没有缺位,它只不过要通过时间性过程让人感受到自己的渺小与狭隘,无论是《旧约·创世纪》中上帝亲手创造的万事万物,抑或上帝选择诺亚并让其造出方舟将可以得救之物带到方舟之中进而发洪水涤荡世间万物,以及耶稣自愿将其钉上十字架以代人受罪,这充分表现的都是彼岸世界所存在和体现的最高正义。换言之,在基督教的教义中,灵魂和肉体是两个范畴,二者不能一起堕落,也从来没有一起堕落,堕落的只是世俗的人和人的灵魂。与之相对,神的存在从来都是为了让人得到圆满,因为神是按照自己的样子创造了人,人的时间性和神的时间性不是同一个高度和长度。

因而,对人及其现实的社会和国家而言,实证法是需要的它体现和约束的是人的意志,它必须根据现实的需要时常调整和变动。但是在最终意义上,实证法必须仰望和遵从自然法,这个自然法代表的是一种自然正义和神义的正义。在柏拉图与智者学派的最大区别就在于,前者守护的是神义的正义,而后者诉诸的是民事的正义。在柏拉图这里,国家是人类的伟大导师,城邦及其法律实现的就是德性和人性,它能使人得到幸福,所以,自然法规定的是实证法;在后者这里,由于相信人类的永恒性,个人的自由是法律的基础,他们似乎想把个人从传统的政教合一的法律框架中解救出来,他们不相信城邦和国家及其法律的永恒性,

---

① 〔德〕罗门:《自然法的观念史和哲学》,姚中秋译,上海三联书店2007年版,第13页。

所以，他们要用人世的实证法对抗崇高的自然法，也正是因此，罗门认为，"在智者手里，自然法已经快要堕落成为纯真的政治利益的合理化论证了"①。正是在这里，我们看到了霍布斯和洛克的影子。

（二）历史大于自然

施特劳斯指出："以历史的名义而对自然权利论展开攻击，在大多数情形下采取的是以下的形式：自然权利据称是人类理性所能辨识而又得到普遍承认的权利，但是历史学（包括人类学）告诉我们，根本就不存在这样的权利，我们能够看到的不是那种假想的一致性，而是形形色色、无比之多的有关权利和正义的观念。或者，换句话说，倘若不存在什么确定不易的正义原则的话，也就不存在什么自然权利。然而，历史向我们表明，一切有关正义的原则都是变动不居的。人们只有认识到了这一论证之离题万里，才能理解以历史之名来攻击自然权利的蕴含之所在。"②施特劳斯的这一论断触及到了自然法和历史法关系的根本方面，这一问题的另一种问法必然是：正义是一个彼岸世界问题，还是一个此岸世界的问题？在古希腊、罗马和中世纪，诸多的思想家对这一问题的回答最终借助的都是思想深处的信仰，即是说，"信之不在，道之不存"。更进一步说，从此岸向彼岸、从不公正向公正的过渡最终借助的是对灵魂及其居住其中的彼岸世界的信仰，这不是一个时间概念，而是一个意识概念，所以，问题的关键在于这种人类意识的一致性。

问题是，在看到了自然的强大以及以国家和城邦的方式组织起来对抗自然以赢得自保之后，人们发现了人的能力的卓越性。在这个意义上，所谓的人类意识首先是对世俗利益的普遍关注和保护，而不是对彼岸世界永恒正义的思虑和信赖。由此开始，人们对野蛮人和僭主政治的自然

---

① 〔德〕罗门：《自然法的观念史和哲学》，姚中秋译，上海三联书店2007年版，第17页。
② 〔美〕施特劳斯：《自然权利与历史》，彭刚译，生活·读书·新知三联书店2006年版，第10页。

权利开始发生怀疑和反叛。反过来说,在恶的思维和行为在现实世界大行其道却并未及时遭受报应的情况下,人们对于自然仲裁就变得有点丧失耐心与信心。

因此,施特劳斯基于历史主义对古代的自然权利发起了真正的质疑。他指出:"'所有的人类的同意'决不是自然权利得以存在的必要条件。……人们在证明了没有任何正义原则不是在某时或某地被人否定过的同时,并没有证明说有如何的否定就是正当的或者是合理的。并且,众所周知,不同的时代和不同的民族有着不同的正义观念。"①所以,自然法的历史其实就是把理性世俗化、个体化、相对化和历史化的历史。在此语境中,所谓的善与恶、正确与错误更多具有了世俗的含义。在此过程中,"自然的正义是否存在并为人所普遍理解"以及"历史的正义是否等于正义本身"是两个极为重要的问题。其中,前一个问题代表的是希伯来文明和希腊文明用神性和理性约束人性的共同性;后一个问题表现的是对世俗的人及其本质的历史性理解,在这个问题上,"习俗之法"要比"神性之法"与"理性之法"重要得多、管用得多,这便是近代政治哲学与古代政治哲学之间的存在论和认识论分野。

我们注意到,在中世纪并经文艺复兴运动和启蒙的神学批判之后,英法德的哲学家们对中古时期的自然法原则纷纷进行了质疑和批判。

例如,洛克就十分肯定人的世俗权利。他声称:"任何与人类社会准则相违背或与维持文明社会所必须的道德准则相违背的意见,行政长官都不应当容许。"②这就是说,适合上帝的一定适合人世,反过来说,人世的道德与上帝的权威不应矛盾;或者说,人的世俗权利是根本,这种权利可以是财产、安全和信仰等多个方面。其言下之意在于,每个人都应当享有同其他人同样的权利,这种权利不仅不可剥夺,而且只能保护,所以,"不论人们信奉的是纯正的宗教还是伪教,都不妨害其臣民的世俗

---

① 〔美〕施特劳斯:《自然权利与历史》,彭刚译,生活·读书·新知三联书店2006年版,第10—11页。

② 〔英〕洛克:《论宗教宽容》,吴云贵译,商务印书馆1982年版,第39页。

利益——而这些利益是唯一属于由国家掌管的事情"①。他还言辞激烈地追问道:"你容许以罗马的方式礼拜吗? 也请容许以日内瓦的方式礼拜。你容许在集市上讲拉丁语吗? 也请容许那些想讲拉丁语的人在教堂里讲拉丁语。你以为任何人在自己家里跪着,立着,坐着或取其他姿势,或者穿白,穿黑,穿长,穿短这些都是合法的吗? 那也就不要把在教堂里喝酒、吃面包和以水施洗定为非法。一句话,凡属法律准许人们在日常生活中自由做的事,也请允许每个教会在神圣礼拜时享有这种自由。请保证任何人不至因为这些原因而蒙受生命、人身、房屋和财产上的任何形式的损害。……教会权威,无论是由一个人行使,还是由许多人共同行使,在各地都是一样的;它在民事方面没有管辖权,也没有任何形式的强制权,它与财富和税收都完全无关。"②

历史往往会从一个极端走向另一个极端。西方自然法的历史的确说明了这一点。以个体的财物权、表决权、信仰权等权利为轴心,我们看到,在古代,人们过于迷信一种纯自然的正义,从而用一种自然主义秩序为自己权利的进行辩护。在天主教一统欧洲之后,人们将个体的权利让渡给了上帝,可是,随着教会的专制和腐败的日盛,人们的财产、尊严和权利被教会阶层戕害和践踏,于是,人们对教职人员和罗马教廷的憎恶日益增加。经历了宗教改革之后,欧洲人的信仰形式发生了改变,不变的依然是对上帝的爱,但是,为了维持公共利益和自身利益,人们开始通过《圣经》与上帝直接对话而不再求助于教士教会这个中介。于是,为上帝所代表并保障的人的权利变成了心中的正义。在此情况下,教士和权贵阶层存在的合法性和正义性遭到了普遍质疑,世俗阶层及其权利主张又一次通过一种对自然权利的申诉继而对现实的政治国家和权力机制提出了抗辩性要求。

基于这一点,我们认为,洛克追问的更多是"末日审判"没有到来

---

① 〔英〕洛克:《论宗教宽容》,吴云贵译,商务印书馆1982年版,第38页。
② 〔英〕洛克:《论宗教宽容》,吴云贵译,商务印书馆1982年版,第45页。

之前的人的权利保障和宗教宽容问题。在他看来，不同信仰和对同一教义的不同理解可以并行，所谓的"异端"指的无非是两种情况：一种是属于同一宗教的人们之间由于某些与宗教法则无关的不同意见的分歧；另一种是与《圣经》明文规定无关的一些意见分歧。用他本人的论述来说就是："对一个基督教会来说，在礼拜和宗规方面，除了是我们的立法者基督或者是使徒们根据神的启示而作的明确诫命之外，再没有任何其他的东西是必要的。"① 可以看出，洛克试图将上帝的教义和使徒的权利予以明确和限制，除此之外的权利都应该被尊重和保护，或者说，这种意义上的"异端"应该被宽容，这与上帝的事业并不矛盾。

但是，在近代自然法传统的转变中，英国和法国的问题意识和思想格局有较大的相似性，这主要表现为对"政教合一"的神权政治的批判以及对个人现实权利的肯定。在这一由神圣权利转向现实权利、由神权政治转向世俗政治以及由绝对主义转向相对主义的过程中，那种为上帝所维系的绝对主义的一元化自然权利观念得到了解构，而世俗社会意义的自然权利被同时建构，因此关于传统、历史和个体性的法则也得到了世俗化确认。在此过程中，历史意识被鲜明地提了出来，这便是施特劳斯所提出的"习俗主义"（conventionalism）对古老的自然权利的否定，这种否定改变了人们的真理观和世界观。

施特劳斯指出，持现代历史观的人认为，自然和习俗之间有着根本的差异，人的世界、人创造的世界要比自然高超得多。所以，所谓的正确并不是由世俗世界上升到形而上的自然世界，也不是参照这个世界对世俗世界进行校正，而是说，世俗世界本身的认知和传统所显现的就是真理，所谓的永恒首先应指向世俗世界本身。据此，按照现代自然权利论者的看法，"所有人类的思想都是历史性的，因而对于把握任何永恒的东西来说都是无能为力的。如果说，对古典派而言，哲学化就是要走出洞穴的话，那么对我们的同代人来说，所有的哲学化本质上都属于某一

---

① 〔英〕洛克：《论宗教宽容》，吴云贵译，商务印书馆1982年版，第52页。

'历史世界'、某一'文化'、'文明'或'世界观'——那也正是柏拉图所称之为洞穴的。我们把这种观点叫作'历史主义'"①。

因而,"历史学派是作为对法国大革命以及为那场浩劫做好了铺垫的自然权利论的反动而出现的。在反对彻底与过去决裂时,历史学派执着于智慧,认为有必要保存或延续传统的秩序"②。既然注重从传统中寻求智慧,那么,普遍的恒久的自然法原则就会被高高举起并批判。在历史学派这里,"唯一的一种既能与社会生活相容、又不人人划一的权利就是'历史的'权利:例如,与'人权'相对的英国人的权利"③。这意味着什么呢?这意味着特殊中蕴含着普遍,个体可以表现整体,有时候,对事物的时间过程的观察要比抽象地谈论事物的本质有用得多。因此,"历史学派把卢梭等人的思想倾向变得更趋激烈了。他们强调属于特定时空的东西比之普遍物具有更高的价值。结果就是,那号称为普遍的其实只不过是从某一局促于特定时空的东西派生而来的,它如同属于特定时空的东西一样转瞬即逝。"④

从思想史的脉络看,历史学派对自然法的改变具有巨大的进步意义。在一种较为极端的意义上,它既摧毁了一切关于彼岸性至高至善的纯粹想法,也否定了将某种正义教条推广于万世的专断做法,它怀着善良的愿望相信:"人们一旦理解了他们的过去、他们所禀有的遗产和他们的历史处境,他们就能够达到与那些更古老的、在历史主义之前的政治哲学所声称的同样客观的原则。并且,这些原则不会是抽象的或者普遍的以至于会妨害明智的行动或真实的人生,而是具体的或特殊的——它们是

---

① 〔美〕施特劳斯:《自然权利与历史》,彭刚译,生活·读书·新知三联书店2006年版,第13—14页。
② 〔美〕施特劳斯:《自然权利与历史》,彭刚译,生活·读书·新知三联书店2006年版,第14页。
③ 〔美〕施特劳斯:《自然权利与历史》,彭刚译,生活·读书·新知三联书店2006年版,第16页。
④ 〔美〕施特劳斯:《自然权利与历史》,彭刚译,生活·读书·新知三联书店2006年版,第16页。

适合于特定时代或特定民族的原则，是与特定时代或特定民族相关联的原则。"① 这即是说，真理是历史的，它服从于漫长的时间和实体化的民族和语言等。

在本论题中，我们指的历史学派主要指的是德国的历史主义，其中既有哲学家（如赫尔德、黑格尔），也有法学家（如胡果、萨维尼），更有艺术史家（如温克尔曼），还有经济学家（如李斯特、罗雪儿），也有文学家（如歌德）和史学家（如默泽尔、兰克），所有这些人都相信，历史是最好的老师，是获取事物之真理的基本尺度。赫尔德就指出："只有注重传统之链的历史哲学，才是人类真实的历史。若无传统之链，这个世界外在的一切都不过是障眼乌云或可怕的残缺。日夜交替、时光穿梭，若在其中看到的只是片片废墟、始而无终、命运大起大落终无恒理，则这是一幅多么可怖的景象！人类成长之链能将废墟造就为广厦，纵使单个的人在其中消失无形，人类精神却是不死。"②

因为在乎这种活的精神，所以，赫尔德在自然中看到了一种有机发展过程。他以一种富有诗性智慧的语言说："一篇绿草、一朵小花、树上的一颗果子，还有在最后变成其他动物腹中美餐的动物，和那将它们毁灭、吸收为自身的东西，难道不是一样美丽的有机整体？在时间的翅膀上，万事万物都是过程，匆匆忙忙，你来我往？如果你停下造物的一个轮子，所有的轮子都会停下来；我们称之为'物质'的东西，如果你让其中哪怕一个点静止不动、死寂下去，那么死亡就会无处不在。"③ 如果说这体现的是一种普遍的有机主义世界观，那么，在关于诗歌的问题上，赫尔德的历史主义思想则更明显。他指出："各民族的诗是变幻无常的海

---

① 〔美〕施特劳斯：《自然权利与历史》，彭刚译，生活·读书·新知三联书店 2006 年版，第 17 页。

② 〔德〕赫尔德：《反纯粹理性——论宗教、语言和历史文选》，张晓梅译，商务印书馆 2010 年版，第 23 页。

③ 〔德〕赫尔德：《反纯粹理性——论宗教、语言和历史文选》，张晓梅译，商务印书馆 2010 年版，第 139 页。

神普罗透斯，依着民族的语言、道德、习性、气质、天候，甚至是口音轻重而变化形貌。民族迁移不居；语言彼此混合、发生变化；人们不断接触新的事物；他们的禀赋朝着不同的方向发展，他们的努力有着不同的目的；即便是舌头，身体那么小的一部分，动起来也不一样；而耳朵渐渐熟悉新的声音。同样，不单在不同的民族间，就是在同一民族中，诗也取了不同的形貌。希腊的诗，在荷马时代乃是不同于朗吉努斯时代。这两个时期诗的概念都是两样。罗马人和僧侣，阿拉伯人和十字军，探究古代事物的学者，不同民族、不同时代的诗人或大众——诗对他们来说意味着完全不同的东西。'诗'这个词本身如此抽象，可以有如此不同的意义，如果没有具体例证的支撑，便如幻影消散于云间。"① 可见，具体才是真实的，它意味着生命本身，而当我们用时间来解释生命过程时，历史主义逻辑就自然而然地得到了明确与巩固。

　　作为历史主义的开创者，赫尔德其实表达的是一种有机主义存在论和多元主义认识论，这对于反击宗教专制主义和纯粹理性主义很有积极意义。较之于对抽象的正义和纯粹的知识的追求，历史主义更信奉历史的经验的知识，因而，历史就获得了重要而丰富的意义。换言之，从历史主义学派开始，任何问题都应被重置于历史的框架下进行理解，因而，"历史学就被认为是提供了那唯一的经验性的、因而也就是唯一可靠的有关真正的人、有关人之为人的知识；这种知识既有关于人的辉煌伟大，又有关于人的悲惨黯淡。既然人所追求的一切都是起始于人而又返回于人，那么对于人性的经验研究就应该合情合理地具有比之于所有其他对于实在的研究更为崇高的尊严。历史学——摆脱了所有可疑的或形而上学的假定的历史学——成了最高的权威"②。这便是历史主义兴起的问题和学科背景，它使我们对自然法的理解变成了一个具体而相对的历史过程。

---

　　① 〔德〕赫尔德：《反纯粹理性——论宗教、语言和历史文选》，张晓梅译，商务印书馆2010年版，第145页。
　　② 〔美〕施特劳斯：《自然权利与历史》，彭刚译，生活·读书·新知三联书店2006年版，第18页。

（三）自然史与人类史的综合

　　问题是，丰富而完整的历史是否足以帮助我们把握和理解事物的本质？抑或是，丰富而完整的历史如何可能？自古希腊开始的自然法与实证法（抑或万民法）之间的对立是否足以表达正义问题本身，抑或是，正义问题是一个外在预设还是一个经验观察？综合欧洲思想中"用理性来统摄经验"和"用经验来统摄理性"的两类做法，我们认为，自然与历史并不是一个谁高谁低抑或谁先谁后的问题，而是一个如何看待人的地位的问题。在近代的自然法传统中，我们看到了诸多思想家对人的世俗权利的尊重，并且，他们也不遗余力地借助世俗王权来为人的自然权利进行辩护，毋宁说，这体现了一种理性与历史的综合。但是，在德国历史主义这里，我们总是能够或隐或现地发现，上帝依然在历史中起作用，而在英法一脉（尤其是埃德蒙·伯克和德·迈斯特），通过对法国大革命恐怖暴政的批判，他们开始诉诸传统来为现实政治的残暴性进行批判，这种种困惑和无奈让我们不得不去反思：究竟什么意义上的自然法才是合理而可靠的？在此问题上，马克思的唯物史观将处于何种地位？这或许是我们讨论历史主义与自然主义问题的一个重要切入点和落脚点。

　　一方面，自然和历史的确存在某种对立，我们应该承认这种对立。在古希腊时期，限于人自身的脆弱性和活动能力的有限性，人们惊叹于自然的伟大、进行自然崇拜并借此定义"自然正义"的确合乎情理，在这个意义上，我们认同施特劳斯所说的，"古典哲学是在自然的、前科学的认识中为自己提供根据的"①。当然，历史科学的产生毕竟是18世纪末期以来的事情，我们在古希腊哲学的背景下谈论历史和自然的关系似乎有点勉强，毋宁说，在古代人的思想世界里，未经人为雕琢的原始的自

---

① 参见刘小枫选编：《施特劳斯与现代性危机》，华东师范大学出版社2009年版，第178—179页。

然的历史才是历史的全部。尽管作为"历史学之父"的希罗多德也曾立志要记载人类的功业，但也仅限于历史知识论和历史认识论，对于历史本体论，他似乎并未为世人提供多少深刻而有益的思考。所以，从古希腊开始，历史学的基本功能就是对神人故事的搜寻、记忆和描述，而在中世纪的漫漫长夜里，历史变成了上帝存在的时间线索与图谱。在此逻辑中，上帝似乎与人类分享着各种故事与情感，换言之，正是因为上帝创造了人，赋予了人以智慧，所以，人的历史在上帝面前不具有独立性和合法性。

另一方面，自然和历史也有一致性。即使是在古希腊，城邦生活的秩序与自然世界的秩序绝非不可类比，在此意境中，自然的和谐规约着人事的和谐。在原始自然法的意义上，人们相信，自然的安排便是最好的安排。它意味着，在同一时空环境下人按照自然节律来规划和表现自己的生活具有某种必要性，正是因为看到了这种特点，所以，18世纪的温克尔曼对古希腊的雕塑和绘画艺术充满了敬意。为了肯定并推崇这种高雅趣味，温克尔曼指出，高雅趣味源于古希腊的天空之下，希腊人时时处处对美的追求，希腊社会对自由个性的释放，所有这些都构成了米开朗基罗、拉斐尔和普桑理解希腊艺术的重要切入点。当然，从根本上，温克尔曼认为："希腊杰作有一种普遍和主要的特点，这便是高贵的单纯和静穆的伟大。正如海水表面波涛汹涌，但深处总是静止一样，希腊艺术家所塑造的形象，在一切剧烈情感中都表现出一种伟大和平衡的心灵。"[1] 古希腊著名的雕塑作品《拉奥孔》表现的便是这种意境。在这一雕塑中，面对蟒蛇的缠绕和叮咬，拉奥孔本人没有极度挣扎，而是表现出一种刚毅的严峻，他的面庞虽然因为痛苦而变得扭曲，但是他没有大声呼喊。这种情景让我们看到了雕塑家借助有形的肉体痛苦所表现出来的拉奥孔内心的抑制、坦荡和无怨无悔，这使整座雕像有一种平静、肃穆

---

[1] 〔德〕温克尔曼：《希腊人的艺术》，邵大箴译，广西师范大学出版社2001年版，第17页。

和庄重的风格,而不是使这种有形的痛苦得到蔓延和扩张。

自古希腊以来的自然法与实证法(乃至历史法)之间更多是一种空间架构,德国历史主义所强调的历史其实是一种古今之间的时间勾连。在历史主义问题域中,讨论自然问题大致有两个维度,一个是让历史服从于自然抑或让自然服从于历史;另一个是,将历史本身理解为一个自然主义(Naturalism)过程,这个过程是实质其实已经和生物意义的自然没有关系,而是分有了这种特性,即历史内含着与自然相殊异的规律,它意味着,我们已经不需要借助自然来理解历史,而是说,自然就是自然,历史就是历史,自然史就是自然史,而历史既包括自然史,也包括人类史,甚至包括人类思想和观念的历史。

在上述基础上,我们再来看马克思对历史和自然问题的理解。

较之于马克思,恩格斯似乎更重视自然问题,而且在用自然科学的成就和原则阐释马克思的新唯物主义哲学原理和方法的工作上,他的贡献更为卓著。对于他与马克思在此一问题上的贡献,恩格斯直言不讳地指出:"马克思和我,可以说是唯一把自觉的辩证法从德国唯心主义哲学中拯救出来并运用于唯物主义自然观和历史观的人。"① 这表明,马克思主义哲学源于近代的德国古典哲学,法国唯物主义、黑格尔对自然的理解以及费尔巴哈的自然主义是他们进行哲学革命的基础性素材,实际上,恩格斯也曾明确声称:"旧的自然哲学,无论它包含多少真正好的东西和多少可以结果实的萌芽,是不能满足我们的需要的。……旧的自然哲学,特别是在黑格尔的形式中,具有这样的缺陷:它不承认自然界有时间上的发展,不承认'先后',只承认'并列'。这种观点,一方面是由黑格尔体系本身造成的,这个体系认为只是'精神'才有历史的不断发展;另一方面,也是由当时自然科学的总的状况造成的。所以在这方面,黑格尔远远落后于康德,康德星云说已经宣布了太阳系的起源,而他关于潮汐延缓地球自转的发现也已经宣布了太阳系的毁灭。最后,对我来说,

---

① 《马克思恩格斯文集》第9卷,人民出版社2009年版,第13页。

事情不在于把辩证法规律硬塞进自然界，而在于从自然界中找出这些规律并从自然界出发加以阐发。"①

在原始故事的意义上，恩格斯既不满足于费尔巴哈对自然现象的直观和记载，也不满足于黑格尔那种用精神统摄自然的做法。在他看来，"精确的自然研究只是在亚历山大里亚时期的希腊人那里才开始，而后来在中世纪由阿拉伯人继续发展下去；可是，真正的自然科学只是从15世纪下半叶才开始，从这时起它就获得了日益迅速的发展。把自然界分解为各个部分，把各种自然过程和自然对象分成一定的门类，对有机体的内部按其多种多样的解剖形态进行研究，这是最近400年来在认识自然界方面获得巨大进展的基本条件。但是，这种做法也给我们留下了一种习惯：把各种自然物和自然过程孤立起来，撇开宏大的总的联系去进行考察，因此，就不是从运动的状态，而是从静止的状态去考察；不是把它们看作本质上变化的东西，而是看作固定不变的东西；不是从活的状态，而是从死的状态去考察。这种考察方式被培根和洛克从自然科学中移植到哲学中以后，就造成了最近几个世纪所特有的局限性，即形而上学的思维方式"②。

可以看出，无论是对于近代的经验主义，还是黑格尔的唯心主义，恩格斯认为他们对自然的理解都具有形而上学性。很显然，马克思和恩格斯都是从整体上理解自然的，而且他们善于把自然的历史和人类的历史进行整体性比对，在此过程中，他们试图发现自然与历史的内在联系，并以此揭示并阐释二者的演化规律。

在马克思看来，和动物一样，人也是自然的一部分，但是，人又将自然作为自己的对象来研究和改造，这是人区别于动物之处。马克思说道："从理论领域来说，植物、动物、石头、空气、光等等，一方面作为自然科学的对象，一方面作为艺术的对象，都是人的意识的一部分，是

---

① 《马克思恩格斯文集》第9卷，人民出版社2009年版，第14—15页。
② 《马克思恩格斯文集》第9卷，人民出版社2009年版，第23—24页。

人的精神的无机界,是人必须事先进行加工以便享用和消化的精神食粮;同样,从时间领域来说,这些东西也是人的生活和人的活动的一部分。人在肉体上只有靠这些自然产品才能生活,不管这些产品是以食物、燃料、衣着的形式还是以住房等等的形式表现出来。在实践上,人的普遍性正是表现为这样的普遍性,它把整个自然界——首先是作为人的直接的生活资料,其次作为人的生命活动的对象(材料)和工具——变成人的无机的身体。"① 因此,"正是在改造对象世界的过程中,人才真正地证明自己是类存在物。这种生产是人的能动的类生活。通过这种生活,自然界才表现为他的作品和他的现实"②。但是,在认识和改造自然的过程中,社会作为一种相对独立的空间得到了实现和巩固,社会也反过来成了人与自然发生关系的中介。马克思进一步指出:"自然界的人的本质只有对社会的人来说才是存在的;因为只有在社会中,自然界对人来说才是人与人联系的纽带,才是他为别人的存在和别人为他的存在;只有在社会中,自然界才是人自己的人的存在的基础,才是人的现实生活的要素。只有在社会中,人的自然的存在对他来说才是自己的人的存在,并且自然界对他来说才成为人。因此,社会是人同自然界的完成了的本质的统一,是自然界的真正复活,是人的实现了的自然主义和自然界的实现了的人道主义。"③ 他还说:"被抽象地、孤立地理解的、被固定为与人分离的自然界,对人说来也是无。"④ 在《雇佣劳动与资本》中,马克思又说:"为了进行生产,人们相互之间便发生一定的联系和关系;只有在这些社会联系和社会关系的范围内,才会有他们对自然界的影响,才会有生产。"⑤

---

① 《马克思恩格斯文集》第1卷,人民出版社2009年版,第161页。
② 《马克思恩格斯文集》第1卷,人民出版社2009年版,第163页。
③ 〔德〕马克思:《1844年经济学哲学手稿》(单行本),中共中央马克思恩格斯列宁斯大林著作编译局编译,人民出版社2000年版,第83页。
④ 《马克思恩格斯全集》第42卷,人民出版社1979年版,第178页。
⑤ 《马克思恩格斯选集》第1卷,人民出版社1995年版,第344页。

足可见，马克思的自然观与古希腊的自然观乃至之前的整个自然法和历史主义传统有着鲜明分别。在自然法这里，永恒的自然正义不仅存在，而且高悬于我们的世俗生活之上，无论是应用于国内还是国际事务，所谓的自然法（Natural Law）总是对应于"永远的善与公正的事物"①，只有在这个基础之上，我们才能谈论《罗马法》抑或《上帝之国》所铺垫和实现的正义。在历史主义这里，自然法变成了历史法，经验性的历史世界是我们寻求正义的资料库。实际上，历史主义也没有兑现这种承诺，毋宁说，诸多历史主义者过于放大了特殊的历史，而悬置了普遍意义的历史，这其实引发了历史相对主义和历史虚无主义危险。

所以，在一种极致的意义上，施特劳斯指出："'历史过程'本身就像是由人们的所作所为和所思所想织成的一张毫无意义的网，纯粹由偶然造成——就像是一个白痴讲述的故事。历史的标准——也即由这个毫无意义的过程所抛出来的标准，不再能够号称是由那一过程背后的神圣权力赋予了神圣性。唯一能够继续存在的标准，乃是那些纯属主观性的标准，它们除了个人的自由选择之外别无其他依据。从而，在好的和坏的选择之间的分别并无任何客观标准可言。历史主义的顶峰就是虚无主义。要使得人们在这个世界上有完完全全的家园感的努力，结果却使得人们完完全全地无家可归了。"②

对于施特劳斯的上述判断，我们是否赞同？答案似乎没有那么绝对。这是因为，在德国历史主义内部，既有赫尔德、黑格尔和狄尔泰意义上的思辨的历史主义，也有德罗伊森、西贝尔等普鲁士史学派的现实的历史主义，在这中间，还有兰克那种以"如实直书"为客观主义外观而实质上表现的是"上帝之手"的历史主义混合物，无疑，施特劳斯批判的是以史料和历史过程之记载为能事的客观历史主义，可见，他所理解的

---

① 参见〔意〕登特列夫：《自然法——法律哲学导论》，李日章等译，新星出版社2008年版，第16页。

② 〔美〕施特劳斯：《自然权利与历史》，彭刚译，生活・读书・新知三联书店2006年版，第19页。

历史主义也有其片面性。

　　回过头来看，在马克思主义这里，历史并不直接等于风俗史、战争史、制度史、人口史等具体形态的历史，也不等于借助某种形而上学原则对具体历史进行抽象加工或逻辑再现。当然，在一种类似于古典自然法的意义上，马克思似乎也认为，自由、平等和公正等信念对于历史的价值规约意义，但是，他的这些价值观念是启蒙人道主义哲学的产物，它已经经过了启蒙宗教批判和现代唯物主义（尤其是政治、经济的批判）的过滤，因此，即使马克思相信有某种自然正义，但这种正义也生发于现实的历史过程，正是在此维度，马克思主义道出了历史的本质。

专论三

历史主义与相对主义

有关进步的概念并不适用于所有事物,也无法用这种概念来解释世纪之间的关系。我们不能说,这一个世纪是服从于另一个世纪的。另外,我们也无法用这个概念来解释天才们在艺术、诗歌和科学领域以及在国家事务方面的成就,因为所有这一切都与神的福音有着直接的关联。虽然这些成就产生于某个特定的时代,但与前一个时代和后续时代是没有关联的。

——利奥波德·冯·兰克

从思想史的谱系看,相对主义绝不是什么新鲜思潮。例如,在苏格拉底那里,真理就是一种个体化差异性的认识,在亚里士多德那里,历史陈述所涉及的就是"个别之物"而不是"普遍之物",但是,由历史主义所引发的相对主义危机却是颇为麻烦的问题。这首先是因为,在启蒙运动(含启蒙运动)之前,西方哲学的世界观和价值论基本上都是绝对主义的,历史主义兴起的直接目的就是要破启蒙的理性绝对主义,从而力求将启蒙的"纯粹理性"置换为"历史理性",更重要的原因是,历史主义刺激并滋润了德意志的民族主义和国家目的论,从而为"德意志特殊主义"奠基了思想背景,所以,以专论的形式梳理历史主义与相对主义的关系就显得尤其重要。

一、"历史相对主义"问题的由来

根据伊格尔斯的界定,"历史主义观念的核心是假设在自然现象和历史现象之间存在根本差异,由此在社会和文化科学中需要有一种与自然科学研究方法完全不同的研究方法。它主张:自然是不断再现的事物活动的舞台,在那里各种现象本身缺乏有意识的目的;历史则由具有意志力和目的的、独特的、不可重复的人类行为所构成。人的世界处于不断变化的状态中,尽管其中有一些稳定的中心(个人、制度、国家、时代),每一个都拥有内部结构、特点,而且每一个都处于与其自身内部发展原则相一致的不断的转变过程之中。因此历史成为理解人类事物的惟一指南"①。基于这个定义,我们认为,承认历史性意味着承认相对性,因此,相对主义似乎是历史主义的孪生兄弟。② 当然,仅仅从哲学认识论的角度谈论历史主义与相对主义的关系倒也无妨,问题在于,如果借助实体的历史,相对主义容易放大历史事物的特殊性,并且会对普遍的价值信念和道德原则加以侵蚀和消解。在此基础上,如果将历史相对主义原则用于对特殊的民族情感、军事武装和国家目的的辩护,它很容易滋长一种国家主义,说到底,历史主义并未解决好普遍性和特殊性之间的关系,这也是德国历史主义所面临的一个较为棘手的问题。

(一)一般性:历史主义与欧洲

在《历史主义的兴起》一书的前言中,德国史学家梅尼克一上来就

---

① 〔美〕伊格尔斯:《德国的历史观》,彭刚等译,译林出版社2006年版,第3页。
② 参见焦佩锋译:《"历史主义"的五种含义及其评价》,《当代国外马克思主义评论》(第7辑),人民出版社2009年版,第308—320页。

坦陈了自己的问题意识和思想立场,他说:"在听到多年以来响起的历史主义必须予以克服的呐喊之后,还要撰写一部秉持肯定态度的关于历史主义的兴起史,可能颇为冒险。但是曾经发生过的精神革命,不应该处理得它们仿佛没有产生过那样,不应该否认它们进一步的作用。……历史主义的兴起是西方思想中所曾发生过的最伟大的精神革命之一。"① 梅尼克的这一判定具有重要的思想史价值。这是因为,从整个西方思想史实际的历史发展进程和交往状况来看,以历史的方式对自身存在的合理性进行辩护并不是德国一家的事情,尤其是以非理性来对抗理性也不是德国一家的事情,历史主义所秉持的"个体性"和"发展原则"在古希腊哲学中就已经存在,我们在前一个专论中对古希腊自然法的梳理无非就是为了表明这层目的,因此,廓清历史主义与近世欧洲(含德国)思想图谱之间的一般关系是全部问题的关键。

1. 作为生命原则的历史主义

在历史主义的诸多含义中,类似于"有机主义"和"生命原则"的表述很常见,这种定义其实表达了一种历史价值论立场,即凡是历史的事物都有内在规定性和生命延展性,在这一路向上,历史主义大致关涉到意大利的维柯、英国的沙夫茨伯里以及德国的莱布尼茨、赫尔德、萨维尼、兰克和黑格尔等思想大师。

无疑,意大利人维柯在1725年所发表的《新科学》对于近世欧洲思想史的变革具有重大意义。文艺复兴运动之后,人文主义在意大利半岛开始蔓延,在此背景下,维柯看到了作为有机体的各民族的出生、发展、繁育、衰颓和死亡的过程,因而,其"新科学"就是想基于天神意旨对民族进行有机体的承认。在他看来,"各民族的各种起源都在于各民族本身而不在它处"②。每一个民族都蕴含着自身的"诗性智慧"和"心头词

---

① 〔德〕梅尼克:《历史主义的兴起》,陆月宏译,译林出版社2009年版,第1页。
② 〔意〕维柯:《新科学》,朱光潜译,人民文学出版社1997年版,第43页。

典",它体现着一个民族的共同意识,这种"共同意识(或常识)是一整个阶级、一整个人民集体、一整个民族乃至整个人类所共有的不假思索的判断"①。在此意义上,罗马的十二铜表法必然有其产生和形成的过程,因此,维柯力求证明:"各部落自然法都是在互不相识的各民族中分别创始的,后来才由于战争、信使往来、联盟和贸易,这种部落自然法才被承认是通行于全人类的。"②

基于一种多元有机主义立场,维柯十分认同埃及人对世界历史的三分法,即世界历史可以分为三个时代:神的时代、英雄的时代和人的时代,三个时代都有相对应的语言。神的时代是象形语言,英雄的时代是象征的或比喻的语言,人的时代是书写的或凡俗的语言,这是人们运用约定俗成的符号来传达生活的通常需要的结果。这同时意味着,维柯给"世界通史"奠定了一个宏大的叙事框架,世界各个民族的历史首先都是从神话或者宗教故事开始的,但是,这些神和英雄各有不同,因为他们本质上属于这个民族本身。更为重要的是,这种历史性最终的落脚点是各民族的语言和法律,所以,在为人类的世俗历史进步辩护的意义上,他认为:"各部落的自然法都是由习俗造成的,而不是凭法律来指使我们。因为法律起于人类习俗,而习俗则来自各民族的共同本性(这就是科学的正当主题),而且维持住人类社会,此外就没有什么比遵守自然习俗更为自然了。"③

在强调多元起源论、民族有机主义的同时,维柯并没有否定各民族的共同习俗。在他看来,尽管各个民族在起源过程中互不相识,在时间和空间上距离很远,但都保持三个习俗:都有某种民族宗教、都举行隆重的结婚仪式、都要埋葬死者,这三种普遍习俗是新科学得以可能的三个头等重要的原则。可见,维柯尽管表达着一种自然主义的历史主义原则,但是,他对民族性的认识不是一种抽象的道德关怀,而是体现了一

---

① 〔意〕维柯:《新科学》,朱光潜译,人民文学出版社1997年版,第87页。
② 〔意〕维柯:《新科学》,朱光潜译,人民文学出版社1997年版,第88页。
③ 〔意〕维柯:《新科学》,朱光潜译,人民文学出版社1997年版,第128页。

种从共同性中注重差异性或者说是从差异性中洞察共同性的辩证立场。

从时间上看，英国的沙夫茨伯里与维柯几乎是同时代人。梅尼克指出，莱布尼茨、沙夫茨伯里和维柯可以称得上是"彼此独立的、分别地从特殊的个体性前提和环境中"创造出了超越启蒙的思想种子。当然，这主要是就这三位思想家对非理性的精神力量、情感、冲动和热情的肯定而言的，在此过程中，他们共同承认了人的精神的鲜活性与创造力。于沙夫茨伯里而言，他更像是一位新柏拉图主义者，他的思想融合了美学和伦理学。在他这里，本质上非历史的和稳固的自然法思想，与生机勃勃的但对历史不具有浓厚兴趣的新柏拉图主义，似乎是一种相安无事的存在状态。

作为历史主义的奠基者，沙夫茨伯里的思想大致体现为两个方面：一个是他热情洋溢地肯定了事物的内在精神及其形式，另一个是他提出了个体主义发展原则。在前一种意义上，沙夫茨伯里认为，"物质通过机械的自身运动是不可能从中产生植物、树木、动物和人类的。……我们自身人格中的统一性，是不可能产生于物质之中的——这种物质在经过漫长的岁月之后将会耗尽自身——而是产生于一种内在的构成着的精神力量之中的"①，这种精神力量便是其所谓的"内在形式"，它可以是内在的形式、内在的结构、内在的秩序、内在的特征、内在的价值、内在的自由、内在的情感和内在的原则等等，换言之，"美从不存在于物质中，而是存在于形式、赋形的力量与理念之中"②。在后一种意义上，沙夫茨伯里实现了对个人主义原则的最早承认。在他看来，"所有特殊的形式，虽说它们最终为一个普遍的单一的原则统一起来，但仍然拥有自身的独特性和内在的天赋。这些仅仅通过行动、生活与实际的作用才能表现出来，并且同时展现出它们的美"③。由于对个体的独特性充满了敬意，所以，沙夫茨伯里甚至能够从个体残缺中发现美，在此意义上，他甚至表达出了某种辩证法的思想。他说："喜悦与痛苦、美与丑在我之前显现出来，它

---

① 〔德〕梅尼克：《历史主义的兴起》，陆月宏译，译林出版社2009年版，第9页。
② 〔德〕梅尼克：《历史主义的兴起》，陆月宏译，译林出版社2009年版，第9页。
③ 〔德〕梅尼克：《历史主义的兴起》，陆月宏译，译林出版社2009年版，第10页。

们在一切领域相互交织,犹如一张用不规范的手工制作而成的五色斑驳的地毯,却仍然呈现出了一种总体上的美丽效果。宇宙的美丽完全以矛盾为根据,普遍的和谐来自于多样性与矛盾的法则。沙漠与荒野,虽然令人害怕和引发恐怖的感受,却也拥有自身独特的美丽与神秘的魅力。同样地,蛇与野兽,虽说令我们深感厌恶,但就其自身观照而言也是美丽的。毒药亦能表现出治病疗伤的作用。"①

梅尼克认为,沙夫茨伯里的思想触及了历史世界,这使其产生了一种有别于启蒙主义的思想路向。梅尼克指出,沙夫茨伯里也许认为欺诈与虔诚、英雄主义与独裁判然有别,但是,如果心中装满整个宇宙,那么,这就不会陷入对某些问题的片面化道德判断,因而,单独通过知识与理性的概念是无法理解生命的,只有聚焦于事物的内在矛盾及其转化,我们才能看到一种更为宏大的格局和力量。质言之,"一切事物,无论是大的还是小的,均隆起而形成为宇宙的和谐圆满的整体"②。在此,我们似乎看到了为梅尼克晚年所孜孜以求的那种历史乐观主义情结。

较之于与维柯的交集,莱布尼茨和沙夫茨伯里的熟悉度似乎更高一些,他们对欧洲思想的影响也具有共同性。在梅尼克看来,莱布尼茨的思想中有两类因素相互交织,一类是"数学—理性",另一类是"能动—个体",当然,后一类对历史主义的影响要大一些,这主要是因为,在莱布尼茨这里,梅尼克发现了新柏拉图主义世界观,"根据这种世界观,所有各不相同的存在物都从它们依赖于其中的独一无二的最高和普遍的第一因那儿获得其特定的性质"③。这便是莱布尼茨"前定和谐"和"单子论"的思想基础。

但是,在梅尼克看来,尽管莱布尼茨为历史主义做了充分准备(这主要是就其对"单子论"的强调而言),但是,莱布尼茨没有跳出自然法的框架,他的哲学缺乏历史主义发展原则,所以,尽管他对印第安人的

---

① 〔德〕梅尼克:《历史主义的兴起》,陆月宏译,译林出版社2009年版,第11页。
② 〔德〕梅尼克:《历史主义的兴起》,陆月宏译,译林出版社2009年版,第12页。
③ 〔德〕梅尼克:《历史主义的兴起》,陆月宏译,译林出版社2009年版,第18页。

悲惨命运表示了同情,甚至对其在悲伤和不幸中表现出的精神力量予以了肯定,但也只是同情而已。在梅尼克看来,莱布尼茨这种个体主义依据的是理性人类的标准理念,他自信可以通过人类的直觉或理性去发现道德真理,所以,虽然他承认存在永恒真理,可是在具体的实体性的民族生活世界,这个有效真理又在哪里呢?其实就在他思想的根本处,在于"能动—个体"的真理服从于"数学—理性"的真理,正是在此意义上,它的单子必然是不可拆分、不可毁灭以至永恒的,这种局限性在后起的"狂飙突进运动"中得到了发掘。

从思想史的意义上说,德国的"狂飙突进运动"与浪漫主义运动大致是一个问题的两种表述,由于下文要对此做专门的叙述,因此,我们重点陈述以赫尔德为代表的浪漫主义思想家对个体观念的论述,而这也是梅尼克对赫尔德评价颇高的原因所在。

从某种意义上说,赫尔德的哲学的确充满了生命哲学的色彩,这是因为,赫尔德的哲学从头到尾贯穿着一种对事物内在生命力的认可与强调,所以,他强烈反对那种用整齐划一的标准给世界历史命名的做法。赫尔德指出:"在各个民族和年代的丰富细节中,若碰到些许矛盾,我绝不会大惊小怪。没有哪个民族曾经或可能长时间地保持不变;每一个民族,就像艺术、科学和这个世界上的一切东西,生长、开花和衰落各有其时;这些变化中的每一种,都只持续最短的时间,是人类命运之轮可能赋予它的时限;最后,世界上没有两个时刻一模一样;因此,埃及人、罗马人还有希腊人,不会在任何时代都保持不变。"① 每个民族都是在按照自己的逻辑和原则在生长,在民族的机体上,还会长出语言、习俗、制度以及对所谓的普遍的理性的个体化理解,换言之,"民族的品性!必须由关于其禀赋与历史的事实来确定"②。

---

① 〔德〕赫尔德:《反纯粹理性——论宗教、语言和历史文选》,张晓梅译,商务印书馆 2010 年版,第 3 页。
② 〔德〕赫尔德:《反纯粹理性——论宗教、语言和历史文选》,张晓梅译,商务印书馆 2010 年版,第 3 页。

赫尔德相信,在历史和时间中,人性才能得到养成,即"人性,即便在它最好的时候,也绝非什么独立的神:它必须学习一切东西、不停地被塑造,通过点滴努力求得进步。很自然,它发展出来的,主要是,或者说仅仅是那些有机会历练品德,得以成长的方面。人类每一种形式的完美,在某种意义上都只属于某个民族、某个时代,尤其是某个单独的人。只有那些经过时间、风雨、必然性、世间万象或命运无常千锤百炼的东西,才在我们身上发展起来,剩下的则被我们丢弃"①。可见,无论是民族性还是人性,说到底都是后天的东西,特定的时空环境是锤炼这些东西的根本,在反启蒙的意义上,赫尔德坚决反对用抽象的哲学的方式对人性和民族性进行讨论。也正是因此,他反对启蒙的进步主义观念,他质疑并追问道:"可否存在明显的进步和发展,但却是在比我们通常所想的更高的意义上?你看到这条奔流不息的大河了吗?看它如何从涓涓细流发源,渐渐壮大,这里分叉,那里汇合,蜿蜒迂回,越来越宽,越来越深。但是,无论它路线怎么走,总还是水!河流!水滴汇聚!它无非是水滴,直到一头扎进海洋!人类难道不是一样?你可看到那棵蓬勃生长的大树?那繁衍兴旺的人类?人类必须历经生命的各个历程!每段历程显然都在进步!它们都在共同努力、持续向前!每段历程之间都看得到停滞、革命、变化!尽管如此,每段历程都在其自身之内都有它自己幸福的中心。"②赫尔德由一种生命有机主义开出了伦理相对主义,在此过程中,他对古老的自然法表达了新的理解,而基于传统的自然法而进行自我辩护的启蒙的理性主义和进步主义也遭到了他的明确质疑和反对。

2. 作为认识尺度的历史主义

如果说将历史视为一个有机过程表现了历史主义的本体论相对主义

---

① 〔德〕赫尔德:《反纯粹理性——论宗教、语言和历史文选》,张晓梅译,商务印书馆2010年版,第5页。

② 〔德〕赫尔德:《反纯粹理性——论宗教、语言和历史文选》,张晓梅译,商务印书馆2010年版,第11页。

色彩，那么，认识论意义的历史相对主义也将因此变得可能。实际上，德国历史主义内含着本体论和认识论的统一，至少，在维柯这里，这种统一性表现为：历史是人创造的，人也就必然能认识自己所创造的历史。① 只不过，在维柯这里，人的历史排在神的历史和英雄的历史之后，与之相应，理性也表现为三种样式，即神的理性、国家政权的理性和自然理性，这也因此成为维柯所表达的作为认识论尺度的历史主义的基本样式。

第一种理性是神的理性，这种理性只有神才懂得，人只有凭借神的启示才能懂得这种理性。一方面，神通过内在的心灵语言给教徒表达自己的启示，神先启示希伯来人，后启示给基督教徒。另一方面，神也用外在的语言进行启示，这主要是通过先知和耶稣基督来传给使徒，再由这些使徒向教会宣告自己的启示。此外，对于异教徒来说，神是通过各种预兆和神谕来显示自己的存在。

第二种是国家政权的理性，罗马的贵族制便是代表。维柯指出，在这方面，古罗马人是世界的英雄，这自然意味着他们要谋求并实现民政公道，这也是罗马法的灵魂。在贵族政体下，"英雄们在私人方面每人都享有公众福利的一大份，即祖国替他们保留的族主权；政府既然替他们保留了这一大份特殊利益，族主们自然把一些次要的私人利益放在其次。因此，作为慷慨好义的人，他们要维护公众利益或国家利益；作为明智的人，他们替国家出谋划策。……假如族主们不享有一大份和公众利益合一的私人利益，就不能诱导他们放弃他们的野蛮生活而去培养文明生活"②。

第三种是人的时代。在此时代，大致有自由民主政体和君主独裁政体两种形式。除了这两种形式之外，维柯还看到了"对安逸生活的爱好、对婴儿的温情、对妇女的爱情、对生命的愿望"等自然理性，这是人民

---

① 参见〔意〕维柯：《新科学》，朱光潜译，人民文学出版社1997年版，第573页。
② 〔意〕维柯：《新科学》，朱光潜译，人民文学出版社1997年版，第476—477页。

大众所能懂得的唯一理性。

黑格尔指出:"历史这一名词联合了客观的和主观的两方面,而且意思是指拉丁文所谓'发生的事情'本身,又指那'发生的事情的历史'。"① 这一定义很有思想史意义,它意味着,如果放弃对客观事件的关注,那么历史根本不可能;在更进一步的意义上,事件本身不会说话,是我们借助语言、概念、图表、符号让事件说话,所以,"事实"和"史实"有时候是两个不同层次和意味的概念。近世西方的历史思想史从思辨的历史哲学转向批判的历史哲学便是由对历史的第一层次理解转向第二层次理解的典型和必然,所以,自维柯之后的德国历史主义谱系中,赫尔德、兰克和黑格尔的历史哲学更多是思辨的历史哲学,而德罗伊森、狄尔泰、李凯尔特等人的历史哲学更多是批判的历史哲学。其中,前一序列侧重于历史的本体论,后一序列更多侧重于历史的认识论,这意味着维柯所开启的历史主义事业在德国的丰富和完善。

所以,从认识论的意义上说,对历史的理解有时候要比对历史事实的记载更有意义。如果回到历史主义产生的语境中,我们还可以发现,德国历史主义者们之所以纷纷强调历史意识,其目的无非是要将现实问题历史化,而启蒙史学恰恰是要机械地切割历史,即:"启蒙史观最大的特点在于用理性的标尺'裁量'过往,所以,过去的历史被切割成'好的'和'坏的'、'光明的'和'黑暗的'、'进步的'和'衰退的'两种截然对立的类型。"② 例如,在伏尔泰这里,路易十四时代就是最好的时代,路易十四甚至就是光照千秋的"太阳王",在其治下,法国社会的科学和艺术达到鼎盛。此外,由于多次受到旧贵族的迫害,所以,伏尔泰对封建贵族和中世纪的历史十分厌恶,在他看来,只有他所生活的时代才是最好的时代;而对于"启蒙运动的总管家"(梅尼克语)的孟德斯鸠来说,万物皆有其法度,非理性事物的非理性发展也是理性的一种形式,

---

① 〔德〕黑格尔:《历史哲学》,王造时译,上海人民出版社2006年版,第56页。
② 焦佩锋:《唯物史观与历史主义》,复旦大学出版社2013年版,第21页。

至少，我们要怀着理性的心态去理解非理性的事物，这无疑体现了一种理性与非理性的有机融合。

在历史主义传统内部，德罗伊森对历史知识的解释也较为充分地表达了历史主义认识论。他指出："解释，不是以前事来说明后事，更不是用历史条件下必然的结果来说明一件演变出来的事。解释是将呈现在眼前的事赋予意义；是把呈现在眼前的资料，将它所蕴涵的丰富的因素，无限的、打成了结的线索，松开，拆清。经过解释的工作，这些交杂在一起的资料、因素，会重新变得活生生，而且能向我们倾诉。"① 所以，历史考证与历史解释密不可分，前一项工作的目的是确证事实和史实本身，后一项工作的意义在于把握事实和史实自身的意义，当然，通过反复细密的考证和解释，历史认识还可以给我们提供很多与事实及史实相关的东西，据此，德罗伊森提出了三种历史解释的模式，即实用性的解释、条件的解释、心理学的解释和理念的解释。

所谓实用性解释，就是借着事件本身所包含的自然因果关系来掌握考证过的历史事件，并尝试将它们的发展过程重新组织起来。在此，有两种情况需要注意，一种是史料充足的情况下，我们直接通过史料来显示这一历史过程，而在史料不足的情况下，我们可以通过类比的方式将史料进行重组，进而表现历史事件的过程。所谓条件的解释，就是借助使事件得以可能的各种形成和发展条件，例如战场、自然疆界、物质媒介物、精神媒介物等时空条件，这也可以有助于我们实现对历史事件的还原。所谓心理学的解释，就是要在历史事实中寻求使其得以可能的意志力，借助这种解释，我们可以找出事情中隐藏着的意志力因素，也即历史人物的动机和意图，在此意义上，德罗伊森提出了"道德团体"的概念。在他看来，"在道德生活的团体中，我们可以觉察到历史发展的延续性，即历史的前展。在这个团体里，人人皆有一席之地，尽管是最穷最无重要性的人，也是如此。正因为他们是团体的一分子，所以他们生

---

① 〔德〕德罗伊森：《历史知识理论》，胡昌智译，北京大学出版社2006年版，第33页。

活在历史之中"①。

德罗伊森所谓的"道德团体"其实表达的是一种当下对过往的"同情式理解",这有点中国人所讲的"人同此心,心同此理"的味道。所谓"理念的解释"其实是要补充心理解释的不足,在德罗伊森看来,凡事俱有理念,历史解释就是要浮现这种理念,这种理念既可以是人性之为人性的准绳,也可以是国家之为国家的尊严,事实上,"这些理念只表现于接近理念的各个行为所构成的一连串、延续的活动中。理念本身迫使有不断表达它的行为出现。也只有在不断的外露、形成现象之过程中,才有理念的存在。它需要历史,它的展现就是历史的形成及生长。历史是理念的不断向前展现及生长"②。

实际上,德罗伊森所谓的理念其实就是一种历史理性,也即是对历史事物内在本性的一种认识。例如,对人而言,"每个人都在社会所加诸他们的任务及条件下思想及行动,而且都在理念的范围中行动及思维"③。当然,只有在历史的长时段中,我们才能通过诸多事件去理解每个人的理性,因此,"只有从后人的立场出发,建构出历史的脉络;而在这些历史的各个脉络的交错之中,那些先人的事业才有它们固定的位置"④。这意味着什么呢?这意味着,历史是个体生命和自身理念展开的基本场所。正如黑格尔所言,真理是全体,构成事物生命的全部过程没有完结,我们无法对事物的性质进行判断,退一步讲,这种片段性的历史记忆也不具有权威性和代表性,"历史工作的目的,不是把一堆实际的事情转化为抽象的概念;其目的是在于把潮流的方向、事物所属的潮流认清,以及固定住它们。研究历史不可忘记理念是依附在活生生的人的身上。大人物们在特定的时空,在它们利益范围下、任务下,以及在自己良心支配

---

① 〔德〕德罗伊森:《历史知识理论》,胡昌智译,北京大学出版社2006年版,第37页。
② 〔德〕德罗伊森:《历史知识理论》,胡昌智译,北京大学出版社2006年版,第39页。
③ 〔德〕德罗伊森:《历史知识理论》,胡昌智译,北京大学出版社2006年版,第43页。
④ 〔德〕德罗伊森:《历史知识理论》,胡昌智译,北京大学出版社2006年版,第43页。

下，以自己为中心展开活动，建设自己的天地"①。

在德罗伊森看来，历史研究就是准确确定历史事件和历史人物的时空位置，抑或是，历史研究就是要确定历史个体一连串的时空位置，进而发现事物发展的内在原则，从而防止对历史事件无原则的抽象和类比，这确实体现了一种积极的历史相对主义味道。在此，我们不禁想起了维柯的历史思想，即他所承诺的"本科学所描绘的是每个民族在出生、进展、成熟、衰微和灭亡过程中的历史，也就是在时间上经历过的一种理想的永恒的历史。说实话，我们还敢说：任何人只要就本科学深思默索，他其实就是在向自己叙述这种理想的永恒史。……这个民族世界确实是由人类创造出来的，所以它的面貌必然要在人类心智本身的种种变化中找出。如果谁创造历史也就由谁叙述历史，这种历史就最确凿可凭了"②。可以看出，在历史认识论以及使其得以可能的历史逻辑上，德罗伊森与维柯似乎保持了一致性，这对于历史主义传统的延续具有重要意义。

3. 作为思想运动的历史主义

在思想变革的意义上，德国历史主义的确有自己的明确目的，在我们看来，这种目的大致有理论和现实两个层次。在理论层次，历史主义就是要纠正启蒙的纯粹理性主义，从而以历史的实证的方式改变西方久远的自然法传统，从法理学意义看，历史主义代表了近世实证法对自然法的成功质疑、对抗和矫正。在现实层次，在用历史性为民族、国家和现实的政治进行辩护的同时，历史主义似乎激活了一种历史目的论，当然，这种目的论天然带有一种相对主义色彩。对于这种意义上的历史主义，德罗伊森在阐释历史理念（或历史意识）时界定说："每一社会的状态都是永无休止运转过程中的一个横切面。而每一个个别的发展，从横切面来看，它都受它同时的其他理念的影响，也影响它们。对理念的解

---

① 〔德〕德罗伊森：《历史知识理论》，胡昌智译，北京大学出版社2006年版，第45页。
② 〔意〕维柯：《新科学》，朱光潜译，人民文学出版社1997年版，第145页。

释，因此，不只是要在整体中理解诸理念之间的相互关系；而且要在发展中掌握它们。也就是说，我们不该只由一件事实中去说明：国家的理念如何表现，教会的、法律的理念又如何。我们更应该做的是，在它们进步变化的过程中，去掌握它们。只有在它的脉络中，才足以理解它们。"①

这样看来，将历史主义视为西方思想传统自身的产物，确实也没什么问题。在赞同梅尼克的意义上，伊格尔斯指出："作为一种思想运动的历史主义并不局限于德国，自18世纪以后这一历史观已主宰了整个欧洲的文化思想。"②所以，历史主义首先是欧洲文明自身发展的结果。自然法和实证法的最大区别在于，前者借助的是超越时空之上的永恒正义来俯瞰并规约后者，后者更多借助的是现实法则和制度实施的适用性和时间过程来落实所谓的公平正义。自然法追求的是一种永恒的普遍正义，而实证法追求的是自在的特殊正义。历史主义并不否认自然法所强调的正义理念，而是强调要在事物自身的发展过程中去理解这种正义。正是在这个意义上，德罗伊森认为："理念的解释是要超越个别的特殊事件及其思想的系列，而追求一个整体性。整体性并不是事件自古至今的总和，以及人们对这个总和的意识。即使人们怀有这种对过去整体的意识，人们还是生活于某时某刻，仍然是不断继续发展变化中的一刻钟的人，所具有的整体的意识只是相对的整体性。"③可见，德罗伊森其实发挥了黑格尔关于历史的第二层定义，这对于从思想运动的高度把握历史主义具有深刻的启示意义。

如果再往前追溯，我们会发现，在黑格尔的历史哲学中，这种个体性与整体性、发展性与阶段性相互包容、有机融合的原则已经得到了充分展现，这也因此成为其从精神的高度把握历史进程的一种主要方式。

上文已述，黑格尔不仅对"历史"一词做了两重性理解，而且他还

---

① 〔德〕德罗伊森:《历史知识理论》，胡昌智译，北京大学出版社2006年版，第51页。
② 〔美〕伊格尔斯:《德国的历史观》，彭刚等译，译林出版社2006年版，第2—3页。
③ 〔德〕德罗伊森:《历史知识理论》，胡昌智译，北京大学出版社2006年版，第51—52页。

据此对历史的类型做出了自己的梳理。在他看来，原始的、史料性的、事实性的历史固然重要，但是，这种历史的意义十分有限，作为历史当事人的史学家（如希罗多德和修昔底德），"他所绘画的只是短促的时期，人物和事变个别的形态，单独的、无反省的各种特点。他的愿望无非是要把他亲自观察各种事变的所得，留给下一个最清楚的影像或者栩栩如生的描绘，给后世的人。他既然生活在他的题材的精神中间，不能超出这种精神，所以他毫无反省的必要"①。作为反省的历史，史学家会基于某种精神要求或撰史原则来整理史料，这种治史方法的显著特点在于跳出了史料本身，它已经不局限于对史料的全面整理，而是让历史的情境得以再现。当然，反省意义的历史还有另一种情况，那就是以古通今或者以今通古，这是因为，"历史上的事变各个不同，但是普遍的、内在的东西和事变的联系只有一个"②。在以今通古的意义上，历史可以给人以道德垂训，至于这种以史为鉴的要求是否真正起到了道德训示的作用，黑格尔似乎也持否定态度。此外，还有一种反省的历史是批评的历史，这种历史由于以评议为主，所以它容易脱离史实，甚至导致一种主观臆断。最后，反省的历史还有一种情况，那就是所谓的"部门史""问题史"或"行业史"，它以局部的方式代表着向"哲学的历史"的过渡。

就兴趣而言，黑格尔最在乎的还是"哲学的历史"，也即思想、理念和精神意义的历史，这一点也为德罗伊森所坚持。在黑格尔这里，那种以事实为准绳的历史主义做法为他所不齿。他指出，历史的职责似乎不外是把现在和过去确实发生过的事变和行动收入它的记载之中，并且似乎越不脱离事实就越是真实，在此意义上，历史是事实的事业，而哲学是思想事业，从而将哲学和历史对立起来，这样做其实是有问题的。对此矛盾，黑格尔不是固执地让思想参与和主宰历史，而是将思想视作一个有生命的实体，即"'理性'是万物的无限的内容，是万物的精华和真

---

① 〔德〕黑格尔：《历史哲学》，王造时译，上海人民出版社2006年版，第2页。
② 〔德〕黑格尔：《历史哲学》，王造时译，上海人民出版社2006年版，第5页。

相。它交给自己的'活力'去创造东西，便是它自己的素质；它不像有限的行动那样，它并不需要求助于外来的素质，也不需要它活动的对象。它供给自己的营养食物，它便是自己的工作对象。它既然是它自己的生存的惟一基础和它自己的绝对的最后的目标，同时它又是实现这个目标的有力的权力，它把这个目标不但展开在'自然宇宙'的现象中，而且也展开在'精神宇宙'世界历史的现象中。这一种'观念'是真实的、永恒的、绝对地有力的东西"①。

黑格尔不仅重视经验的杂多的人类史，而且重视天体物理学意义上的自然史，他认为这是做历史的第一个条件，对于那些以太阳系运动法则为研究对象的自然史，他也表示了敬意。与此同时，他还站在苏格拉底的立场上对阿那克萨戈拉的自然哲学表示了不满，原因是，阿那克萨戈拉只是将空气、以太、水等表面的因素当作了本质，"'自然'并没有从那个原理中演绎出来：事实上，那个原理始终只是一种抽象的观念，因为'自然'没有被认识和被显示为那个原理的一种发展——为'理性'所产生和从'理性'而产生的一种组织"②。因此，黑格尔并不满足于事实或表层意义的片面化历史叙述，而是追求一种抽象与具体、思维与存在相统一的历史，这个统一的根本因素是绝对精神之同义语的理性，他坚信，"'理性'支配世界，而且'理性'向来支配世界"③。

在黑格尔这里，这个理性只能是上帝，即："那种以上帝的启示为原始的基础，并且从上帝的启示后而有的思维精神的发展，最后必然进展到一个阶段，就是摆在感觉和想象的精神前面的东西，也可以用思想来理解。终究有一天，人们会理解活动的'理性'的丰富产物，这产物就是世界历史。"④ 黑格尔相信，万物之中一定存有某种永恒智慧，这绝非片

---

① 〔德〕黑格尔：《历史哲学》，王造时译，上海人民出版社2006年版，第8—9页。
② 〔德〕黑格尔：《历史哲学》，王造时译，上海人民出版社2006年版，第11页。
③ 〔德〕黑格尔：《历史哲学》，王造时译，上海人民出版社2006年版，第13页。
④ 〔德〕黑格尔：《历史哲学》，王造时译，上海人民出版社2006年版，第14页。

面性和短暂性的唯物主义或经验主义所能领悟。据此,黑格尔声称:"我们所研究的对象——世界历史——是属于'精神'的领域。'世界'这一名词包括物理的自然和心理的自然两方面。"①问题的关键不在于叙述自然的正当秩序及其历史,而是在世界舞台上观察精神的运动过程,而国家便是体现精神运动的现实实体,"'国家'便是在人类'意志'和它的'自由'的外在表现中的'精神观念'"②。

对于国家,黑格尔并不是简单地罗列,而是要从东方到西方直至日耳曼国家的时空序列中铆定自由意识及其实现程度,即:"世界历史无非是'自由'意识的进展,这一种进展是我们必须在它的必然性中加以认识的。"③在他看来,世界精神会根据自由意识实现的程度在各个国家停留和过渡。据此,东方的宗法制和家长制代表着世界精神的幼年时期,在这个时期,自由只是个别人甚至是一个人的事情,社会的各个阶层未发展到独立存在,只能接受强制的统一,其社会生活更多是一种伦理生活,它代表着世界历史的第一个环节。在第二个环节,世界历史进入了青壮年时期,在这个阶段产生了主体性和普遍性的对立,特别是在希腊和罗马,自由只是少数人(贵族、元老和获得了公民权的人)的事情,具体是:"罗马对于其他各民族的关系,纯粹是武力的关系。罗马人当时不肯尊重各民族的个性,……他们并不尊重其他民族的'圣礼';他们是名副其实的战胜者,他们甚至劫掠各民族的神像。……罗马原则是主权和强力的冷酷的抽象观念,是对敌视他意志的自私的纯粹意志的自私,它本身不包含任何道德的实现,全凭个人的利益获得了内容。"④最后,在日耳曼的君主制下,世界历史得以完成,这是因为"日耳曼世界采取了已经完备的罗马文化和宗教"⑤。最关键的是,经历了宗教改革之后,日耳曼国

---

① 〔德〕黑格尔:《历史哲学》,王造时译,上海人民出版社2006年版,第15页。
② 〔德〕黑格尔:《历史哲学》,王造时译,上海人民出版社2006年版,第43页。
③ 〔德〕黑格尔:《历史哲学》,王造时译,上海人民出版社2006年版,第17页。
④ 〔德〕黑格尔:《历史哲学》,王造时译,上海人民出版社2006年版,第288页。
⑤ 〔德〕黑格尔:《历史哲学》,王造时译,上海人民出版社2006年版,第322页。

家摆脱了天主教的传统，建立了基督新教。日耳曼国家的历史是一部从"圣父的王国""圣子的王国"到"精神的王国"的发展过程，其关系是："'圣父的王国'是结实不分的体积，表现为一个单纯的变迁……'圣子的王国'是上帝的显形，单纯地显出在对于世俗生存的关系上——照耀着世俗的生存，就像照耀着一个外界的对象一样。'精神的王国'就是调和。"① 在这样一个"三位一体"化的世界历史进程中，精神体现了世界历史的完成，它统摄着神性与人性，只有在这个阶段，"人类已经感觉到真实的'精神'的和谐和关于现实即关于世俗的生存的一种良心。'人类精神'已经站在它自己的基础上。在人类这样进展到的自我意识之中，并没有对'神圣的东西'的反抗，而只是显示着那种更优越的主观性；这种主观性在本身感觉了'神圣的东西'；它被'真的东西'渗透了，它的活动是走向各种带有合理性和美的普遍的目的"②。正是在此意义上，我们认为，黑格尔的历史哲学其实是斯多葛主义的某种丰富和发展。

以上我们讨论的是作为思想运动的历史主义，并且，我们贯穿了两条线索：一个是西方思想史自身演化的大体过程，由天上回到地上、由抽象走向具体、由思维走向存在、由自然走向历史是此一过程的鲜明特点，此一过程代表了历史主义兴起的第一层背景和含义。在此意义上，历史意识、历史观念、历史学科乃至整个历史主义运动的兴起绝不是德国一家的事情。尤其在中世纪之后，基于历史意识来叙述欧洲乃至世界历史绝不仅仅是黑格尔一个人，甚至于奥古斯丁的《上帝之城》也是一部历史主义著作。另一个线索是，作为典型的德国历史主义代表，黑格尔以思辨的形式整合了历史主义的存在论、认识论和价值论维度，从而实现了思维与存在、理性与历史的结合，他的历史主义体现着一种相对主义和绝对主义的结合，只不过，在为绝对精神进行证明的意义上，其绝对主义成分更厚重一些罢了。

---

① 〔德〕黑格尔：《历史哲学》，王造时译，上海人民出版社2006年版，第324—325页。
② 〔德〕黑格尔：《历史哲学》，王造时译，上海人民出版社2006年版，第382页。

（二）特殊性：历史主义在德国

我们之所以要从"特殊性"意义上阐释历史主义，主要是因为，在历史主义的兴起和发展过程中，上述三个方面不仅在德国得到了坚持和巩固，而且得到了创新和发展。此处，前一种意义似乎很好理解，而在后一种意义上，所谓的德国历史主义其实有自己特定的内涵，这便是，"用个体化的观察来代替对历史——人类力量的普遍化的观察"①。并且，这种个体性将直接转化为对德意志民族性的存在论和价值论辩护。源于这种欣喜感，梅尼克认为，德国历史主义上启莱布尼茨，下至歌德，代表了一种崭新的生命原则和精神科学方法，作为一场伟大的"德国运动"，它"是一场普遍的西方运动的延续，但是西方运动的巅峰在伟大的德国思想家中才能找到。这是他们继宗教改革之后做出的第二伟大的成就"②。

1. 个体性

梳理历史主义与相对主义关系，个体性是一个重要突破口。通过个体性，历史主义既要反对古老的自然法，也要反对启蒙的抽象理性主义。在历史主义看来，普遍而恒久的人性原则和人类特质似乎是存在的，人们可以"以同样的声音讲话，发表同样的永恒和绝对有效的真理，这些真理总体上来说与那些在宇宙中支配性的东西融洽一致"③。这种自然法的传统就像苍茫星空中的北极星，"它可以被应用于极为多样的意识形态中，甚至可以应用于那些强烈冲突的意识形态。被当作永恒的和万古常

---

① 〔德〕梅尼克：《历史主义的兴起》"前言"，陆月宏译，译林出版社2009年版，第2页。
② 〔德〕梅尼克：《历史主义的兴起》"前言"，陆月宏译，译林出版社2009年版，第2页。
③ 〔德〕梅尼克：《历史主义的兴起》"前言"，陆月宏译，译林出版社2009年版，第3页。

新的人类理性可用来为它们全体辩护"①，问题在于，"在这个过程中，理性自身也丧失了永恒的性质，并显示出真实的样子，一种像历史一样多变的力量，始终呈现出新颖的个体化形式"②。梅尼克同时指出，自然法的原则其实与基督教的原则交融在了一起，这便是基督教所信奉和追寻的那个绝对的上帝，它强调了一种自然法意义的绝对主义原则。

梅尼克对于历史主义所引发的相对主义危机有较为明确的意识和陈述。他的分析是，由于历史主义过于强调个体特殊的存在环境以及依赖于个体中的条件，所以，它让人们觉得一切问题似乎都是历史的、具体的、相对的，但是，梅尼克坚信："倘若它能够找到人把这个'主义'转化为真实生活的语言，它就能够治愈由于它相对化所有价值所导致的伤口。"③

那么，梅尼克这种设想是否可能呢？历史主义如何在自身之内弥合绝对主义与相对主义之间的张力？在反对绝对主义的意义上，历史主义有没有为自己树立新的绝对主义标杆？这或许是我们借由梅尼克的立场所要进一步追问的问题。我们不妨以赫尔德为例做些分析。

在民族问题上，赫尔德指出："一个民族可以同时拥有最崇高的德性和最卑微的软弱；它可以毫无规则，表现出令人惊诧的矛盾与不协调。但是，对此惊诧莫名的，只是那些依着自己的时代制定的手册，对德性充满理想主义期待的人，他们是如此痴迷于哲学，以至于试图在一个小小角落找到整个世界。"④这就说明，任何民族都有两面性，没有一个民族可以称得上是绝对的高尚或绝对的卑微，所谓的高尚或者卑微大多是一种外在评价，从一种历史合理性意义上讲，个体自身所存在的矛盾与不

---

① 〔德〕梅尼克：《历史主义的兴起》"前言"，陆月宏译，译林出版社2009年版，第3页。
② 〔德〕梅尼克：《历史主义的兴起》"前言"，陆月宏译，译林出版社2009年版，第3页。
③ 〔德〕梅尼克：《历史主义的兴起》"前言"，陆月宏译，译林出版社2009年版，第4页。
④ 〔德〕赫尔德：《反纯粹理性——论宗教、语言和历史文选》，张晓梅译，商务印书馆2010年版，第3页。

协调并不具有价值论意义，最可笑的是那些怀揣着一套所谓德性逻辑到处套用的人，他们试图将自己的时代视为绝对完美的时代，殊不知，这是一种十足的绝对主义。

所以，在关于民族幸福感的问题上，赫尔德曾经以设问性语气问道：历史上哪个民族最幸福？他回答说："任何一个民族，在某个特定的时间、某种特定的场景，都曾有过这样的幸福时刻，否则，他们就算不上一个真正的民族。实际上，人性绝非一个容器，盛着某种像哲学家们定义的那样绝对的、独立的、不变的幸福。毋宁说，它总是吸引那些它力所能及的幸福元素；它是一团软的黏土，不同的条件、需要和压力，就被塑造为不同的形状。甚至幸福的形象也是随背景和气候每每变幻。"①此处，赫尔德的历史相对主义立场十分清晰。在他看来，民族就是一个弹性的生命体，它会依据不同的生存环境进行自我调整，而所谓的幸福也一定是一种相对性幸福。换言之，民族的绝对意义的幸福感始终是存在的，只不过在不同的条件下会有不同的内容，这种幸福感只有这个民族自己知道，而绝不是靠某种外在的、普世的、绝对的标准加以校准和评价。

同样的道理，在语言的问题上，有的人将其定义为人的嘴部特有的一种机能；有的人将其定义为一种情感的呼叫；有的人将其定义为人与人之间的一种"自然契约"；有的人将其视为神性的力量；等等，对此，赫尔德统统进行了反对。基于人性和人类的一些主要原则，赫尔德归纳指出：人是自由思想和主动行为的生物，他的能力可以持续不断地发挥作用，因此，他才成为语言的生物；依据其群体性、社会性的生物本性，语言必然会持续性地自然地发展；正如人类作为整体不可能永远保持一模一样、永不变化一样，人类的语言不可能永远保持唯一。各个民族有自己的语言是历史的必然；人类始终是一个不断发展着的整体，他们有

---

① 〔德〕赫尔德：《反纯粹理性——论宗教、语言和历史文选》，张晓梅译，商务印书馆2010年版，第8页。

一个共同的源头，所有的语言与人类的发展之链紧密结合，它们共同构成一个大的整体。①

尽管赫尔德极力为个体性辩护，但是他也没有否认整体性，而这个整体性又是什么呢？我们在其对宗教多样性问题的讨论中似乎可以看到某种端倪。他指出，世间的宗教可谓林林总总，名目繁多，"它们的相异，为我们打开理解民族精神之图景，远比通过面容判断人之性情要可靠的多"②。所以，承认宗教意味着承认宗教的多样性，而不是非要分出所谓的"正教"和"异端"，这是其一。其二，尽管人类的宗教纷繁多样，但是，它们有一些共同特征。例如，它们都以自己的方式在填补对物质世界的不足性理解；它们都以宗教的方式来驯服恶性、鞭策德性；它们都以不同的宗教仪式在表达着不同的精神。此外，不同的宗教都与一定的政治目的相联系，它们也因此成为政治统治的基石，在有些时候，"政治的大变革，还有艺术的发展变化，宗教乃是隐藏的主要源泉"③。

赫尔德意在表明，世界各个不同的民族组成了一个大家庭，我们要对各个民族平等对待，而不能将自己的民族、语言或者宗教视为唯一合理的东西。换言之，我们要坚持一种积极的相对主义去对待差异化的民族、语言和宗教。在陈述这些观点的同时，赫尔德并没有否认历史。在他看来，尽管世界各个民族信仰的宗教不一样，但是，如果越是往古代追溯，我们会发现，古代的宗教特别亲近自然，它们能给予我们很多有益的启示。赫尔德指出："最朴素、最古老的宗教揭示了人心深处。……很清楚，如果我想作为哲学家发言，必须视所有宗教一样都是自然的、

---

① 参见〔德〕赫尔德：《反纯粹理性——论宗教、语言和历史文选》，张晓梅译，商务印书馆2010年版，第56页。

② 〔德〕赫尔德：《反纯粹理性——论宗教、语言和历史文选》，张晓梅译，商务印书馆2010年版，第57页。

③ 〔德〕赫尔德：《反纯粹理性——论宗教、语言和历史文选》，张晓梅译，商务印书馆2010年版，第58页。

人性的。"① 可见，赫尔德不是简单地替宗教进行辩护，而是力求用一种自然主义情感来解释宗教之于社会人心的亲和力和适用性，并且，这种解释体现了一种鲜明的历史主义立场。

人心是赫尔德所定义的整体性的基本内涵，这是其理解人类不同的宗教、理性、语言等问题的一个共通性基础。换言之，尽管他没有否定宗教，但是他绝没有按照中世纪神学家的套路去定义宗教，而是力求通过人性的共通性来解释宗教，这中间有一个把宗教人化的问题。他强调指出："真正的人是自由的，是依着善和爱遵从法则，因为自然的一切法则，凡人所能理解的，都是善的；凡人所不能理解的，也应学会用孩子一般的单纯遵行不移。智者说，若非心甘情愿，则必强迫行之；换种说法，自然法则不以你的意志为转移。但你若越多地发现它的完美、良善和美好，在你的凡间生命中这永生的法则就越能将你塑造成神的形象。因此，真正的宗教是像孩子那样天真地崇拜神，模仿那化身人形的至高、至美者。结果就是，宗教是人心最大的满足、最强有力的善和对他人的爱。"② 所以说，宗教就是人心，也同时是共同的人性，赫尔德直言不讳地指出："我们看多了各种宗教、时代和民族的变迁，早已心生厌倦，但是，难道不能从中找出一些东西，是人类共同的财产和天赋？能！这东西不是别的，正是我们倾向于理性、人性和宗教的禀赋，它们乃是人生的三大恩典。"③

按照赫尔德的理解，自然之物无法促成宗教的产生，只有人性才是宗教产生的根本，但是，这种人性不是抽象的人性，也不是抽象的理性。赫尔德以反讽的语气批评道："在欧洲，即便是今天，面临不同的状况，

---

① 〔德〕赫尔德:《反纯粹理性——论宗教、语言和历史文选》，张晓梅译，商务印书馆2010年版，第59页。
② 〔德〕赫尔德:《反纯粹理性——论宗教、语言和历史文选》，张晓梅译，商务印书馆2010年版，第66页。
③ 〔德〕赫尔德:《反纯粹理性——论宗教、语言和历史文选》，张晓梅译，商务印书馆2010年版，第67页。

同样压抑人性仍在发生。在陌生人面前，食人族也会为自己的残忍而羞愧，而我们欧洲人残杀他人却毫不脸红。对那些未遭厄运的俘虏，他们甚至还会彬彬有礼、亲切相待。所有这些，即便是霍屯督人活埋他们的孩子、爱斯基摩人结束老父的生命，纵使可悲，也是不得不然；他们从未完全泯灭天生之人性。理性受到误导，或是情欲完全放纵，在人间造成的多得多的奇闻和残暴，是非洲多配偶制的民族难以相比的。因此，我们当中没有人会否认，就是娈童者、暴君或凶犯，心中也深埋有人性之形，虽然它几乎不免被情欲和放纵所掩盖。"[1] 此处，赫尔德对理性主义的声讨见诸笔端，在他看来，以文明自称的欧洲人比野蛮人和原始民族文明不了多少，所以，所谓的理性其实应该是个综合性概念，而非抽象性概念，它必须放置到历史的具体情境中去定义和阐释。

综上可见，在赫尔德这里，个体与整体、文明与野蛮、自我与他者是一对辩证概念。基于此，赫尔德对作为历史主义之核心概念的个体性原则的阐释很具有代表性。这主要是因为，他阐发了一种历史主义框架下的积极的个体主义思想，换言之，他力图以历史逻辑为相对化的个体做绝对性申辩。所以，赫尔德没有抽象地谈论民族、语言和宗教，在历史中，所有这些东西都以不同形式存在，但是，其形成的背景、内容、形式并不是整齐划一，它们通过不同的维度表现了某种相通的人性。笔者认为，这是一种积极的历史主义，必须加以肯定。

2. 发展性

"历史"既指的是事件以及对事件的描述，也指的是对事件发展过程的时间叙述。如果没有时间作轴，历史就是散乱的故事汇集，无论是当事人对亲眼所见或亲身经历的事件的客观性记述，还是后人对前时代历史事件的考古性叙述，时间性总是一个必要的叙述原则。在此意义上，

---

[1]〔德〕赫尔德：《反纯粹理性——论宗教、语言和历史文选》，张晓梅译，商务印书馆2010年版，第73页。

梅尼克强调指出:"个体性,包括单个人物的个体性与观念和实际世界的集体性结构的个体性,其本质就在于,它只有通过一种发展的过程才能显示出来。"①

在历史主义这里,发展性有两个层面的指涉:一个层面是指纵向的不同个体之间的时间联系,这也是我们讨论历史主义方法论的一般原则。另一层面是指个体性内在的时间联系,它要肯定的是历史的生机勃勃的鲜活个体,正是在此意义上,历史主义才反对从外部对事物进行抽象的比对和价值评价。无疑,这种认识很有见地,它对于纠正启蒙的纯粹理性主义行径很有冲击力,但是,它也容易导致相对主义,这便是历史主义的吊诡之处。

首先,在历史主义这里,时间性和发展性是两个不同层次的概念。

一方面,历史必须通过时间来定位和叙述,这也是历史认识论的一般含义和基本特点。比如,赫尔德也指出:"在时间的翅膀上,万事万物都是过程,匆匆忙忙,你来我往?如果你停下造物的一个轮子,所有的轮子都会停下来;我们称之为'物质'的东西,如果你让其中哪怕一个点静止不动、死寂下去,那么死亡就会无处不在。"②所以,所谓历史主义,首先意味着尊重个体鲜活的生命过程,这便是历史主义所体现出来的生命哲学和自然哲学意义。但是,发展性(Developmental 或 Expansibility)要比时间性(Timeliness)更深刻一点,它表达的是不同个体之间或者同一个体之内不同环节的有机联系。显然,时间性是外在的,发展性是内在的;时间性表达的是认识论,发展性表达的是生存论;时间性表达的是现象,而发展性表达的是本质;时间性表现的是机械的故事汇集,而发展性表现的是有机的因果联系,这便是历史主义发展原则的双重意蕴。或者说,在它这里,发展性统摄着时间性,它比时间性更为

---

① 〔德〕梅尼克:《历史主义的兴起》"前言",陆月宏译,译林出版社 2009 年版,第 4 页。

② 〔德〕赫尔德:《反纯粹理性——论宗教、语言和历史文选》,张晓梅译,商务印书馆 2010 年版,第 139 页。

根本，这种关系同时体现在对历史主义与相对主义关系的讨论之中，当然，很多人对此不加区分，也因此导致了对历史主义概念的滥用和误用。

另一方面，发展性比时间性要更具历史主义特征。

如上所述，发展性是历史主义更为根本的特征。赫尔德指出："正如树是从根部长出来的一样，因此也必定有可能从最初的源泉中伸展出一种艺术的生长和花开期。在最初的源泉中隐含着它后来的果实的整个本质，恰如包括着所有部分的整株植物隐藏在种子中一样。我搞不明白的是，如何可能从事物发展的晚出状况中推演出如我对起源力量的解释。"[1]这意思无非是说，历史主义对事物的认识是要从过去延伸到现在而不是相反，这种由古至今的延伸体现的是对个体生命过程的尊重以及对其内在发展逻辑的首肯。

又如，在诗歌的问题上，我们固然可以借助所谓的共通的人类情感去理解诗歌，去畅想和表达对人类思维能力和情感世界的发掘，但是，在赫尔德看来，"对每个时代、每种语言，诗体现的是一个民族的残缺与完美；它像一面镜子映照着民族的性情、它最高远的理想。……诗的殿堂中有各种不同的思维方式，各种不同的理想，各种不同的欲望，我们借着这些更亲近地了解各个时代和民族，是要比研习他们的政治和军事史这种误导而又笨拙的方法强得多"[2]。这就是说，诗有"主观"和"客观"之分，我们固然可以凭借主观意识去品评诗词，这种方法看起来似乎也很实用，它有助于我们给不同的诗人和诗歌进行归类。比如荷马和奥西恩、汤姆森和克莱斯特等。可是，如果进一步去看，"荷马讲述他的世界的古老故事，却没有多少证据表明他亲身参与其中；奥西恩的诗，从他受伤的心灵深处，苦乐交加的回忆中涌出来；汤姆森用自然笔法描绘四季；克莱斯特用情感激起的狂想曲歌颂春天，间或穿插着关于自我

---

[1] 转引自〔德〕梅尼克：《历史主义的兴起》，陆月宏译，译林出版社2009年版，第339页。

[2] 〔德〕赫尔德：《反纯粹理性——论宗教、语言和历史文选》，张晓梅译，商务印书馆2010年版，第148页。

和友人的思索。但是，就是这种归类方法，对诗人和诗的时代的描述，也是软弱无力的。因为大诗人荷马，也要参与他讲述的事，只不过是作为一个希腊人，一个讲述者，就像中世纪的民谣歌手和寓言家，也像较近时代的阿里奥托斯、斯宾塞、塞万提斯和维兰德。要荷马比这做得更多，乃是超出了他的天命，也会破坏他的叙事"①。

所以，赫尔德并不否认荷马那种用超越性思维方式阐释各个民族诗歌的做法，我们甚至"能在古希腊的诗人那里都能找到任何一种纯粹的、属人的情感，或许还能找到他们最精妙、最美好的表现形式，但一切都要关系着时间和空间来看待"②。这便是说，赫尔德并不否认诗人那种理性主义能力，但是，如果执着于此，则会破坏诗人的身份和能力。反过来说，以历史主义方式看待诗人与其诗歌及其时代的关系是一条重要思想原则。

其次，历史主义也关心不同个体，但是它更关心个体自我的内在性联系。

历史主义的发展观念其实有两层含义：一层是历史认识论意义上的编年体化的历史叙述，这更多是从个体外部进行同类或异类的比对与归类。另一层是黑格尔（如"绝对精神"）和兰克（如"上帝之手"）意义上的个体自身的自在运动，它体现了从一种柏拉图主义和虔敬主义的意义上理解和描述历史的新努力，这种努力很有积极意义。

对于黑格尔来说，真正的历史是精神活动的历史，所以，在他这里，那种缺乏主观意识并加以叙述的原始历史和史前历史他不感兴趣。他指出："各民族在有史以前经历的那些时代——我们可以想象它们为多少世纪或者几千万年——也许它们曾经充满了革命、游牧迁徙和最稀奇的变迁——因为它们没有主观的历史叙述，没有纪年春秋，所以也就缺

---

① 〔德〕赫尔德：《反纯粹理性——论宗教、语言和历史文选》，张晓梅译，商务印书馆2010年版，第150页。
② 〔德〕赫尔德：《反纯粹理性——论宗教、语言和历史文选》，张晓梅译，商务印书馆2010年版，第151页。

少客观的历史。"① 另外，对于印度和中国来说，历史也不存在，原因是："在这个国家里，组织的动力，在正开始要形成社会的区别的时候，马上就僵死在依照'阶层'而纯属自然的分类之中。因此，虽然各种法律都有关于人权的规定，他们甚至还把这些法律，以天然的区别为依归，而且特别从事于那些阶层相互间的关系——上层对下层的特殊权利——的决定。所以道德的因素，在印度堂皇的生活里和印度政治制度里，是荡然无存的。天然区别的铁链既然深深锁起了一切，社会的联系自然一定是野性的专横，——无常的活动，——或者简直可以说是狂暴情绪的表演，并没有前进或者发展到任何最后目的，因为这个缘故，泥摩息尼——'记忆女神'便找不到对象，思想的纪念就无从出现。"② 对于中国，黑格尔之所以认为没有历史，这是因为，在中国，只有皇帝一个人有充分的自由，其推崇的道德是一种家法伦理意义的道德，而这个家法伦理也是以皇帝的道德为道德，广大民众是一种被驯化与被统治的存在，他们以皇帝的思想和行为为榜样。说到底，它并未解放个体性意识，只有在日耳曼的新教传统中，这种意识才得到了充分释放。

对于兰克来讲，历史更多侧重于客观的历史记载和叙述，正是因为特别注重"如实直书"，所以，兰克确立了史学的基本原则，那就是客观如实地记述过去发生的事情。基于此，他对那种一上来就用哲学统摄历史的做法表示了不满，即"哲学上之所以站不住脚、无法接受，首先是因为这些观点恰恰取消了人的自由并使人成为无意志的工具。其次是这些观点使人自己要么成了上帝，要么什么都不是"③。说到底，哲学的历史是一种用"一"来统摄"多"的绝对主义做法。例如，我们不能用一种普遍的进步主义观念将世界各个民族都纳入其中，他说："毋庸置疑，在整个历史长河中人的精神力量是不应低估的。自远古以来的精神力量一直在持续不断地发展变化，而且只有这一种普遍的历史性的发展

---

① 〔德〕黑格尔：《历史哲学》，王造时译，上海人民出版社2006年版，第57页。
② 〔德〕黑格尔：《历史哲学》，王造时译，上海人民出版社2006年版，第57页。
③ 〔德〕兰克：《历史上的各个时代》，杨培英译，北京大学出版社2010年版，第6页。

变化是人类共同参与的。但是，一般来讲，我们不能因此就将处于历史发展变化中的各个民族看成是处于不断的进步之中。"① 以亚洲为例，"那儿曾经是文化产生之地并经历过多种文化阶段，然而正是在亚洲，这种变化从总体上看却呈现着一种倒退。亚洲文化在人类历史的最初阶段最为繁荣，但到了希腊和罗马文化占优势的人类历史的第二和第三阶段就不再那么辉煌了，随着野蛮的蒙古人的入侵，亚洲文化甚至完全结束了"②。

我们似乎都会认为，整个人类历史，世界各个民族都会随着时间的推移而发展进步，但是，兰克认为，这是一种错误认识。他举例说："15世纪和16世纪上半叶的文化最为繁荣，然而到了17世纪末和18世纪的前75年，文化就普遍走下坡路了。诗歌的发展正是如此。诗歌这种艺术只是在某些时候真正兴盛过，而并不是在数百年的历史长河中一直都持续朝着更高水平发展。"③ 仔细想想，兰克的这种思想何尝不无道理？每个时代似乎都有自己的历史意识，或许是因为对时代的不满，我们总是希望明天会比今天好，在通常情况下，我们不仅会用自己的行动来变革现实，以追求并实现更好的生活，而且我们在自己的意识中完全相信，明天一定比今天好，历史一定是进步的。此外，启蒙的理性解放运动似乎进一步强化了这一观念，它促使我们去探索历史自身演进的规律，并且基于这种规律的把握去创造更加幸福的生活。实际上，几千年之前就已经存在的自然对人的惩罚以及人对人的残害在今天依然存在，暴力现象并不必然随着人的理性能力的发现和运用而自然消除，所以，"时间意义的发展"和"文明进化意义的发展"不是同一个性质和层次的问题，这一点，兰克倒是看得十分准确。

---

① 〔德〕兰克：《历史上的各个时代》，杨培英译，北京大学出版社2010年版，第6页。
② 〔德〕兰克：《历史上的各个时代》，杨培英译，北京大学出版社2010年版，第6页。
③ 〔德〕兰克：《历史上的各个时代》，杨培英译，北京大学出版社2010年版，第6—7页。

二、"历史主义危机"及其克服

在矫正启蒙的意义上,历史主义所主张的相对主义的确是一种积极的相对主义。这主要是因为,历史主义要求尊重个体的差异性、多样性和平等性,并且,历史主义主张要基于个体的生命过程(如赫尔德)、自在逻辑(如黑格尔)、自身价值(如兰克)来理解个体。在这种认识论意义上,历史主义主张自古而今的研究事物,反对从外部或者从后世研究事物,但是,他们并没有放弃对共通人性(如赫尔德)、时代精神(如兰克)、绝对理念(如黑格尔)等整体性乃至绝对性意义的把握。因而,历史主义并不必然导致相对主义,至少,在古典或者早期历史主义这里,这个问题并不存在。

真正的问题在于"普鲁士历史学派"这里,由此一学派开始,兰克史学的客观性遭到了批判,史学的现实意义、主观原则和国家目的论意义被放大,因而造成了历史相对主义危机,这与我们在下一个专论所讨论的纳粹主义问题有某种思想的同构性。当然,源于德国在第二次世界大战中的所作所为,晚期的梅尼克试图在西方的思想史传统(尤其是德国自身的国家理性)中为历史主义进行辩解,尽管他聚焦于民族精神和国家理性,但这依然有一个"相对主义及其适用度"的问题。这大体构成了历史相对主义危机的问题谱系。正是在此意义上,史学家弗兰克·安柯斯密特指出:"历史主义,……是德国的发明,其在德国之外的扩散从来就不是轻而易举或自发的。"① 为此,他还专门列举出了一堆德国学者供我们参考:如默泽尔、赫尔德、康德、施莱尔马赫、席勒、歌德、施莱格尔、戈雷兹、荷尔德林、黑格尔、尼布尔、萨维尼、费尔巴哈、

---

① 〔荷兰〕弗兰克·安柯斯密特:《历史表现中的意义、真理和指称》,周建漳译,译林出版社2015年版,第4页。

马克思、兰克、洪堡、德罗伊森、布克哈特、狄尔泰、尼采、文德尔班、李凯尔特、兰普雷希特、特勒尔奇、韦伯、梅尼克和伽达默尔等。当然，限于篇幅，我们不可能一一陈述，而只能略作陈述。

（一）古典历史主义

在古典历史主义这里，历史相对主义要么是生物学意义上的有机主义（如赫尔德），要么是哲学意义上的思辨理性主义（如黑格尔），要么是神学意义上历史泛神论（兰克）。此外，威廉·冯·洪堡对国家本性的历史性论述、狄尔泰对历史的认识论原则的强调以及文德尔班与李凯尔特对历史的文化和价值意义的强调等，都表明了德国历史主义的丰富性。但是，在古典历史主义这里，相对主义问题似乎并不存在。原因是，在类似于莱布尼茨的意义上，几乎所有的历史主义者都相信历史有一种"前定和谐"，历史有自身的"隐德莱希"。或许是有此作前提，历史主义者们可以毫无顾忌地以对个体（民族、国家、语言等）进行辩护，从而对抗那种对历史个体进行抽象的外部评价的做法。

以赛亚·伯林十分明确地指出，在赫尔德这里，对纯粹理性的批判和反对是其核心指向，而这构成了其对启蒙的直接反叛。站在一种总体性立场，伯林对赫尔德评价道：

> 赫尔德的声誉建立在这样一个事实之上：他是民族主义、历史主义和民族精神这些相互关联的思想之父，是对古典主义、理性主义以及对科学方法万能的信仰进行浪漫反抗的领袖之一，一句话，他是法国启蒙哲学家及其德国门徒的对手当中最令人生畏的人。这些启蒙哲学家当中最知名的有达朗贝尔、爱尔维修、霍尔巴赫，还有伏尔泰、狄德罗、沃尔夫和赖马鲁斯，他们相信现实是根据普遍、永恒、客观、不变的规律来安排的，而这些规律是可以通过理性的研究得到发现，但是赫尔德坚信每个活动、条件、历史时期或文明都拥有

一种它自己独特的个性；企图把这些现象归结为一些相同的因素的结合，或者根据普遍的法则来叙述或分析它们，恰恰容易抹煞构成研究对象（不管是自然中还是历史中）的特殊品质的那些至关重要的差异。……他反对在适用于研究物理性质的方法和人的变化发展的精神所要求的方法之间做根本区分。人们相信他已把新的生命注入到社会模式、社会发展的观念中，他指出质的因素和量的因素一样具有极端重要性，而这些难以触碰、难以考量的因素正是自然科学的概念忽视或否认的。他沉醉于（不管是个体的还是群体的）创造过程的神秘之中，对有着概括、抽象、同化另类、统一异物之倾向的理性主义，发动了一场全面的进攻，原则上它能够回答一切可理解的问题，即一门关于现存万物的统一的科学理念。在宣传反对理性主义、科学方法和可理解的规律的普遍权威的过程中，他被认为激发了特殊主义、民族主义以及文学、宗教和政治的反理性主义的发展，从而在改造下一代人的思想和行动中扮演了重要角色。①

对于历史主义来说，赫尔德的确起到了一种思想旗手的作用。例如，萨维尼就将赫尔德的有机国家理念应用于对法律的理解，黑格尔关于非人身关系的制度的形成和成长的概念也来自于赫尔德，但是，伯林在评述赫尔德的反启蒙主义立场的同时也表达了一个和本论题相关的观点，即赫尔德并非民族主义、表现主义和多元主义思想的独立作者，他的这些思想也受惠于很多人。例如，其对历史科学的主题和内容的探讨与伏尔泰、休谟、孟德斯鸠、维柯等人有诸多共同之处；其对文化差异性和民族多样性问题的认识早在莱辛和伏尔泰的思想中就得到了表达；其所强调的有机主义思想早已是陈词滥调，即："有机体的隐喻这种用法至少与亚里士多德一样古老；没有谁比中世纪的作家们运用的更滥了；它们

---

① 〔英〕伯林：《启蒙的三个批评者》，马寅卯等译，译林出版社2014年版，第179—180页。

是索尔兹伯里的约翰的政治小册子的灵魂和中心,是胡克和帕斯卡有意识地用来反对新科学——机械观的武器。"① 正是在此意义上,我们倒也赞同伯林对赫尔德的定位以及梅尼克对历史主义的定性,即历史主义的确是西方文明自身的产物,只不过在德意志的文化体系中,它更具规模、特性和影响力而已。

可是,我们非常关心的赫尔德思想中的那个"绝对性"的东西又是什么呢?表面上看,赫尔德似乎依然在用宗教来为个体性进行辩护,例如,他明确声称:"宗教触及人的整个灵魂;它激发我们平静却又坚定的信念。人在社会中无论地位高低、身份贵贱,只有认识了宗教、践行了宗教,才真正为人。宗教触及人的一切潜能和欲望,为的是将它们调谐一致,引向正确的道路。"② 可是,赫尔德所追求的这个宗教又是什么呢?在这个绝对性之下,个体性的相对价值又是如何确保呢?

从逻辑上讲,赫尔德既然要反对绝对理性主义,那么,他也必然会反对绝对的神秘主义或者是宗教蒙昧主义,也正是因此,他主张用一种人文精神来理解宗教。他指出:"在讨论宗教时,我反对毫无生命的语言规则,因为这违反人性。人是活的机体,充满感觉、力量和欲望。他希望被激动、受指引,而不是唯命是从。"③ "宗教的核心,也就是那将力量、智慧与善编织为一体的原则,已经存在于无论大小巨细的万事万物之中。"④ 在后一句话中,我们可以看到,在赫尔德这里,普遍性与特殊性是一种有机统一的关系,其理由是,既然宗教直通人性,主张并维护的是力量、智慧和善念,那么,宗教就应该与科学、政治、历史融为一体,而不是相互敌对甚至互相戕害。正是在这种一体化的过程中,赫尔德认

---

① 〔英〕伯林:《启蒙的三个批评者》,马寅卯等译,译林出版社 2014 年版,第 183 页。
② 〔德〕赫尔德:《反纯粹理性——论宗教、语言和历史文选》,张晓梅译,商务印书馆 2010 年版,第 75 页。
③ 〔德〕赫尔德:《反纯粹理性——论宗教、语言和历史文选》,张晓梅译,商务印书馆 2010 年版,第 75 页。
④ 〔德〕赫尔德:《反纯粹理性——论宗教、语言和历史文选》,张晓梅译,商务印书馆 2010 年版,第 83 页。

为，语言是我们理解差异性事物的最好中介，它表达着一个历史族群的集体经验。所以，在晚年摆脱路德教的意义上，他表达了对语言的充分信仰，这便是伯林所谓的，"语言是意识发展的自然过程的一个本质部分，也无疑是建立在相互沟通之上的人类团结的一个本质部分；因为要成为一个完整人就要去思考，而思考就是沟通；社会和人失去彼此的任何一个，都是不可想象的。因此，'没有语言的纯粹并单一的理性完全是一个乌托邦'"①。可以看出，赫尔德并不是露骨地替上帝辩护，而是基于一种神秘主义立场将语言、宗教和民族性融为一体，或者说，他力求通过语言将理性历史化和民族化。

同样的问题，在兰克这里似乎表现为另一种样式。众所周知，兰克史学是以客观如实地呈现历史真实为目标，在这个意义上，他反对用哲学的方式来理解历史。他指出："（历史）并不想承认哲学是绝对的，而认为它只是时间中的现象。历史假设哲学史是哲学的最恰当的形式；人类可以认识的绝对真理在那些产生于不同时代的理论中被发现，而无论这些理论可能是多么矛盾。历史更进一步，假设哲学——尤其是当它试图界定学说时——只是民族认识的语言形式的表现。历史学家拒绝认为哲学具有任何绝对有效性。"②在此，兰克提出了一个十分重要的观点，即任何绝对都是时间中的绝对，那种超越时空的绝对根本没有意义，哲学应该向史学靠拢，"当哲学家以他自己领域的视角看待历史时，他只是在进步、发展和整体中寻找无限。历史学则在每一个存在中寻找无限，在每一个存在中寻找来自上帝的永恒因素，这种永恒因素是它的生活原则"③。"历史学家倾向于转向个体。他重视个体利益。他认可有益和持久

---

① 〔英〕伯林：《启蒙的三个批评者》，马寅卯等译，译林出版社2014年版，第204—205页。

② 转引自〔美〕伊格尔斯：《德国的历史观》，彭刚等译，译林出版社2006年版，第97页。

③ 转引自〔美〕伊格尔斯：《德国的历史观》，彭刚等译，译林出版社2006年版，第97—98页。

之物。他反对分裂型的改变。他认识的即使在错误中也有部分真理。"①这似乎意味着,哲学和史学的确有鲜明的区别,哲学专注于普遍的真理,它往往对具体的事情不屑一顾,或者说,它关注个体的内在本质和个体之间的本质联系,并时不时地对事物进行德性评价,史学则不同,它只关注客观事实,即使那些事实不符合我们的胃口,也正是在此意义上,"历史性"和"相对性"往往是一对孪生兄弟。

可是,兰克并没有那么单纯,他敬重个体并不是以个体为根本,在最终意义上,他力求通过个体来理解整体。他说:"只有上帝了解世界历史。我们只能发现它的矛盾之处。正像一位印度诗人指出的,它的'和谐之处只有神知道,而人是不知道的'。我们只能直观地考察它,而且是隔着一段距离。不过我们能够理解一致性、连续性和发展。"②从职业身份上说,"我们作为史学家的道路将我们引向哲学问题。如果哲学是它应该成为的样子,而历史又是十分清楚和完备,那么两个学科将完全一致"③。两相比较可以看到,虽然同样是谈论宗教,或者同样是借助宗教来谈论历史中的个体,但是,赫尔德借助的是一种历史经验观察和人性智慧的领悟,他信心十足地指出:"人类历史清楚地表明了如下准则:人类本为一,每个人都属于人类之整体。社会和民间的历史,表达了如下法则:多联合为一,必带来善;这是人类的目的所在。自然的、国家的和民间的法则,都有这样一条:'要做人!要为他人而做人,要与所有人以人相待共处。'结果,从所有这些法则中就生出基督教的原则,它是自然、各民族和人类纯粹的宗教。"④如果对历史保持了这样一种自信,那么,"如

---

① 转引自〔美〕伊格尔斯:《德国的历史观》,彭刚等译,译林出版社2006年版,第98页。

② 转引自〔美〕伊格尔斯:《德国的历史观》,彭刚等译,译林出版社2006年版,第99页。

③ 转引自〔美〕伊格尔斯:《德国的历史观》,彭刚等译,译林出版社2006年版,第99页。

④ 〔德〕赫尔德:《反纯粹理性——论宗教、语言和历史文选》,张晓梅译,商务印书馆2010年版,第82页。

果在（历史）中看到人之理性、人权和人性遭残暴践踏，不但见于民族与国家之间，甚至见于人际的亲密关系之间，宗教也不必失心绝望"①。

较之于赫尔德，兰克的宗教情感似乎更纯粹一些，或者说，他更像一名教徒。对于历史中的事件和历史上的各个时代，无论是能否接受，他认为都是上帝最好的安排，因为每个个体都是上帝的手指，这些个体之间并没有必然的逻辑关联，所以，兰克说道："有关进步的概念并不适用于所有事物，也无法用这种概念来解释世纪之间的关系。我们不能说，这一个世纪是服从于另一个世纪的。另外，我们也无法用这个概念来解释天才们在艺术、诗歌和科学领域以及在国家事务方面的成就，因为所有这一切都与神的福音有着直接的关联。虽然这些成就产生于某个特定的时代，但与前一个时代和后续时代是没有关联的。"② 足可见，相对性是兰克史学的表象，绝对性其实是其史学隐而不明的东西，只不过，他的重点在前者而已。

由于相信历史为上帝所创造，所以，兰克认为，人（包括后人）并不具有对历史事物、历史进程和历史本质进行评价的权利。例如，在"历史进步性"的问题上，他固然也承认人类在物质技术领域的进步，但是，在非物质化的道德、哲学和政治领域，进步主义观念并不适用。兰克明确指出："在哲学方面，坦白地说，最古老的哲学，比如我们所学到的柏拉图和亚里士多德的哲学对我们来讲已经足够了。从形式上来讲，从来没有人能够超出他们的范畴，从实质上看，如今年轻的哲学家们又回到了亚里士多德那里。政治方面的情况也是如此：政治领域的一些普遍原则先人早就提出来了，后续时代只是在经验和政治试验方面进一步加以充实。"③ 可见，兰克在承认个体价值的同时并没有否定历史之间的有机联系，但是，归根到底，他依然要为自己的个体主义辩护，因为所有

---

① 〔德〕赫尔德：《反纯粹理性——论宗教、语言和历史文选》，张晓梅译，商务印书馆2010年版，第83页。

② 〔德〕兰克：《历史上的各个时代》，杨培英译，北京大学出版社2010年版，第11页。

③ 〔德〕兰克：《历史上的各个时代》，杨培英译，北京大学出版社2010年版，第12页。

的个体从属于一个更为宏大的整体。作为个体，我们无法理解上帝的宏伟计划，我们都是上帝的造物，从某种意义上，人类对世界历史之本质的探求已经意味着人想把自己做成上帝，这从根本上说已经冒犯了上帝的威严以及违背了宗教的教义。反过来说，史学家对多样性的个体以及个体的多样性的历史记述与内心对上帝的普遍信仰并不冲突，这或许是兰克撰写通史类著作的思想根由。

作为哲学家，黑格尔似乎与兰克有较为显著的差异。例如，在《历史哲学》和《哲学史讲演录》乃至其他诸多著作中，黑格尔一上来就声明他自己要追求的是客观精神（如民族精神和个体的自由意识等）。也正是在承认这种客观精神的意义上，他指出："一个民族，当它从事于实现自己的意志的时候，当它在客观化的进程中抵抗外部暴力、保护自己的动作的时候，这一个民族是道德的、善良的、强有力的。"① 但是，黑格尔并没有无视民族的困厄和灾难，尤其是对于那些在历史中衰亡和消失的民族，他并没有选择视而不见，而是选择了从民族精神的演进中进行解释，所以，有民族必然意味着民族精神，"民族精神并不在一种单纯的天然死亡里死去——因为它不是个单纯的人，而是一种精神的、普遍的生命"②。当作为有机体的民族消亡之后，精神必然要向更高的层面跃进，"这个新的东西必须是一种比它自身较高等的、较博大的概念——对于它的原则的一种扬弃——但是这种举动便要引起一个新的原则、一个新的民族精神了"③。归根到底，精神决定着存在，思维统摄着现实，此乃黑格尔历史哲学的根本原则。

尽管都承认上帝对于历史的主宰作用，但是，在兰克那里，历史首先是有形的事件，史学家的职责就是记载有形有据的事件和过程。在黑格尔这里，历史首先是无形的精神，历史的前进不是有形的个体联系和发展，而是无形的精神在不同的个体中的驻足、离开和前进。在这种逻

---

① 〔德〕黑格尔：《历史哲学》，王造时译，上海人民出版社2006年版，第68—69页。
② 〔德〕黑格尔：《历史哲学》，王造时译，上海人民出版社2006年版，第69页。
③ 〔德〕黑格尔：《历史哲学》，王造时译，上海人民出版社2006年版，第69页。

辑中，个体只是精神实现自我的中介，两相比较，个体具有暂时性和特殊性，而精神则属于永恒和绝对，这便是其所谓的"理性的狡计"的存在论基础。

上述可见，在早期的德国历史主义这里，相对主义问题确实存在，但是，这个相对主义始终有一种绝对主义作参照。在赫尔德这里，绝对主义意味着一种与人性相通的人道主义智慧；在兰克和黑格尔这里，绝对主义意味着一种历史神正论。质言之，在古典历史主义这里，相对主义并未侵害和突破绝对主义，这代表了德国历史主义与相对主义的积极联合。

（二）中期历史主义

根据梅尼克的考证，作为一个专有名词，"历史主义"最早出现于1879年维尔纳（K.Werner）所著的《维柯的哲学历史主义》一书中，在此，历史主义表达的只是一种根据历史对思想进行实在性认识的思想原则。到了1884年，奥地利经济学家卡尔·门格尔（Carl Menger）针对德国历史经济学派的古斯塔夫·施莫勒（Gustav von Schmoller）的回应性著作——《德国国家经济中历史主义的迷误》——中，该词已经具有了批评的意味。彼时，门格尔主要是批评历史经济学派将经济活动和法则归结一种与历史相关的做法，即经济活动只是一种依赖于特定环境的习惯性做法，其并没有任何规范性价值。到了1922年，恩斯特·特勒尔奇在其去世前不久出版的《历史主义及其问题》一书中，不仅明确提出了历史主义对神学教义的破坏性作用，而且试图调和历史主义与先验主义、知识与信仰的矛盾。应该说，在洞察危机的问题上，特勒尔奇有过人之处，他看到了19世纪以来的德国历史主义问题的实质，但是，在克服历史主义危机的问题上，他似乎有点无能为力，这便是我们所谓的"中期历史主义"的思想背景。在此，我们的问题范围大致局限于德意志第二帝国的成立以及第一次世界大战的结束，主要涉及"普鲁士历史学派"

的几位思想家以及自由主义神学家特勒尔奇。

在兰克这里,历史和政治之间的关系十分平淡而和谐,至少,兰克对史学家和政治家的职责分得很清,但是,如伊格尔斯所言:"兰克低估了时代的社会与经济转变,而且误解了民族主义的狂热性。对两代历史学家来说——他们深深卷入了要求自由化和民族统一的斗争中——兰克的历史客观性理想似乎表达了某种令人遗憾的道德中立。"[①] 据此,伊格尔斯认为,如果不对德国历史学家在德国统一进程中所起的中心作用进行研究,那么,德国历史和德国自由主义的历史就无从撰写。

在伊格尔斯看来,德国统一是以对自由原则的牺牲来实现的,这主要是通过议会对外交和军事事务的控制以及内阁责任制的控制达到的;在史学领域,则表现为自由主义史学家屈从于民族主义情感和俾斯麦的军事原则,这也因此是"小德意志方案"得以实现的理论背景。所以,从思想史的意义上说,在转向19世纪的过程中,德国并不是没有启蒙自由主义精神的拥趸,并不是没有对现代契约政治的认可。而是说,在现实的民族主义和国家主义诉求下,自由主义屈从了保守主义传统。从史学理论层面讲,这中间有一个从兰克主义到反兰克主义的思想裂变问题,所以,当兰克晚年依然在研究世界历史时,大量的德国史学家已经开始了对德意志民族情感和民族特性的历史考证。与此同时,"普鲁士历史学派"的很多人开始明确地反对兰克的客观主义史学以及启蒙的纯粹理性主义,恰如安东尼所指出的那样:"在这种批判中,历史主义有时表现出某种坚定的反动特色,它甚至拒绝启蒙时代的改革方案中那些严肃的、具有历史紧迫性和浓厚人道主义色彩的东西,如社会、司法、经济和教育改革。由于启蒙时代曾陷入真正的理性崇拜中,历史主义便毫不犹豫地突出灵魂中的非理性力量,在某个特定的时刻,历史主义终于同浪漫主义融合在一起。由于启蒙时代自称是世界主义的和博爱的,由于它把对民族生活及民族传统的依恋鄙视为粗俗的迷信,历史主义则表现为关

---

① 〔美〕伊格尔斯:《德国的历史观》,彭刚等译,译林出版社2006年版,第118页。

于民族和民族历史的理论,并对民族历史及民族语言、文学、法律和制度史的研究产生了全面推动。"①

我们不妨先看看海因里希·冯·西贝尔的历史观念。从西贝尔开始,兰克的客观主义原则就已经得到批判。在兰克这里,史学只是具有某种经验性的记忆和有限的道德启示功能,史学家对于历史和现实不应该有多少价值暗示和指引;但是,在西贝尔这里,问题已经发生了明显变化。安托万·基扬指出:"他(指西贝尔——作者)笔下的一切都服从于自己的观念,对他而言,过去的每种境况都是为了证明霍亨索伦制度之优越性、证明民族自由派政治原则之正确性的一个借口。"②所以,较之于兰克,西贝尔似乎更像萨维尼,或者说,他是要从兰克进入到萨维尼,即他要从严格的史料批判走向现实的民族主义。正是因此,他毫不掩饰对普鲁士邦领导德国统一的热望,西贝尔说:"普鲁士在德意志和欧洲的地位要求它同时达到两个目标,但不幸的是,它们通常彼此排斥:这就是强大的统一和强大的自由。要想生存并在必要时变得强大,普鲁士需要一位强大的君主和强有力的公共舆论;它必须同时拥有强大的军队和议会制度。……今天,虽然这个难题还在等待其最终和持久的解决方案,但我们可以说,普鲁士政府未曾片刻忽视过自由的观念。自由观念是不可摧毁的;它流淌在我们的血液中;它也必定存在于我们呼吸的空气中。"③

作为一名具有亲普鲁士立场并致力于为普鲁士撰史的民族主义史学家,海因里希·冯·特赖奇克似乎要比西贝尔更为激进,他也代表了历史主义所背负的"用历史的方式来解决政治问题"的路数。尤其是在

---

① 〔意〕安东尼:《历史主义》,黄艳红译,格致出版社、上海人民出版社2010年版,第12页。

② 〔法〕安托万·基扬:《近代德国及其历史学家》,黄艳红译,北京大学出版社2010年版,第123—124页。

③ 〔法〕安托万·基扬:《近代德国及其历史学家》,黄艳红译,北京大学出版社2010年版,第129—130页。

1848年欧洲革命时期,他的导师波迪格尔就教导他,不要相信和崇拜法国人的自由,不能把法国大革命视为自由主义典范,只有德意志才能给予德意志人所欠缺的自由和统一。或许是源于这种师承关系和民族主义立场,特赖奇克在青年时期就抨击法兰克福议会的种种错误,并严厉谴责威廉四世的灾难性政策。此外,在波恩大学期间,史学家达尔曼的亲普鲁士立场也对他产生了深刻影响,这使得他更加自信"小德意志方案"的可行性。

在1860年,特赖奇克动情地写道:"只有作为一个宪政国家,普鲁士才能真正成为所有德意志人的中心。"① 他还声称,自《威斯特伐利亚和约》签订以来,德意志每件伟大的事业都是普鲁士完成的。普鲁士的存在是德国人最出色的政治业绩,普鲁士的制度,它的法律、陆军、海军、邮政、电报和银行,都应该扩大到全德意志。② 正是因此,阿克顿勋爵十分中肯地指出:"他们将历史和民族命运联系到了一起,并使历史具有在法国之外所不具有的影响力;他们用历史营造了比法律还强大的舆论。"③

到了德罗伊森这里,问题似乎更加明朗。首先,德罗伊森明确反对兰克的客观主义撰史原则及其主张的欧洲强国体系;其次,他从来都毫不掩饰自己对普鲁士邦所背负的政治目的,即实现德国的统一,而不是搞什么权力平衡。所以,当他不再钟情于客观的无精神理解的历史知识,而是寻求一种深刻的历史理解时,他感觉他发现了一种历史的"伦理团体"。在这个意义上,他提出了历史研究的基本目的,即:"历史研究观察了伦理的前展,认清了它的方向,找出了它其中一个个活动的目的之后,可以整理出一个超乎一切目的之上的目的。"④ 可是,这横亘于一切之

---

① 转引自〔法〕安托万·基扬:《近代德国及其历史学家》,黄艳红译,北京大学出版社2010年版,第189页。
② 参见〔法〕安托万·基扬:《近代德国及其历史学家》,黄艳红译,北京大学出版社2010年版,第189页。
③ 转引自〔法〕安托万·基扬:《近代德国及其历史学家》,黄艳红译,北京大学出版社2010年版,第191页。
④ 〔德〕德罗伊森:《历史知识理论》,胡昌智译,北京大学出版社2006年版,第59页。

上的那个目的又是什么呢？很显然，这就是国家，或者是，在历史主义视野中，国家权力的大小以及国家如何从城邦国家历经王国并进展到帝国是十分紧要的问题。换言之，帝国问题不是一个权力大小的问题，而是一个如何对其进行历史理解的问题。德罗伊森写道："当我从自己的人民、国家和宗教的立场出发去看过去时，我就站在自我之上了。由此我就从一个更高的自我出发思考了，而我渺小的个人已经融化在这更高的自我之中。"① 德罗伊森并不是要建立一个令人狂热的国家概念，也不是要寻求国家权力的界限，而是要探求国家的道德本质及其任务。只不过，对此问题，他没有选择卢梭的契约原则，而是选择了历史原则。在他这里，国家的道德本质和发展方向是一个历史理性的问题，用他的话说就是："历史中的观点、动机等所具有的力量，这些才是能教育人们心灵的因素。"②

再将目光转向恩斯特·特勒尔奇。伊格尔斯指出："或许没有什么思想传记能够比弗里德里希·梅尼克和恩斯特·特勒尔奇的更好地表明德国历史思想的危机。"③ 原因是，这两人都相信历史是个有意义的过程，在继承古典历史主义的意义上，"他们从来没有丧失过兰克这样的信念：在历史中个体性杂多而看似非理性的显现及其表明的价值无政府状况的背后，有着一个'共同的神圣的第一因'，'诸有限精神与那一无限精神的根本而个别的同一'"④。可是，信念总归是思想层面的东西，历史主义所伴随或引发的历史乐观主义、历史相对主义、历史过程主义与价值合理主义全都要以现实的历史为依托。但是，在历史主义这里，历史被赋予了太多的特殊性与不可比较性，为了保证这种个体主义不受干扰，所有

---

① 转引自〔美〕伊格尔斯：《德国的历史观》，彭刚等译，译林出版社2006年版，第141页。

② 〔德〕德罗伊森：《历史知识理论》，胡昌智译，北京大学出版社2006年版，第100页。

③ 〔美〕伊格尔斯：《德国的历史观》，彭刚等译，译林出版社2006年版，第238页。

④ 〔美〕伊格尔斯：《德国的历史观》，彭刚等译，译林出版社2006年版，第239页。

的德国历史主义者都相信历史中存在着一种神秘理性。在这种意义上，凡是历史的，一定是最好的。质言之，在历史主义这里，事实判断和价值判断本质上是一致的；但是，在特勒尔奇这里，历史主义危机最先通过神学层面得到了暴露。

  作为一名新教家庭的孩子，特勒尔奇似乎终生都没有摆脱对新教神学的信仰。然而，或许是其父亲很早就让他接触并熟悉自然科学的缘故，特勒尔奇不得不在思想深处对宗教信仰与科学知识之间的关系进行思考，这使得他在青年时期就意识到了基督教信仰与自然和历史之间的某种鸿沟。在自然科学的意义上，特勒尔奇保持了自我，在他看来，"自然科学的确摧毁了旧的神人相类的对于上帝之劳作的观念，然而这些条件对于宗教信仰而言并非至关重要，而且经常被那些企图寻求一种更加深刻的上帝观念的人们基于宗教的理由而提出质疑。……特勒尔奇以新康德主义的方式所乐观地预设的意识的普遍结构，似乎就表明了某种超验的宗教先验性在形形色色的宗教体验中的存在，这正对应于主宰着审美判断、道德判断和逻辑判断的那种先验性"①。可是，在社会科学（尤其是历史学）方面，特勒尔奇似乎有点不太乐观，他清楚地看到："历史是一个无限多样性与特殊性的领域，是一个常新结构无限流动的领域。在这里，一切都曾存在过，但没有任何东西像另外一个东西那样存在过。历史学习惯于观察和架构的无限多样性，对每一主体而言都是不同的。它揭示每一种思考的历史局限性，哪怕是纯粹理性最大胆的思考也具有历史局限性。因此，……历史不利于那种以适用于每一个体的普遍概念来把握现实的现代趋势。尽管历史中不乏有益的教诲，尽管它全力增强爱国主义情感，提供现实的事实意识，历史学最终还是在反理性主义的深思和贵族式的个人主义意义上展开，即在命定智慧的层面上展开，这种智慧处处寻求并崇敬伟大，但却顺从人类生活深奥莫测和不可猜度的多样性，

---

  ① 〔美〕伊格尔斯：《德国的历史观》，彭刚等译，译林出版社2006年版，第242页。

犹如顺从惨淡的命运。"[①]这足以说明，在特勒尔奇这里，信仰和知识之间的矛盾鲜明存在，他似乎也表明了这样一个矛盾的思想：一方面，我们固然也要相信自然科学的真理；但是在另一方面，历史中存在着太多的深奥莫测和纷繁复杂，这如何能让我们把握并实现那种崇高而恒久的生存智慧？这便是他探讨历史主义危机的问题背景。

作为"第一个吃螃蟹的人"，特勒尔奇鲜明提出了历史主义的危机：一方面，基于史学及其历史主义原则，特勒尔奇对历史相对主义有足够的自觉，他也据此对历史相对主义做了很多深入阐释。另一方面，他已经看到，相对化的历史研究给绝对信仰造成了危机，即："历史批判从多方面改变了福音和基督教义描绘的教会信仰图像，将这幅图像过分人性化，并增加了许许多多批判的困难。由此便产生了更具有普遍意义的困难，即如何将永恒真理写入历史事实并直接从宗教上给予解析。"[②]实事求是地说，特勒尔奇的问题意识非常精准，它意味着，个体化、多样性、相对化的历史知识能否给我们织就一幅信仰的图画？更困难的是，世界宗教并非只有基督教一种，除了基督教以外，世界其他地方还存在着另外一些宗教性生活关联体，它们各自拥有自己的救主和原型。从历史相对主义角度讲，我们不可能对其合理性加以否定，那么，这种不同信仰之间冲突又如何协调？它是不是意味着我们又要回到黑格尔那种世界历史的宏伟计划中去对信仰的体系进行重新架构？

遗憾的是，特勒尔奇最终选择了回到基督教本身。他信心满满地指出："对于我们的生存圈来说，体现和直接展示于先知学说和耶稣身上的宗教信仰、以耶稣为出发点的更高的人类精神，永远是我们在上帝身上可以找到的和我们能确定的生活之最深刻、最强大的源泉。我们感觉到自己伫立于上帝面前，站在耶稣放射出的巨大光环之中，我们的任务只

---

① 〔德〕特勒尔奇：《基督教伦理与现代》，朱雁冰等译，华夏出版社2004年版，第57页。

② 〔德〕特勒尔奇：《基督教伦理与现代》，朱雁冰等译，华夏出版社2004年版，第278页。

是遵循着这条为我们规定的途径,在我们被上帝把握住之后,实实在在地经历和把握上帝。在这一点上,我们不可产生迷误,尽管在神性的世界生活中可能还存在着另一些光环,这些光环有着另一个光源,或者在人类的未来时代……也许从神灵生活的深层将形成新的同样的光环。"① 源于这种神学意义上的自信和终极关怀,特勒尔奇颇为自信地指出:"那些超越我们的观察和思想能力的东西实际上并不一定会妨害我们,从理论上看,我可以说:只要它自身是真实的,便不会削弱当今的任何生活真理,假如后者已经在现实中被验证是这样一种真理。"② 由此,我们不难发现德国历史主义背后的神学质素,而这恰恰是他们用以弥合理性与非理性、信仰与历史、绝对与相对之间裂痕的一个经常性手段。

对于特勒尔奇,伊格尔斯有一个十分贴切的评价,他说:"特勒尔奇从未抛弃过他的基督教信仰,然而这对他而言却越来越成为疑问。他在开始时是要在永不止息的历史之流中寻求宗教的确定性,后来却日益变成了对于任何牢固的伦理价值的寻求。"③ 问题似乎是这样,在特勒尔奇这里,尽管他不否认自然科学和社会科学对信仰提出的新挑战,他也意识到历史相对主义似乎侵蚀了基督教的绝对信仰,但是,像兰克、黑格尔或者很多基督教徒一样,他也相信上帝存在于历史之外,却又在历史中自我显现,在这种意义上,历史学无法对信仰造成根本的挑战。

(三)晚期历史主义

尽管梅尼克要比特勒尔奇早出生三年,但是,这并不妨碍我们将两

---

① 〔德〕特勒尔奇:《基督教伦理与现代》,朱雁冰等译,华夏出版社2004年版,第281页。
② 〔德〕特勒尔奇:《基督教伦理与现代》,朱雁冰等译,华夏出版社2004年版,第281页。
③ 〔德〕特勒尔奇:《基督教伦理与现代》,朱雁冰等译,华夏出版社2004年版,第241页。

人做分类处理。在我们看来，尽管特勒尔奇对历史主义危机的诊断很见功力，但是，他解决问题的方式却是中世纪式的。与特勒尔奇不同，梅尼克尽管也意识到了信仰和权力、权力与道德之间的危机，但是，他最后回到了德意志的民族性来寻求解决这类矛盾的可能性。

其一，二人对历史主义危机的定性不同。在特勒尔奇这里，历史主义危机主要表现为绝对的宗教信仰和有限的历史知识之间的矛盾；而在梅尼克这里，历史主义危机主要表现为特殊的国家权力（尤其是俾斯麦所顺从的"小德意志方案"）与欧洲自由主义价值观念之间的冲突，这种冲突的实质就是"德意志道路"的特殊性问题，其事关魏玛共和国的成立及其被解构以及德意志第三帝国与德国自身文化传统的内在关系。所以，与特勒尔奇那种关于宗教信仰与历史知识的理论性讨论相比，梅尼克似乎更注重德国历史主义所关涉的政治性和军事性，在此意义上，他的确"痛苦地认识到德国不仅在政治上而且在哲学及历史学学术发展上都走过了一条错误的道路"①。

其二，二人对基督教信仰的程度有所差异。正如伊格尔斯所指出的那样，尽管梅尼克受教于西贝尔、特赖奇克和德罗伊森等人，但是，他没有像这些前辈一样对德国的君主制，尤其是对于德国对欧洲其他国家以及自身的反犹主义错误，进行保守主义辩护。在他看来，这些问题并不是德国独有，在民族国家纷纷独立的世界性浪潮中，德国成功实现了由"文化民族"向"国家民族"的转变。在这种逻辑的背后，"它的基本假设是兰克和普鲁士学派对国家和民族的'实在——精神性的'特质的信念，是这样的信仰：每一个民族或国家都是一种个体，其外在形式反映了某一个体化但却是实在和永恒的观念"②。可以看出，在区别于特勒尔奇的意义上，梅尼克已经不是用历史之外的基督教义为德国辩护，而是选择了颇具历史现实性的德国精神来自我辩护，正是在这个意义上，他

---

① 〔美〕伊格尔斯：《德国的历史观》，彭刚等译，译林出版社2006年版，第263页。
② 〔美〕伊格尔斯：《德国的历史观》，彭刚等译，译林出版社2006年版，第269页。

最终将歌德奉为德国历史主义的典型。

实际上,梅尼克要协调的是"对普鲁士国家与俾斯麦的解决之道的信念与20世纪的社会和(首要的是)国际现实"①。为此,他的历史主义更像一种现实主义,或者是一种从现实出发向后回归的历史主义,这种历史主义体现着莱布尼茨的单子论以及对这种单子论的神正论辩护,所以,他完全相信,"在国家的实力利益和道德原则、在民族主义的发展与个人自由的发展之间并不存在什么根本性冲突"②。基于此,他认为,魏玛共和国的民主制和议会制并不符合德国自身的传统,当然,正是因为它违背了德国国家理性的历史主义原则,所以,对其倒也不必过于惊慌。在他看来,只有在1914年8月,德意志民族才真正实现了团结,他动情地写道:"(1914)年8月3日,我体验到了……我生命中最美好的片段之一,它猛然间恢复了我对我们民族的深厚信心。……我二十年来所忧心、企盼和希冀的东西就这样实现了。……今天(1944年)我已步入暮年,在三十年的惨痛经历后,在我们民族生命所遭受的进一步的解体、分化和最终的暴力之后,我仍然要肯定站在《弗莱堡时报》通过栏前面时打动了我的那种情感。"③可是,这种情感又是什么呢?它或许是一种纯粹的爱国主义和民族主义,或许是一种对历史理性和国家理性的自信心和希冀心,抑或德意志民族主义和国家权力联姻之后所产生出来的恶的现实性。但是,他依然相信,人类历史是一个虽然缓慢却又总体上升的过程,现实的政治和军事的残酷性必然要让位于一种更高的人道主义。为此,他强调,"当我们的文化在这些命运攸关的日子里被完全动员起来为国家效劳时,我们的国家、我们的实力政治和我们的战争,不知不觉地就在效劳于我们民族文化那些最为崇高的价值"④。

---

① 〔美〕伊格尔斯:《德国的历史观》,彭刚等译,译林出版社2006年版,第241页。
② 〔美〕伊格尔斯:《德国的历史观》,彭刚等译,译林出版社2006年版,第271页。
③ 转引自〔美〕伊格尔斯:《德国的历史观》,彭刚等译,译林出版社2006年版,第274—275页。
④ 转引自〔美〕伊格尔斯:《德国的历史观》,彭刚等译,译林出版社2006年版,第276页。

在最终意义上，梅尼克和特勒尔奇似乎殊途同归。特勒尔奇不相信自然科学和社会科学会对信仰造成最终冲击和抵消，梅尼克则是在意识到权力与道德、自然和精神冲突的情况下依然在想象它们之间某种新和谐，并且，政治人物可以为这种和谐发挥作用。在这种希冀的背后，梅尼克其实希望让权力服从于道德，而不是让其走向野蛮，说到底，这是国家理性的内在要求，关键在于发现这种要求。

尽管路径和问题不同，但是，我们在梅尼克身上似乎又看到了霍布斯、兰克、黑格尔、莱布尼茨等很多人的影子，在这些人身上，历史的同一性似乎是个挥之不去的影子。因此，在回到西方思想史传统的意义上，梅尼克确信，必须对权力的道德属性进行探讨并采取解决方案，或正如伊格尔斯所指出的，"被德国历史主义和唯心主义哲学所割裂了的德国思想与西方以及与基督教和自然法传统的关系，必须重新建立。因为不管是西方形式中的自然法理论，还是德国历史主义，都未能有效地遏制'国家理性的现代扩张'。西方思想的失败，是因为它没有能力构想被抽象看待的政治伦理与政治生活的具体显示之间的任何有机联系"①。所以，既然历史主义是西方思想自身发展的问题，那么，作为一个身处约束环境中的德国又能做些什么呢？

梅尼克的自相矛盾性在于，一方面，他看到了普遍而纯粹并且具有某种绝对道德命令的极端重要性；但是另一方面，他又对个体性和发展性充满了敬意。在这层意义上，他又似乎在拒绝康德式的道德律令，因而，他只能以某种拒斥同一性哲学的语气指出："在有着普遍约束力的道德法则中，人身上的神性的因素就以一种纯粹的、不带任何杂质的方式向他发话。在个人的伦理中，他能够听到它和自然低沉的声音。……因为生命不是别的，而是心灵与自然那无法解释的结合，二者偶尔连在一起，却又是根本分离的。"②在此，我们看到了悠久的德国思辨历史主义传

---

① 〔美〕伊格尔斯：《德国的历史观》，彭刚等译，译林出版社2006年版，第283页。
② 转引自〔美〕伊格尔斯：《德国的历史观》，彭刚等译，译林出版社2006年版，第284页。

统的再次生长。

那么，究竟是什么助长了国家、权力、政治、民族、军事等个体性方面的恶的因素呢？在梅尼克看来，这似乎是一种自然理性，这种合理性的考量主要与这些个体性原则所要实现的自身利益有关，尽管这种利益有时候会导向错误。他认为："当政治家将国家利益置于所有其他的道德考虑之上时，从某种个体化的伦理来看，他依旧是在道德地行动着的。"① 因此，关于个体与整体、道德与权力之间的同一性关系，梅尼克并不是没有关注，而是将其危险性和破坏性最终构架于对个体的某种神性论证之上。于是，梅尼克时而是个体主义的，时而又是整体主义的，时而是二元主义的，时而又是一元主义的。因此，较之于孔德、斯宾塞和兰普雷希特的那种实证主义史学，梅尼克似乎更在乎观念史，他相信，我们可以以经验性方式对个体的发展轨迹进行历史性描述，但是，在更深的层次和更为根本的方面，我们应该相信个体内在的、本质的甚至某种超验性的理性，只有在这个层面，我们才会避免相对主义。正是在这个意义上，梅尼克想要宽容德国在帝国年代所犯的错误，在一种更为根本的意义上，他说："只有在人们不仅要以他的理性和意志，而且也要以他全部的内在自我来与自然进行最初的斗争时；只有当他践行一种更高意义上的价值时，也即，只有当他为着善和美本身的缘故而行善或美，或者为着真理而追求真理之时，我们才谈得上与文明相对而言的文化。"②

需要注意的是，梅尼克所提到的"内在自我"与"文化"两个概念十分重要。这是因为，其所谓的"内在自我"鲜明地表现了历史主义的个体主义和相对主义原则，他依然在借助这种原则来对抗古老的自然法和启蒙的理性主义；其所谓的"文化"（Culture 或 Kultur）其实是一个动词，它表达的是个体自身的生长性，这种个体性分有着总体性，但是又

---

① 〔美〕伊格尔斯：《德国的历史观》，彭刚等译，译林出版社 2006 年版，第 285 页。
② 〔美〕伊格尔斯：《德国的历史观》，彭刚等译，译林出版社 2006 年版，第 289 页。

不是自身，其代表着一种抽象与具体的综合，其历史便是对这种综合及其所体现的积极性与消极性的最好印证。在他看来，如果对历史有足够的自信，我们大可不必对其所犯的错误过度忧虑。

所以，在最终意义上，梅尼克又回到了兰克的那种历史客观主义，当然，这种客观主义绝不等于客观的史料考证和叙述，而是对时代精神和上帝之手的重视。在梅尼克看来，尽管歌德将历史主义推向了巅峰，但是，歌德的背后是兰克，原因是，在兰克这里，"我们再次触及到所有历史下面伟大的神秘事实，亦即同一个现象既完全是个体性的和不可模仿的，然而又是一个普遍联系的部分"①。当然，若是要继续向前追溯，梅尼克还认为，历史主义源于柏拉图主义，它对理念世界的信奉和追求似乎具有天然的合理性，柏拉图主义、斯多葛主义、新教精神对历史主义的形成产生了持久的滋养作用。在此背景下，历史主义以理念与现实相结合的特有方式复现了这种历史联系，它跳过或者说摆脱了启蒙的机械主义因果观，这便是梅尼克赞赏歌德那种既能够理解个体、又能从永恒的观点来考察个体的原因。

在后期历史主义这里，无论是特勒尔奇还是梅尼克，他们都意识到了历史主义所产生的相对主义问题，但是，他们克服相对主义危机的方式都是柏拉图主义式的。因而，他们既要肯定个体，也要肯定与之相联系的整体，正是因此，梅尼克才会认为纳粹主义不是历史主义的合理化产物，而是对国家理性背离的结果。正如伊格尔斯所言："弗里德里希·梅尼克从未完全丧失掉他对于权力的积极性质、对于德国之过去的伦理价值和历史之具有意义的信念。"②说到底，在晚期历史主义这里，德国的唯心主义传统依然在发挥着强劲的作用。

---

① 〔德〕梅尼克：《历史主义的兴起》，陆月宏译，译林出版社2009年版，第554页。
② 〔美〕伊格尔斯：《德国的历史观》，彭刚等译，译林出版社2006年版，第241页。

三、历史主义与相对主义的弥合

基于上述梳理,我们不禁想问:历史主义是不是必然导致相对主义?对此问题,近世西方的思想界似乎有两类截然不同的答案:一种观点认为,在盎格鲁-撒克逊传统中,这个问题是成立的。在此方面,奥地利经济学家门格尔和施莫勒围绕经济学方法的历史主义争论、史学家兰普雷希特和梅尼克基于《历史杂志》所展开的历史知识的相对主义争论,似乎都表明了这一问题的"硬核式"存在,这也因此成为伊格尔斯和安柯斯密特要专门讨论此问题的思想背景的学术根由。在另一种意义上,尤其是在日耳曼的新教传统中,这个问题也得到了某种集体性甚至连贯性重视。但是,在最终意义上,德国的史学家和史学理论家都不承认历史主义会产生一种消极甚至是邪恶的相对主义。我们的问题是,在跳出这两类或此或彼或者非此即彼的争论的意义上,历史相对主义有没有其他解决方案?马克思的唯物史观能否为此问题的解决提供某种科学性解释?这或许是我们在本专论需要深入讨论的问题。

当然,要想把问题讨论清楚,分类或许是一个较好的办法。根据沃尔什的分析,在19世纪之前,纯粹意义或者说知识论上的历史学并不存在。原因是,按照笛卡尔、培根和康德等人对知识的非形而上学界定,只有物理学和数学才是真正的科学,一门研究要称得上是科学,除了要有稳定的研究对象之外,其自身也要具有某种普遍性和共通性的知识图景,但是,由于关注的是流动不居的个体,历史学似乎很难纳入到科学主义框架下来定性。因而,从兰克开始,历史学的科学性问题始终就在争论,在此意义上,伊格尔斯才专门撰文分析了德国和美国所存在的两种兰克形象。① 当然,对历史学的科学性的质疑同样延伸到了历史哲学方

---

① 〔美〕伊格尔斯:《二十世纪的历史学:从科学的客观性到后现代的挑战》,何兆武译,山东大学出版社2006年版,第154页。

面,沃尔什也因此指出:"在德国和意大利,历史知识的问题已经激发起来而且继续在激发着一股强烈的兴趣;而在大不列颠却出奇地没有觉察到它们。"① 为此,沃尔什又一次回到了黑格尔对"历史"一词的双重界定上去,并进而提出了关于"思辨的历史哲学"和"批判的历史哲学"的经典区分,它也因此成为我们分析历史主义与相对主义问题的学理依据。

(一)科学主义与历史相对主义

在《唯物史观与当代历史主义》一书中,我们曾对科学哲学中的历史主义进行过专门梳理。我们认为,当经验性科学以归纳主义和实证主义为科学寻求普遍逻辑基础的时候,科学主义得到了较大的巩固。但是,作为其批判者和对立面,历史主义力求通过对特殊的非理性事物的研究来寻求历史自身的理性,在此,科学主义和历史主义分享了一个共同前提,即都力求寻求各自的科学基础,只不过,前者侧重于自然发现和科学实验,力求揭示自然世界的发展规律;后者侧重于历史考证和事实之间的逻辑联系,其力求揭示社会事件和历史各个时代发展的内在规律。近代的自然科学和历史科学就是在这种既相反相成、又相辅相成的格局中演进的。②

为避免重复,本部分不打算一般地讨论历史主义和科学主义的关系,而是重点分析科学主义中的历史主义和相对主义的关系,其核心问题在于分析"历史学的科学性"以及"相对化的历史叙述模式如何确保历史学的科学性"问题。应该说,此两类问题尽管有密切的相关性,但是,后一问题更为根本,也更符合本专论需要,我们拟做进一步的展开。

首先,从大的方向说,科学主义和历史主义是两种本体论立场。

根据科学主义观点,只有能被科学证实的知识才是具体可靠的客观

---

① 〔英〕沃尔什:《历史哲学——导论》,何兆武译,广西师范大学出版社2001年版,第2页。

② 参见焦佩锋:《唯物史观与当代历史主义》,人民出版社2019年版,第256页。

知识。与之相仿，历史学也承认客观知识的存在，它也自信通过历史搜寻、古物考证和史料的编辑整理的知识是一种客观知识。这就是说，科学主义和历史主义都需要以客观知识作为支撑，科学知识和历史知识存在兼容性。

例如，科学史的研究也是实现科学革命的一种方式（如库恩），对证伪方法也是揭示新的科学知识的一种方式（如波普尔）。但是，在历史主义看来，"一个事物的本质（或本体）只能通过研究其历史来确定"①。也就是说，只有历史性知识才是真正的知识，这种知识与实验技术所得来的知识有明显的不同。历史知识是一种关于过去的知识，它固然需要一些必要的技术手段进行年代和文物考古；而科学知识是一种关于当下的知识，它固然也需要进行长远的历史追溯，但是，技术性、实验性、统计性的手段是主要手段，而且，较之于历史主义那种对于特殊性的强调，科学主义要排斥这种特殊性，既然科学的东西一定是普遍有效的东西，它所要揭示和表现得是事物的本质性的特性和功用。

又如，水在加热到100°的条件下必然会沸腾，这绝不是个历史事实，而是个物理学事实，即便是我们从古至今都关注并记载过水的沸腾，但是，历史学家显然不会提出"沸点"的概念，在这个意义上，历史学的知识往往是一种外在性知识，它不会深入到事物内部。而按照赫尔德、兰克和梅尼克等人的历史主义，他们恰恰对历史事物的内在性保持了一种神秘化的敬畏，这也因此成为历史相对主义产生的原因。

安柯斯密特指出："历史主义，……是德国的发明，其在德国之外的扩散从来就不是轻而易举或自发的。在盎格鲁知识界中，对历史主义的抵制从来都是很强的。"② 实际情况是，"盎格鲁-美利坚思想似乎一起受到某种智力防护层的保护，与历史主义之间没有任何真正意义上的互动，

---

① 〔荷兰〕弗兰克·安柯斯密特：《历史表现中的意义、真理和指称》，周建漳译，译林出版社2015年版，第3页。

② 〔荷兰〕弗兰克·安柯斯密特：《历史表现中的意义、真理和指称》，周建漳译，译林出版社2015年版，第4页。

从而只有某种'轻型'的历史主义得以进入盎格鲁-美利坚人的心灵"①。在构建历史科学的意义上,英美学界更多移植的是德国历史主义客观化的研究方法,而不是其历史观念论,这便是伊格尔斯所谓的美国与德国存在两种兰克形象的事实依据。

其次,历史主义与科学主义并不是一种僵硬的对立。

尽管历史主义推崇相对性历史知识,但是,这种知识也可以从综合的意义上复现出某种关于历史的科学理解,所以,我们同意卡西尔对于二者关系的一种辩证判断。卡西尔指出:"如果我们想要阐述这一(科学和史学思想间的)区别,仅仅指出科学家与当下对象相关而史学家与过去对象相关是不够的。这样的区分是误导性的。科学家完全可以和史学家一样思入事物的遥远起源……各种历史性对象并无分裂与自足的实在,它们具体呈现在物理对象中。尽管历史对象如此呈现,但它们可以说隶属于更高的维度。我们所说的历史感并不改变事物的样子,也不是在事物中探测出新的性质。但它给予事物和事件一个新的深度。如果科学家想要追溯过去,他并不运用什么概念或范畴,而是借助于他的当下观察。他研究过去所留下的物质遗存。史学也得从这些遗迹入手,因为,离开这些没法下手。但这只是最初和基本的任务。史学在这一事实性经验重建之上添加象征性重建。"② 在此,卡西尔显然没有僵化地对待历史主义与科学主义,在他看来,历史现象也是一种物理现象,历史知识能够拓展和深化我们对事物之本质的理解,并且,所谓的客观事物和客观知识并不是静静地摆在那里等我们去发现,而是需要我们借助各种科学手段去不断地发现和重建。

因此,科学需要史学,史学也需要科学,科学本身也就是个历史事件,至少,对科学现象的综合性观察和记载也是科学不断进步和变革

---

① 〔荷兰〕弗兰克·安柯斯密特:《历史表现中的意义、真理和指称》,周建漳译,译林出版社 2015 年版,第 5 页。

② 转引自〔荷兰〕弗兰克·安柯斯密特:《历史表现中的意义、真理和指称》,周建漳译,译林出版社 2015 年版,第 3 页。

的雄厚基础。反过来说,史学也不仅仅是对事件的描述和记载,真正能够打动人性并能给人以启示的历史一定是赫尔德和德罗伊森所谓的那种"共通人性"意义上的历史。所以,历史学可以是史料学,但不直接等于史料学,毕竟,人是历史活动的主体,人与自然的关系和人与人的关系是自然科学和历史科学得以分化、展开和发展的基本问题背景,如果抛开这个单纯地寻求自然和历史、科学主义和历史主义的对立,那么,我们或许会走向一种消极的历史主义乃至虚无主义。

(二)形而上学与历史相对主义

我们之所以在形而上学的意义上讨论历史相对主义问题,主要是因为,在历史主义整个谱系中,形而上学的因素乃至神秘主义路数从未缺席。

在赫尔德这里,尽管他在借助"内在本性"来讴歌语言、民族和人性等多样性及其历史性,但是,在最终意义上,他依然表达了一种对神义的信仰。他说:"即便全部的历史对你而言只是一座迷宫,布满千百条通途、千百条绝路,这迷宫仍然是'神的宫殿',造它是为了神的目的、可能也为了神悦目,但却不是为你!"①

在兰克这里,尽管他也反对对历史进行直线式、进步式评价,甚至于认为历史就是一条按照自己的方式奔腾不息的浩荡长河,但是,他依然动情地写道:"我认为,万物的造主俯瞰着整个人类的全部历史并赋予各个历史时代同等的价值。启蒙历史观虽然有些道理,但是应该认识到,在上帝面前,各个时代的人是权利平等的。历史学家必须这样去观察事物。"②

在特勒尔奇这里,他固然也看到了历史方法渗入神学并对普遍信仰造成的威胁,但是,他更愿意相信这是件好事,在改变了教义学方法的基础上,历史学的方法似乎在更大范围内促进我们的信仰,会让我们

---

① 〔德〕赫尔德:《反纯粹理性——论宗教、语言和历史文选》,张晓梅译,商务印书馆 2010 年版,第 14 页。

② 〔德〕兰克:《历史上的各个时代》,杨培英译,北京大学出版社 2010 年版,第 8 页。

"更加无拘无束、更加自由地在历史之中观看上帝之庄严威仪"①。

在梅尼克这里,尽管军国主义、"国家社会主义"违背了德意志民族的国家理性,尽管他对此问题进行了泛欧化的反思和解释,并且,他似乎也愿意让德国继续回到欧洲传统之内来重新赢得尊重与权力,但是,他的方案依然体现了某种关于历史的形而上学想象,即:"我们在灵魂上必须重加安排的领域,也已经为我们规定好了。那领域就是德国精神的宗教和文化。"②这便是他最后要回到歌德那里去为德意志的民族性寻求慰藉的原因。

大体可见,德国历史主义从未放弃对于历史的形而上学理解,当然,在不同的历史主义者那里,这种情愫往往有直接和间接、或明显或隐晦之区别。也就是说,德国历史主义表面上的相对主义(哪怕是积极的相对主义)背后都有一个本体论悬设,并且,在一种类似于上帝主宰历史个体及其过程的意义上,这种相对主义其实倒也似乎不会产生什么危害性。在此意义上,一方面,我们可以看到,历史主义在扯启蒙的后腿,或者说,它是在用被启蒙所批判的东西来批判启蒙,这也迫使我们思考:历史主义对上帝的信奉以及据此展开对启蒙的理性主义和人道主义的批判究竟是启蒙自身的问题还是历史主义独有的问题?对此,我们倾向于认为,这似乎是整个启蒙传统自身的问题,因为启蒙不是法国一家的事情,而是整个近代欧洲工商业文明得以可能的一个思想条件,或者说,启蒙在法国是激烈而彻底的(当然,我们也不能忽视德·迈斯特对法国大革命恐怖暴政的保守主义反思和批判),但在德国并不是这样,历史主义在为德意志的民族性和日耳曼特殊性进行辩护的同时并未对法国、英国和美国的实证主义、经验主义和实用主义思想文化产生根本的冲击和改造作用。另一方面,历史是不是需要一个形而上学基础?历史自身是不是存在某种康德意义上的"物自体"?是不是存在某种亚里士多德意

---

① 〔德〕特勒尔奇:《基督教伦理与现代》,朱雁冰等译,华夏出版社2004年版,第116页。

② 〔德〕梅尼克:《德国的浩劫》,何兆武译,商务印书馆2012年版,第143页。

义上的"隐德莱希"？抑或是，历史是否存在如斯多葛学派所言的那种关于历史的形而上学设想？如果没有这类的东西，历史主义是不是必然产生相对主义，并且是一种我们无法接受的相对主义？

  在历史主义传统之内，上述疑问始终没有得到彻底解决。对于历史主义来说，天然存在两个自相矛盾的问题：一个是，历史必须关注确定化的个体以及个体化的知识，这也是客观历史主义得以可能的一个知识论基础，但是，在历史知识的准确性问题上，史学家和思想家们似乎从来都是争议不断。由于历史所要追溯和复现的素材从来都有时空隔断，即便是历史的当事人也不一定能够准确地阐释所经历的历史事件的意义与价值。在"历史"一词的基本涵摄之中，主观性和客观性从来都是一对密不可分却又相互对立的关系，所以，相对主义是历史主义天然的伴生物。另一个问题是，尽管从个体性入手，但是历史主义最终都要走向普遍主义，在此，我们既要从个体自身的逻辑中把握个体历史的整体性，也要从个体之间的关系中去把握另一种历史的整体性，可是当我们在这两种意义上去把握整体性和普遍性的同时，我们又似乎违背了历史主义对个体价值的存在论认可，这种自我悖反是历史主义必须以某种形而上学原则作为本体论预设的根本原因。

  在上述意义上，我们需要引证意大利史学家安东尼对历史主义的一种总体性评价。他说："历史主义试图理解过去，理解过去的制度、信仰和创造并为之辩护，这种努力使得历史主义走到了历史相对论和虚无主义的边缘，一切原则都可能在怀疑论中消解；但历史主义也试图在事件和思想的运动中把握某种深刻的历史理性，一种合理而必然的演变趋势。于是它取代了过去的形而上学和神学，成为一种奉历史世界为神圣的哲学，这种哲学认为人类在本质上是内在于历史中的，它赞美人类思想在历史中的成就，因为这些成就本身便具有绝对价值。总之，历史主义成为了某种现代人道主义，同时也成了某种历史宗教。"① 据此，我们或许还

---

 ① 〔意〕安东尼：《历史主义》，黄艳红译，格致出版社、上海人民出版社2010年版，第12页。

可以进一步想象,当历史本身被做成绝对价值并且具有某种神圣性之后,历史主义能不能逃离某种形而上学的窠臼?答案或许是肯定的。这是因为,历史主义太注重历史本身,而忽视了使历史得以可能的其他丰富复杂的外在因素。在这种意义上,我们甚至看到了古代的斯多葛主义和德国的新教精神在历史领域的某种复活,而当其与语言、法律、民族、权力等因素结合时,其必然催生出某种排他主义结果。

(三)马克思主义与历史相对主义

从表面上看,马克思主义似乎并未否认历史相对主义。例如,在创立唯物史观之际,尤其是在阐述现实的个人的本质问题时,马克思和恩格斯共同指出:"个人怎样表现自己的生命,他们自己就是怎样。因此,他们是什么样的,这同他们的生产是一致的——既和他们生产什么一致,又和他们怎样生产一致。因而,个人是什么样的,这取决于他们进行生产的物质条件。"① 在阐述物质条件的相对性时,他们又指出:"历史不外是各个世代的依次交替。每一代都利用以前各代遗留下来的材料、资金和生产力;由于这个缘故,每一代一方面在完全改变了的环境下继续从事所继承的活动,另一方面又通过完全改变了的活动来变更旧的环境。"② 在阐释意识的相对性时,他们指出,意识本身没有自己的历史,"语言也和意识一样,只是由于需要,由于和他人交往的迫切需要才产生的"③。"占统治地位的思想不过是占统治地位的物质关系在观念上的表现,不过是以思想的形式表现出来的占统治地位的物质关系;因而,这就是那些使某一个阶级成为统治阶级的关系在观念上的表现,因而这也就是这个阶级的统治的思想。"④ 这充分说明,在以物质生活条件为存在论基础

---

① 《马克思恩格斯文集》第1卷,人民出版社2009年版,第520页。
② 《马克思恩格斯文集》第1卷,人民出版社2009年版,第540页。
③ 《马克思恩格斯文集》第1卷,人民出版社2009年版,第533页。
④ 《马克思恩格斯文集》第1卷,人民出版社2009年版,第551页。

的前提下，马克思主义从来都主张对历史进行相对主义理解，并且，这种理解是一种积极的理解，否则，我们就会犯脱离历史实际，在历史之外叙述历史的错误。

在政治经济学批判时期，马克思又一次鲜明地表达了对历史的相对主义理解，即："不是人们的意识决定人们的存在，相反，是人们的社会存在决定人们的意识。社会的物质生产力发展到一定阶段，便同它们一直在其中运动的现存生产关系或财产关系发生矛盾。于是这些生产关系便由生产力的发展形式变成生产力的桎梏。那时社会革命的时代就到来了。随着经济基础的变更，全部庞大的上层建筑也或慢或快地发生变革。在考察这些变革时，必须时刻把下面两者区别开来：一种是生产的经济条件方面所发生的物质的、可以用自然科学的精确性指明的变革，一种是人们借以意识到这个冲突并力求把它克服的那些法律的、政治的、宗教的、艺术的或哲学的，简言之，意识形态的形式。我们判断一个人不能以他对自己的看法为依据，同样，我们判断这样一个变革的时代也不能以它的意识为依据，相反，这个意识必须从物质生活的矛盾中，从社会生产力和生产关系的现存冲突中去解释。"① 在这段关于唯物史观的权威性论述中，马克思依然是从包含着内在矛盾和冲突的具体的社会物质条件去解释社会历史和意识形态的变革。

正是因为重视物质生活条件对于历史变革的基础存在论意义，所以，在1848年欧洲工人运动失败之后，马克思坦陈："1848年和1849年《新莱茵报》的出版以及随后发生的一些事变，打断了我的经济研究工作，到1850年我才能在伦敦重新进行这一工作。英国博物馆中堆积着政治经济学史的大量资料，伦敦对于考察资产阶级社会是一个方便的地点。最后，随着加利福尼亚和澳大利亚金矿的发现，资产阶级社会看来进入了新的发展阶段，这一切决定我再从头开始，批判地钻研新的材料。"② 恩格斯在

---

① 《马克思恩格斯文集》第2卷，人民出版社2009年版，第591—592页。
② 《马克思恩格斯文集》第2卷，人民出版社2009年版，第593页。

"卡·马克思《1848年至1850年的法兰西阶级斗争》一书导言"中也表达了与马克思同样的立场,他说:"历史表明,我们以及所有和我有同样想法的人,都是不对的。历史清楚地表明,当时欧洲大陆经济发展的状况还远没有成熟到可以铲除资本主义生产的程度;历史用经济革命证明了这一点,从1848年起经济革命席卷了整个欧洲大陆,在法国、奥地利、匈牙利、波兰以及最近在俄国刚刚真正确立了大工业,并且使德国简直变成了一个头等工业国——这一切都是以资本主义为基础的,可见这个基础在1848年还具有很大的扩展能力。"[1]可见,马克思和恩格斯都不是盲目地推崇历史进步主义和历史乐观主义,他们不相信历史背后的神秘主义原则,而是坚信历史的本质就在于历史之中,但是,他们只是分有了某种历史主义方法,而未接受德国历史主义的形而上学框架。他们自信,历史有其可以通过实证化研究并得以证明的科学基础而非德国意识形态家们所崇拜的神学背景和目的,这一点我们必须加以省察和辨明。

马克思与恩格斯在早年所提出的要构建"真正的历史科学"的主张其实并不是一棵"无花果树",也就是说,他们发现了历史自身的存在论本质,这便是马克思在《〈政治经济学批判〉序言》中所表达的"两个决不会"思想。马克思说:"无论哪一个社会形态,在它所能容纳的全部生产力发挥出来以前,是决不会灭亡的;而新的更高的生产关系,在它的物质存在条件在旧社会的胎胞里成熟以前,是决不会出现的。所以,人类始终只提出自己能够解决的任务。……任务本身,只有在解决它的物质条件已经存在或者至少是在生成过程中的时候,才会产生。"[2]只有在生产力以及基于此所形成、展开、演化、变革的生产关系和上层建筑的综合作用下,历史才获得了自己的动力机制和发展方向,它既解构了历史的形而上学基础,也廓清了德国历史主义谱系中那个颇具神秘性质的个体及其发展,从而赋予了历史研究一种积极的历史相对主义原则,也正是在这个意义上,自然史和人类史才会统一为一部历史。

---

[1]《马克思恩格斯文集》第2卷,人民出版社2009年版,第592页。

[2]《马克思恩格斯文集》第2卷,人民出版社2009年版,第540—541页。

专论四

历史主义与纳粹主义

　　（士兵）杀人放火是因为他被命令这样做，那么他就不是作为个人且依据个人想法行事，而是根据众多关系行事，这些关系一起形成他的自我，而且在他的良心中交织在一起。因此他的行为是源自一个更高自我……当他服从自己的更高责任时，他的内心就会安宁。当他的行为是全身心地为这一更高的普遍利益服务时，他就觉得自己超越了狭小的个人自我，仿佛他由于一个更高法则而变得崇高。

——约翰·古斯塔夫·德罗伊森

　　历史主义尽管并没有像德意志的政治强权、军国主义和种族主义那样直接助推并参与纳粹主义行动，但是，作为一股反自由主义潮流，它在纳粹主义诞生之前就收获了自己的成功，这不仅体现在其对德国自身历史、政治、经济和文化的特殊性进行了辩护，而且体现在其在观念论的高度对德意志民族的特殊性进行了内在化框定。正是在这个意义上，时任纳粹党《人民观察家》杂志经济版主编的汉斯·布赫讷（Hans Buchner）大言不惭地指出："纳粹主义就是要将被马克思主义切断理论线索的地方重新联结起来，就是要将被掩埋的德意志传统的国民经济理论——'历史学派'的理论——重新挖掘出来，那就是：经济并不是它自身的目的，它必须有效地适应国家生活的有机体。尽管这种德意志国民经济思想的发展一再受到阻碍，并经历了长期的荒芜，但在纳粹主义这里，它不仅赢得了它浪漫主义的接班人，而且也赢得了它始终如一的、合乎逻辑的、采取强有力措施的最为坚定的行动者！"① 质言之，历史主义与纳粹主义并不是一种直接的粘连，而是通过"历史＋民族主义、国家主义、历史目的论、特殊主义……＝德意志特殊性"的方式促成了纳粹主义的崛起，这便是我们考证二者关系的基本理由。②

由于笔者在前述专论中对历史主义与历史学派的关系进行了较为充分的阐述，为避免重复并增强针对性，本章拟对与纳粹主义思想本质相关的历史主义结合体和派生物进行一并阐述，以此实现对纳粹主义思想基础的一种综合性分析。

一、历史法学派

我们认为，包括历史法学派、历史经济学派、历史文化学派在内的很多历史主义流派都从属于为德意志民族主义进行辩护和巩固的思想盟军。也正是在符合历史主义原则的意义上，笔者认为，德国纳粹主义绝非凭空产生，而是近世欧洲民族国家浪潮冲击的一个必然的结果。在此背景下，整个历史主义其实就是要从历史的观念层面为德意志民族的"共同意识"和"共同信念"进行合法性论证。因此，在以萨维尼为代表的历史法学派这里，法律就应该是历史法，而不是理性法（如蒂堡），只有在这个意义上，法律才能达到表现与褒扬民族情感与民族意识的效应与目的。

---

① 李工真：《德意志现代化进程中的德意志知识界》，商务印书馆2010年版，第302页。
② 参见焦佩锋：《历史主义与纳粹主义的思想关联》，《中国党政干部论坛》2014年第10期。

（一）蒂堡

历史主义从诞生、发展到消亡始终在与各种理性主义和普遍主义进行论战，比较有代表性的如法学领域"萨维尼与蒂堡的论战"、经济学领域"门格尔与施莫勒的论战"、史学领域的"普鲁士史学派对兰克的批判"以及"兰普雷希特争论"等。总体来说，这些论战大体有两个共同点。

一个共同点是，都力求为德意志的民族意识和民族利益进行辩护。例如，蒂堡就其与萨维尼的争论明确声称："我们所追求的目的乃是一致的：我们都渴望拥有一个坚实的法律制度，以抵御任意专擅与伪善分分对于我们的伤害；再者，我们都寻求国族的统一与团结，专心致志于秉持同一目标的科学研究。为此目的，他们急切地渴盼一部法典，然而，这一法典只能给予德国以其所渴求的一般的统一与团结，而用比以前更为醒目的分界线，将另一半分割开来；我所思索和寻求的，乃是借由一种统一谐和、循序渐进的法理，找出适当的手段，而这可能才是整个国族所真正共通共有的。"① 另一个共同点是，论辩的双方都力求探讨各自所关注的问题本身的科学性和适用性问题。尽管萨维尼和蒂堡基于同样的目的来编撰德意志的国家法律，但是，萨维尼明确指出，尚不统一的德国并不具备制定统一性法典的能力，也不具备建构统一的德意志民法典的社会历史基础。实际上，任何新的思想潮流的出现都是社会争鸣的结果，也正是在这些争论中，历史主义的地盘得到了扩大。

1814年，蒂堡发表了一篇带有论战性质的文章，题为《论统一民法对于德意志的必要性》。在写作这篇文章的时候，统一的德意志尚未完成，但是其与英法等国之间的战争已经展开，所以，如何使德意志的各个邦国在法律问题上实现观念和现实的联合成为蒂堡与萨维尼等人共同

---

① 转引自许章润编：《萨维尼与历史法学派》，广西师范大学出版社2004年版，第81页。

的心愿。

在蒂堡看来，德意志历史形成的小邦并存的现实对他来说似乎也可以接受。但是，他主张，基于共同意识和共同利益，德意志各个邦国之间可以进行联合，只有在这种联合中，"个人特性有自由发展的空间，多元化能够得到无限的发展，臣民和统治者之间的关系更为亲密和生气勃勃。……如果一个小邦国得到了德行的教化，具有贤明的统治，并心甘情愿地接受本邦国的宪法，它就会拥有非常优秀的战斗精神和战斗力，……无论如何，德意志人不可以忘记，上述分裂状态是多么地适合于他们的特性，至少不应忘记，国家是如何发展成现在的格局的。处处存在着的矛盾固然可以联合起来而相互消耗，但它们也可以相互竞争从而进入到更高的情境，并且使得多元化和个性得以被唤醒和维持！通过这种多元化，德意志人始终能够在民族之林中占据突出的地位，但是，如果某个全能之人成功地将德意志民族塑造成一个完整的政治统一体，所有的一切都可能很容易地降格为平淡无奇和愚钝"[①]。可见，蒂堡也是一位民族情感比较浓烈的法学家，他也尊重历史形成的小邦林立的政治现实。但是，在构建"德意志政治统一体"的问题上，他的态度十分鲜明，在他看来，这不仅不会损害小邦的利益，反而会降低小邦之间的内耗，从而使它们从历史的睡眠中苏醒，进而为构建一个高贵、坚毅和大度的德意志民族而努力。

无疑，蒂堡就是那个为了德意志统一而不懈努力的人。对于那种"通过强硬命令重新建立早期杂乱无章的毫无条理的混乱状态"的机械做法，他持反对态度。他说："我的观点是，我们的民法需要一个彻底的、迅速的转变，只有所有的德意志政府团结一致，努力完成排除单个政府的恣意而适用于全德意志的法典的编纂，德意志人在市民观念上才有幸福可言。"[②] 基于这个观点，蒂堡发现，十分遗憾的是，德意志诸邦的很多

[①] 〔德〕蒂堡、萨维尼：《论统一民法对于德意志的必要性：蒂堡与萨维尼论战文选》，朱虎译，中国法制出版社2009年版，第8页。

[②] 〔德〕蒂堡、萨维尼：《论统一民法对于德意志的必要性：蒂堡与萨维尼论战文选》，朱虎译，中国法制出版社2009年版，第11页。

法典固然体现了质朴的日耳曼观念，或许它们也能在局部方面对于市民的法律问题有所帮助，但是从总体上讲，"它们不符合我们时代的要求，粗糙和短视的早期痕迹处处可见，绝不能够再作为统一的、无所不包的法典而有效适用，……在本族的特别制定法之外还存在各邦的规章，它们虽然常常对于具体制度做出了一些好的完善补充；但所有这一切通常仍只是谨小慎微的细节方面的完善，在整体上仍是一团乱麻。充其量只能认为，我们旧有的较为清晰的帝国制定法包含了诸如监护和程序这样少量的合理性规定；但是它们并非真正的法典，唯一的例外是加洛林王朝的法典，但必须承认它在当下的不合目的性，……因此，我们的本族法整体上是一团混乱，它们的规定互相矛盾、彼此否定、五花八门，这造成了德意志人之间的相互隔阂，并且使得法官和律师不可能对于法律有细致的认识"①。

为了克服上述问题，蒂堡认为，所谓的构建一部统一的德意志民法并不意味着直接搬用罗马法。他指出，虽然罗马法非常完备，但是我们并不清楚罗马人的法律观念，更何况整个罗马法汇编庞大而混杂，甚至说，它就是一个晦暗不明的可怕混合体，所以，"罗马法对于德意志有无限价值的只不过是它的注释部分，但究其根本，这只是因为它可以被作为范例，但绝非是因为制定法"②。关于罗马法对于德意志的适用性，蒂堡认为，除了在法律概念和语词上罗马法不能为德意志提供帮助之外，"罗马法真正的立法部分根本不适合于我们，即使人们认为它并不糟糕或者认为它符合罗马的民族精神。德意志人的意识总是趋向紧密稳定、节制以及简单明了；趋向合理的、合乎道德的、家庭的关系；趋向性别平等；趋向以友好和尊敬的方式对待女性，特别是母亲和寡妇；趋向政府在人们需要之时对于所有关系发挥明智有力的影响；趋向义务种类的简单明

---

① 〔德〕蒂堡、萨维尼:《论统一民法对于德意志的必要性:蒂堡与萨维尼论战文选》，朱虎译，中国法制出版社 2009 年版，第 12—13 页。

② 〔德〕蒂堡、萨维尼:《论统一民法对于德意志的必要性:蒂堡与萨维尼论战文选》，朱虎译，中国法制出版社 2009 年版，第 17 页。

了，但是另一方面，要通过具有良好组织的明确的国家机构来保护所有权和担保。罗马人的精神则完全不同。全部早期法律可归因于军事共和政体的男性中心、高傲和利己主义，以及一种军事的生硬和死板。这样便产生了一种前所未有的家父专制；所有母亲权利的缺乏；在继承顺位中对于女性的无情歧视；政府监督在监护事务中的几乎完全缺位；并且存在一切极端的倾向，即给所有的行为罩上严格形式的外衣，从所有方面限制契约，同时在涉及到对抗第三人的保护和对第三人的保护的地方，协作的国家机构的大量帮助并不存在"①。足可见，作为法学家的蒂堡并不是一个本本主义者。在他看来，罗马法固然包罗万象，但是也要对其区别对待，对于其适用性，我们要大方地承认并接受，而对于其不适应性，我们也应该态度明确，尤其是不能按照罗马法的语词概念来直接套用德意志的现实。

在反对直接搬用罗马法的同时，蒂堡也表达了对历史法学派的批评。在蒂堡看来，主张历史法、习惯法、实证法等人似乎并不在乎法律中那些生机勃勃的东西，他甚至以讽刺的语气说："实证的规定和历史的规定浩若烟海。市民通常将他们的幸福委托给法学家，但是法学家们只能勉强地死记硬背这些规定，但却从来对此进行有见地的领会。笨拙和胆小慎微由此产生，这令人怜悯，最后古老文献或判决则一直居于幕后，我们总得从它们那里机械地获得必要的建议。"②与之相比，"在英国那里，一切都充满着生命力和生气，而在我们这里的绝大多数邦国中，所有的一切都步履蹒跚，并且行动无精打采、迂腐万分，这样人们最后很难不求助于讼棍，这些讼棍对于实证法和学理一无所知，却在浩瀚大海中率尔操觚"③。

---

① 〔德〕蒂堡、萨维尼：《论统一民法对于德意志的必要性：蒂堡与萨维尼论战文选》，朱虎译，中国法制出版社 2009 年版，第 18—19 页。

② 〔德〕蒂堡、萨维尼：《论统一民法对于德意志的必要性：蒂堡与萨维尼论战文选》，朱虎译，中国法制出版社 2009 年版，第 24 页。

③ 〔德〕蒂堡、萨维尼：《论统一民法对于德意志的必要性：蒂堡与萨维尼论战文选》，朱虎译，中国法制出版社 2009 年版，第 25 页。

在上述双重批判的意义上,蒂堡指出,德意志人必须通过自己的努力来构筑一部简单明了的法典,其变革性意义体现在:其一,它可以很好地满足德意志民众的法律需要,以巩固德意志市民社会的实际状况。其二,它有助于形成一个现实的基于各邦利益之上同时又维护各邦利益的爱国组织。其三,它有助于培养德意志民族自身的法律人才,在理想的意义上,它甚至"能够使得每一个只具有中等资质的人都可以接近和了解它的全部内容,能够使得律师和法官因此而获得可以处理任何事例的当前有效法律"①。质言之,只有构筑这样一部统一的德意志民法典,"法思想(Rechtsansichten)的真正发展才能够被认为是可能的"②。很可惜,"我们迄今的学术探讨已经越来越深地陷入到语义学和历史学之中,但对于正义和不正义、民众需求、制定法令人敬畏的清晰简明和严谨所有这一切的鲜明情感却在繁复拖沓的探讨中变得越来越黯淡无光"③。

为了摆脱历史主义束缚,蒂堡认为,必须抽调那些为德意志民众所公认的政治家、法学家和其他学者来编纂一部为公众所共同审查和应用的德意志法典,它将意味着每个人都能有机会参与这部伟大的民族作品的共同制定,在此过程中,那种旧有的拖沓冗长、毫无意义的、拙劣模仿的法律实践必须终止。在此问题上,蒂堡认为,德意志人并不是没有先例可循。在他看来,"罗马古典法学家为何如此伟大?并非是因为他们能够从希腊和罗马的古老典籍中无穷无尽地推导出模糊不清的法律规定;而是因为他们将简单明了的祖国制定法作为解释的基础,他们圆融的精神无拘无束"④。所以,构建一部简单明了、符合民族实际的德意志法典并

---

① 〔德〕蒂堡、萨维尼:《论统一民法对于德意志的必要性:蒂堡与萨维尼论战文选》,朱虎译,中国法制出版社2009年版,第26页。
② 〔德〕蒂堡、萨维尼:《论统一民法对于德意志的必要性:蒂堡与萨维尼论战文选》,朱虎译,中国法制出版社2009年版,第26页。
③ 〔德〕蒂堡、萨维尼:《论统一民法对于德意志的必要性:蒂堡与萨维尼论战文选》,朱虎译,中国法制出版社2009年版,第26页。
④ 〔德〕蒂堡、萨维尼:《论统一民法对于德意志的必要性:蒂堡与萨维尼论战文选》,朱虎译,中国法制出版社2009年版,第29页。

不是没有可能，它能够最大限度地焕发民族意识并发挥法律自身应有的积极作用。

在蒂堡所处的年代，德意志统一还没有变成现实，但是，他已经基于统一的德意志法典展开了对统一的德意志民族的乐观主义想象。他指出："即使政治分裂是必须而且应当的，德意志人也仍然会对以下情形表现出浓厚的兴趣，即德意志人之间永远保持一种兄弟般的相同意识，外族势力再也不能使得德意志人之间互相对抗。相同的制定法会产生相同的道德和习俗，此种相同性对于民众之间的友爱和忠诚有着美妙的影响。此外，市民之间的交往使得上述统一几乎成为一种明显的必要。我们德意志各邦只有通过活跃的、内在的相互交往才能兴旺发达，法国的法典所鼓吹的极端的利己主义绝对不能在我们这里出现。"① 可以看出，蒂堡的确是一位民族主义法学家，他所要构建统一的德意志法典并没有脱离小邦林立的实际国情，毋宁说，他希望通过这种法律实践使德意志各个邦国去看清"合则两利、分则两害"的政治现实。在他看来，若以良善的意志、正直的人才、共同的利益打底，德意志作为一个"国家民族"的共同情感和意识完全可以得到激发和实现。当然，他同时也看到，在这件事情上，肯定有一些自私自利的邦国甚至官员会不予支持，他们甚至也会以"历史的权利"为自己辩护，但是，在最终意义上，邪不压正，这种局部权力的削弱反而能促使其认识到真正的高贵与权力。说到底，这是在为德意志民族的整体利益呼告，这种正确性必将随着历史的发展变成现实。

（二）萨维尼

我们在上文已经指出，作为法学家的萨维尼与蒂堡其实都是民族主

---

① 〔德〕蒂堡、萨维尼：《论统一民法对于德意志的必要性：蒂堡与萨维尼论战文选》，朱虎译，中国法制出版社2009年版，第34—35页。

义者,只不过,与蒂堡那种超越历史和现实之上的理性主义做法和乐观主义预想相比,萨维尼似乎更悲观一些。1814年,萨维尼的《论立法与法学的当代使命》(以下简称《使命》)一书出版。在这部著作中,针对蒂堡那种理性主义设想,萨维尼表示了明确的反对态度。在他看来,蒂堡明显受了沃尔夫、费希特、谢林和黑格尔等理性主义哲学的影响,这使他犯了一种非历史主义错误。或者说,蒂堡所理解的统一法是一种自然之法和理性之法,是一种适合于所有时代的永恒完善之法,这已经背离了法律的本质。

在《使命》一书中,萨维尼一上来讨论的就是法律的本质问题。从历史主义视角入手,萨维尼指出:"在人类信史展开的最为远古的时代,可以看出,法律已然秉有自身确定的特性,其为一定民族所特有,如同语言、行为方式和基本的社会组织体制。不仅如此,凡此现象并非各自孤立存在,它们实际乃为一个独特的民族所特有的根本不可分割的禀赋和取向,而向我们展现出一幅特立独行的景貌。将其联结一体的,乃是排除了一切偶然与任意其所由来的意图的这个民族的共同信念,对其内在必然性的共同意识。"[①] 正是源于对历史的自信,萨维尼认为,法律和语言都是内存于民族意识的东西,它体现着一个民族共同的情感、意识和信念,它与民族生命的繁衍发展相同步,即:"法律随着民族的成长而成长,随着民族的壮大而壮大,最后,随着民族对于其民族性的丧失而消亡。……民族的共同意识乃是法律的特定居所。"[②] 可以看出,萨维尼的确是一位纯正的历史主义者:一方面,历史被他赋予了一种本体论意义,也正是因为要拿历史说事,所以,法律一定是一个民族自身的事情,或者说,它是一个民族的生活方式和有机生命的自然展现;另一方面,法律不直接等于法条和法规,不是一种知识论和技术操作一样上的文本汇

[①] 〔德〕萨维尼:《论立法与法学的当代使命》,许章润译,中国法制出版社2001年版,第7页。

[②] 〔德〕萨维尼:《论立法与法学的当代使命》,许章润译,中国法制出版社2001年版,第9页。

编，而是一个民族集体意识和情感的表征，这便是其所谓的法律的双重生命，对共同体的信仰是其本质，法学、法学家则是借以实现这一本质的外在表现。

基于对历史特殊性的尊重，萨维尼进一步指出，法律有自己特殊的适用对象和范围，并且，这种差异性往往很大，尤其是在政治意义上的德意志并不存在的情况下，法律有时候可能为若干独立邦国所共有，有时候可与同一邦国的不同部分，与同类基本原则合为一体，展示出诸特殊规定间的绝大分殊，凡此种种，都十分正常。实际上，胡果和尤斯图斯·默泽尔也是在这个意义上界定法律和历史的。

萨维尼认为，立法工作绝不是基于某种抽象的国家理性而展开的技术性操作，而是与习俗和历史携手进而揭示一个民族的纯粹的自我意识和内在意志，真正的法律是被发现和揭示出来的，而非外在架构上去的，即：“问题不是关乎新的法律，而是涉关同出一源、性质类似的国族中那些早已存在、只不过司法管辖权不同的法律。”[①] 萨维尼看到，在他的时代，受理性主义法学的影响，立法变成了一种毫无民族性考虑的法律汇编和权威更替。事实上，这种做法及其法律更多出自私人之手，其并未接受国家的要求或得到国家的承认，毋宁说，这是一种技术立法，而非基于法律生命本身。这种意义上的立法或许是完备而精妙的，但是，由于它忽视并脱离了民族的历史实际，因而必然无法得到精准有效的执行。这就是说，在法理学层面，最大的难题在于对于法律公理的判别以及从中推导出存在于一切法律概念和规则间的内在联系及其确切的亲和度。这意味着，"司法表面上似由法典规定，而实际则由法典之外、充任真正的绝对权威的其他什么所调控"[②]。在此，萨维尼其实是从法律的操作性层面对理性主义法学进行了批判。

[①]〔德〕萨维尼：《论立法与法学的当代使命》，许章润译，中国法制出版社2001年版，第15页。

[②]〔德〕萨维尼：《论立法与法学的当代使命》，许章润译，中国法制出版社2001年版，第18页。

紧接着，萨维尼还从法律语言的阐释及其可接受度方面对理性主义法学进行批判，也就是说，除了对法律的性质、内容和操作性的特殊性要给予重视之外，司法解释对于法律的实行也有重要影响。他指出，在通常意义上，法律语言确实应该做到简洁明了，不是任何人都能够恰如其分地对法律进行解释和应用。但是，实际的情况是，人们的法律意识、理解能力和司法能力其实千差万别，法律的语言和生活的语言往往差异较大，人们往往读不懂法律语言。此外，法律著作往往都是繁杂冗长（如《查士丁尼法典》），这更对法律语言的通俗性、本土性和生活性提出了鲜明的要求。

为了印证上述观点，萨维尼专门对罗马法和德国法的区别进行了阐释。他指出，在罗马法的拥趸看来，罗马的根本价值在于以其特有的纯净形式，蕴含了永恒的正义规则，因而赋予其自身以自然法的禀性，而其具有的实际惩罚功能，又使其具备实在法的功能。但是，透过查士丁尼所编纂的繁复庞杂的罗马法体系可见，在罗马法这里，理论和实践是同一的，"他们的理论是构建来即刻加以适用的，而他们的实践则因为秉受科学的洗礼而全然升华。他们认为，每一条原理都可以根据法律规则进行裁判；其从一般到个别，倒过头来，再由个别至一般的游刃有余中，他们的精纯技艺是无可否认的。……其精妙处在于：他们的技艺在适应科学的概念和处理手法的同时，却又不至于失却早期通常堪称独特的明白晓畅与雄健有力"[1]。更为重要的是，这么精妙适用的罗马法并不是抽象操作的产物，而是有一定的历史基础，在共和国时期，很多法学家就已经开始了对罗马法的资料性搜集和整理，可见，罗马法是自由时代的产物，它必然会体现自由的精神。

基于上述解析，萨维尼指出："造就罗马伟大的，乃是那种明快敏锐、充满活力的政治精神，这一精神使得她可以随时变革自己的宪制形

---

[1]〔德〕萨维尼：《论立法与法学的当代使命》，许章润译，中国法制出版社2001年版，第24页。

式，而为旧有形式的更新发展提供新兴形式，——一种对于连续性与进步性原理原则的审慎而明智的混合。这一精神亦同样应用于宪制和罗马的法律中。……所以，在罗马的法律中，典型的罗马性格获得了充分彰显，——当不再与新兴的流行理论相谐和时，罗马法固守悠久传统，而又不会作茧自缚。正因为此，迄至古典时代，罗马法的历史展现出一种渐进而有机的全面发展。一旦一种新的形式形成，立刻即与旧有的传统形式相结合，而着力于后者的稳定与完善。这就是有关罗马法的发展之最为重要的情节之意义所在，而经常可笑地为现代人所误解着。"① 可以看出，萨维尼并非世人所想得那么肤浅。在他看来，罗马法固然体现了某种理性主义法学的意蕴，但是，他很快就指出，这种颇具理想主义特质的法律完全是罗马人生活的自然结果，并且，从共和国时期到帝国时期乃至到其衰落，这种精神和素材得到了持续性的传承。"罗马法如同习惯法，几乎全然是从自身内部，圆融自洽地发展起来的。更为详细的罗马法历史表明，整体而言，只要它继续保持自己的生命状态，则立法对它的影响是多么的微乎其微。甚至对于上述指定一部法典的必要性的讨论，罗马法史也极具启发意义。"② 所以，历史是最好的老师。罗马法的精神存在于其历史中，正是在这种历史中孕育并生长出了一种自由而精妙的罗马精神，只有在罗马走向衰败的时候才出现了编纂罗马法典的做法，而这依然没有让罗马法逊色。

所以，萨维尼并没有否定罗马法，他甚至认为，罗马法对于德国立法有参考意义，但是，与蒂堡那种基于整体去涵摄个体的思路相反，在萨维尼看来，"对整体之一腔挚爱，必源于并体现于其所投身之各种具体关系之中；仅仅是他，一个悉心照料自己家庭的人，才是一名真正优秀的公民。因此，那种认为取消一切个体的关系即可增益公共福利之论，

---

① 〔德〕萨维尼：《论立法与法学的当代使命》，许章润译，中国法制出版社2001年版，第25页。

② 〔德〕萨维尼：《论立法与法学的当代使命》，许章润译，中国法制出版社2001年版，第26页。

实为谬论。设若每一阶级、每一城镇,不,每一村庄,都能创生一种特定的集体精神,则此特性鲜明而又多元纷呈的个体性,必将增益公共福利。所以,当法律本身已然对于爱国之情构成了影响之时,各具体的省、邦的具体法律,就不应再被视为障碍了。以此观之,当法律与民族情感和民族意识契合不悖,或逐渐调适而融合无间,则法的功用和价值在于褒扬民族情感和民族意识;如果说有什么应予谴责的话,那么,当是法律类如一种乖戾专擅之物,而与民族两相背离"①。归根到底,萨维尼并不反对普遍法或所谓的理性法,而是认为,这一类的法律存在于民族意识和民族精神之中,在一种类似于黑格尔主义的意义上,这也是一种更真实更管用的客观存在,它是理解法律之本质以及进行立法的客观依据。

基于与蒂堡的论战,萨维尼指出了历史学派与非历史学派在法律问题上的本质区别。他说:"历史学派认为,法的素材通过国族的全部过往而被给定,而非通过任意所给定以至于它只是偶然地是这样和那样,它产生于国族本身及其历史的最为深层的本质。每个时代的审慎活动都必须指向以下这一点,即认清和激活具有内在必然性的既定素材,并使得它生机勃勃。——与此相反,非历史学派认为,在任何时刻,法都是任意地产生于立法者,它完全不依赖于既往时代的法,而只是依据最佳的信念。"② 我们或许要追问,萨维尼是不是真正理解了蒂堡?或者说,法律的本质及其构建是不是存在蒂堡式的方案,同时也存在萨维尼的方案,抑或是二者的结合?

在我们看来,二人似乎都有道理。在蒂堡这边,他并没有否认个体性,而是认为公共精神是对个体精神的综合,这是构筑良法善治的必然路径;而在萨维尼看来,法律的本质不在其自身,而是源于某种外在的精神,毕竟,我们对世界进程的个人化思考和世界进程本身不是一回事,

---

① 〔德〕萨维尼:《论立法与法学的当代使命》,许章润译,中国法制出版社2001年版,第32页。
② 〔德〕蒂堡、萨维尼:《论统一民法对于德意志的必要性:蒂堡与萨维尼论战文选》,朱虎译,中国法制出版社2009年版,第108页。

历史法学派要尊重的似乎是后者,规避的是前者,这便是其创办《历史法学杂志》的目的所在。

很显然,蒂堡对萨维尼似乎并不买账,在他看来,无论怎么讲,民众总是需要一部清晰明快的法律。蒂堡指出:"历史已经表明,尽管存在许多学术研究,但我们的法律编纂总是如何的不确定,大量必不可少的法律知识总是如何的不可理解,……民众已经足够长时间地作为教授们和律师们的试验品而生活,但却没有人给予他们以下信念,即他们的历史朋友们能够在祖国的某一时代取得一种明智的、简单明了的法律编纂。"① 所以,作为一种历史意义的法应该从何时开始算起呢?作为历史法学家的萨维尼又如何能保证自己对法律的历史主义追溯就一定符合历史的真实呢或者是其所谓的民族的精神呢?所有这些,似乎都是历史法学派悬而未决的问题。

二、历史经济学

根据霍奇逊先生的梳理,以1841年弗里德里希·李斯特的《政治经济学的国民体系》的发表为标志,历史经济学派宣告诞生并流行了长达一个世纪。除了李斯特之外,这一学派的代表人物还有威廉·罗雪尔(Wilhelm Roscher)、卡尔·冯·舒茨(Karl von Schutz)、布鲁诺·希尔德布兰德(Bruno Hildebrand)、卡尔·克尼斯(Karl Knies)、艾伯特·谢夫莱(Albert Schaffle)、保罗·冯·利林费尔德(Paul von Lilienfeld)、阿道夫·瓦格纳(Adolf Wagner)、古斯塔夫·冯·施莫勒(Gustav von Schmoller)、瓦尔特·拉特瑙(Walther Rathenau)和维尔讷·佐姆巴特(Werner Sombart)、马克斯·韦伯(Max Weber)等若干

---

① 〔德〕蒂堡、萨维尼:《论统一民法对于德意志的必要性:蒂堡与萨维尼论战文选》,朱虎译,中国法制出版社2009年版,第126—127页。

人。足可见，用历史主义原则来为德意志的民族主义和国家主义进行辩护的绝不是一两个人，而是德意志知识界一种整体的理论和知识自觉，并且，这种历史主义经济学观念也蔓延到了法国、比利时、爱尔兰和意大利等地，这为后世的演化经济学和制度经济学派的兴起产生了理论奠基作用。①

无论怎么讲，德国始终是历史经济学派的发源地和大本营。在1841—1941年这漫长的一个世纪之中，德国历史学派始终试图用"历史特性"解读人类经济生活的规律，从而使政治经济学告别了抽象的定理分析和演绎推理，变成了一门以国家或民族的地域经济经验为基础的"国民经济学"。在此意义上，历史经济学派为"国家社会主义"的诞生奠基了国家主义基础。

（一）弗里德里希·李斯特

李斯特全部的经济理论基于一个现实问题，即如何在落后、被动的时代格局中实现德国的国富民强。在当时的欧洲，以斯密为代表的古典经济学已经成为资产阶级发家致富的圣经，那么，古典经济学理论能否让德国摆脱贫困？或者说，在政治分裂的情况下，德国的经济崛起如何可能？这俨然成了李斯特首先要面对的问题。

对于英国古典政治经济学，李斯特认为其有两个相互矛盾的特点：一是以利己主义为前提的个人主义；二是以自由经济理论为基础的世界化构想，它以世界范围内的理性经济交往为对象。李斯特指出，这种"流行的经济学"所秉持的自由主义原则固然没有错，但是，它唯独没有考虑到英国之外的其他国家的社会现实，李斯特所谓的"国民经济学"便是对英国的古典政治经济学批判的产物。

---

① 参见〔英〕霍奇逊：《经济学是如何忘记历史的》，高伟等译，中国人民大学出版社2009年版，第76页。

首先，在经济原则上，反对个人主义，提倡国家主义。我们知道，英国古典经济学的创始人——亚当·斯密有一个基本的经济人假设，他认为每个人生来对自己利益的关心胜于任何事情，因此，个人主义是经济活动的基本出发点。李斯特认为，古典经济学家的这种构想"完全忽视了一个事实，即一切个人的生产力，在很大程度上取决于国家的社会环境与政治环境"①。换言之，个人生产能力的大小与国家的经济制度、政治体制息息相关，而不是如斯密所指出的，"一个商人并不一定要属于某一指定国家的公民。他在什么地区经营商业，在很大程度上对他是没有关系的"②。所以，与斯密的个人主义原则相反，李斯特坦言："我的学说体系一个主要特征就是国家。国家的性质是处于个人与整个人类之间的中介体，我的理论体系的整个结构就是以这一点为基础的。"③

当然，李斯特并不是只强调国家而忽视个人，他也承认个人自由，但是个人自由的实现是他关心的问题，而只有当个人自由与国家发展相一致时，个人自由才变得可能。李斯特讥笑"有些学派"道："按照它的说法，国家权力对个人照顾得越少，个人生产就越能够发展。根据这样的论点，野蛮国家就应当是世界上生产力最高、最富裕的国家，因为就对个人听其自然、国家权力作用若有若无来说，再没有能比得上野蛮国家的了。"④可见，李斯特非常反对政治经济学家们对泛个人主义和自由竞争的标榜，因为这种经济原则只注重交换价值，而对生产交换价值的生产行为（尤其是精神生产）不加重视，其结果只会使本国受益，他国遭殃。因此，只有个人利益与社会利益无抵触，也即："个人事业只有在与

---

① 〔德〕弗里德里希·李斯特：《政治经济学的国民体系》，陈万煦译，商务印书馆1997年版，第75页。

② 转引自〔德〕弗里德里希·李斯特：《政治经济学的国民体系》，陈万煦译，商务印书馆1997年版，第28页。

③ 〔德〕弗里德里希·李斯特：《政治经济学的国民体系》，陈万煦译，商务印书馆1997年版，第7页。

④ 〔德〕弗里德里希·李斯特：《政治经济学的国民体系》，陈万煦译，商务印书馆1997年版，第150页。

国家福利相一致的这个限度上,才能说在行动上可以不受限制。"① 因此,法律约束、税制保护等国家干预行为便成了他进一步论述的主题。

其次,反对空洞的世界主义,提倡国家干预和贸易保护。

(1)"世界主义"是李斯特对斯密等人政治经济学理论的一个概括,在他看来,这也是自由主义经济理论的基本出发点。李斯特认为,除了利己主义的经济人假设之外,"流行学派"(指亚当·斯密等人的经济理论)还为自己预设了另一个前提,即世界范围内的持久和平是可能的,这构成了实现私人利益的基本前提抑或自然法则。换句话说,当斯密、萨伊、西斯蒙第等人对这种普遍主义经济框架信守不渝时,他们几乎不自觉地分享了同一个理论假定,即:"世界上一切国家所组成的只是一个社会,而且是生存在持久和平局势之下的。"② 在李斯特眼中,这些"流行学派"所犯的严重错误恰恰是,"以单纯的世界主义原则为依据,来衡量不同国家的情况,从而仅仅由于政治上的理由,忽视了生产力的世界性的发展趋势"③,他们同时忘记了一个始终会与世界主义体系相冲突的基本实体——国家。

所以,阐发国家的地位和功能是李斯特"国家经济学"的要旨。他指出,其一,在词义上,"国家"这个概念本身就包括了"独立"和"权力"等含义,"流行学派"显然没有考虑到这一点;其二,历史来看,只有在国家统一、政令畅通的历史阶段,一国的经济繁荣才是可能的。因此,在优先性上,李斯特认为,国家是个人与整个人类的中介,它是由千头万绪的精神关系和利害关系结合而成的整体,它的利益不能低于个人利益,尤其对于落后的德国来说,用国家的、整体的力量发展经济才

---

① 〔德〕弗里德里希·李斯特:《政治经济学的国民体系》,陈万煦译,商务印书馆1997年版,第76页。

② 〔德〕弗里德里希·李斯特:《政治经济学的国民体系》,陈万煦译,商务印书馆1997年版,第109页。

③ 〔德〕弗里德里希·李斯特:《政治经济学的国民体系》,陈万煦译,商务印书馆1997年版,第113页。

是上上之策。

（2）国家干预和贸易保护的必要性。李斯特经济思想的实质是通过国家干预、贸易保护等措施发展民族经济，也即是说，民族、国家才是其思想立足点。仔细考察不难发现，他的这一思想立场源于两方面理由，一方面是德国满目疮痍的社会现实，另一方面则是"流行学派"理论上的软肋。对于后一方面，李斯特的逻辑是，"无边无际的世界主义"必然导致两个后果：一是，在世界格局中，它会使"人类利益服从少数国家的利益"；二是，在国内市场上，它会造成个人利益对国家利益侵蚀，以至于"家富国穷"。李斯特认为，这两个后果中的任何一个对于德国来说都不可取，因此，要在不利的国际格局中自持或崛起，唯一的办法就是实行国家干预，进行贸易保护。因此，李斯特指出："保护制度是使落后国家在文化上取得与那个优势国家同等地位的唯一办法。"①

因此，所谓的"国家经济学"的基本内涵就是，在立足本国实际情况的基础上，以本国的生产力复苏和发展为己任，最终达到与其他国家齐头并进的目的。国家干预和贸易保护则是实现这一目的的必要路径。其具体步骤就是："首先是把外国工业品逐渐从我们市场排除出去，这样工人、才能和资本在外国将发生过剩，它们必须寻找出路；其次是在我们的保护制度下，国外工人、才能和资本流入时应受到鼓励，获得收益，这样国外的剩余生产力才可以在这里获得出路，而不必迁徙到世界上较远地区或殖民地去。"②

此外，李斯特的"国民经济学"还有一个基本目的就是激活并建构国家本身的生产能力。他认为，商品贸易是通过交换价值的对接实现的，但这并不意味着可以取消"物质生产"，并且这种"物质生产"还仰赖两个因素：一个是工业设备、农业耕地等显性的物质要素；另一个是人的

---

① 〔德〕弗里德里希·李斯特：《政治经济学的国民体系》，陈万煦译，商务印书馆1997年版，第113页。

② 〔德〕弗里德里希·李斯特：《政治经济学的国民体系》，陈万煦译，商务印书馆1997年版，第117页。

智慧、国家制度、经济政策等隐性的"精神资本"。归根结底就是,"财富的原因与财富本身完全不同"①。李斯特的目的是要恢复国家的生产能力,这种能力无法从古典政治经济学家那里得到,因为"流行学派把物质财富或交换价值作为研究的唯一对象,把单纯的体力劳动认为是唯一的生产力"②。所以,与之相对,"国家在经济上越是发展,立法和行政方面的干预必不可少"③,这其中就包括了在与先进工业国进行自由竞争的情况下必须采取关税保护等措施。

综上所述,李斯特的贡献是:其一,从他开始,"国民经济学"一词才有了相对确定的指涉,即经济学研究应以国家而不是以世界为中心。借用他自己的解释就是:"就国家经济学而论,由于各国所处的环境不同,同样的措施、事件、个人条件和个人技艺的效果也不一样;一般可以这样说,如果这些因素能促进国家的生产力,那就是有益的;反之,就是无益的。每个国家都必须根据自己的国情,发展生产力;换句话说,每个国家都有其独特的政治经济学。"④ 其二,他的"国民经济学"理论对当时的德国产生了巨大的影响。《政治经济学的国民体系》发表后在德国曾经引起了巨大的反响,它一时成为当时德国大学的教科书,俾斯麦也曾将此书摆在案头细加品读。更重要的是,德国因此形成了以普鲁士为首的关税同盟,这为后来德国政治上的统一和经济上的崛起奠定了重要基础。其三,他影响了"历史经济学派"的形成。通读李斯特的《政治经济学的国民体系》一书,我们随处可见"历史地看""历史教训"等字样。由此可见,李斯特对现实的国家利益的重视超过了同一时代的许多

---

① 〔德〕弗里德里希·李斯特:《政治经济学的国民体系》,陈万煦译,商务印书馆1997年版,第118页。
② 〔德〕弗里德里希·李斯特:《政治经济学的国民体系》,陈万煦译,商务印书馆1997年版,第126页。
③ 〔德〕弗里德里希·李斯特:《政治经济学的国民体系》,陈万煦译,商务印书馆1997年版,第151页。
④ 转引自梅俊杰:《后进国发展理论的先声——弗里德里希·李斯特发展学说评估》,《学术界》2002年第1期。

人，这也决定了他的理论具有现实的操作性和巨大的影响力，而其所包含的历史主义因素对罗雪尔等人的历史经济学理论也产生了直接的影响。

（二）威廉·罗雪尔

罗雪尔对历史经济学派最大的理论贡献就是将历史主义方法用于经济学研究，所以，其《历史方法的国民经济学讲义大纲》开篇便是区分两种不同的经济学研究方法，这也构成了罗雪尔国民经济学体系的基本前提。罗雪尔认为，"关于国家科学的方法"可以有两类，一类是"哲学方法"，即抽象的、脱离一切时间和地点的偶然性去寻求概念或判断的体系，它以对事物本质的定性把握为最终目的；另一类是"历史方法"，即忠实地再现现实生活的各个方面，它以承认任何事件都是在人类相互之间的发生为前提。正是对后一种方法的推崇，使历史经济学派一跃成为古典经济学的敌手。

首先，在观念上，罗雪尔是德国历史主义观念的继承者，兰克和李斯特堪称其师，所以，他没有理由抛弃德国历史主义的目的论传统。前文已经指出，李斯特穷尽毕生精力只为实现一个目的，即通过德国国内经济势力的恢复以求在世界舞台上有所作为，他曾经露骨地说过这样一段话："这个地球上占统治地位的民族，近来已经开始越来越按它们的来源互相淘汰……日耳曼种族由于天命所赐予它的本性和特点，注定要完成这个伟大的历史使命：领导世界事务，开化野蛮国家，向海外大规模殖民，并在那里建立起完全意义上的国家公社，防止野蛮和半野蛮原始居民的影响。"[①] 因此，他的国民经济学完全是一种反自由主义、国家干预论和民族主义的产物，但有一点始终未变，那就是，在国家和民族的利益面前，个体必须无条件认同和服从。罗雪尔不仅无批判地接受了李斯

[①] 转引自李工真：《德意志"历史学派"传统与纳粹主义》，《世界历史》2002年第4期。

特的这种种族目的论,而且他甚至认为民族、国家具有某种精神性特质。对此,马克斯·韦伯指出,罗雪尔完全站在历史法学派所开创的历史主义思想传统中,他将民族和国家"当作一个具有形而上学地位的真实的、统一的整体。……它被视为一个民族所有个别文化表现的真正基础,是这些文化得以流溢出来的源泉"①。然而,这并不是说民族和国家本身就等同于形而上学,毋宁说罗雪尔的民族概念是一个可以直觉的历史生命总体,它历史地蕴含了构成总体之各个部分之间的具体联系,这也就突出了历史考察方法的必要性。

其次,在方法上,历史主义方法是国民经济学研究的根本方法。其根据在于:(1)"国民经济同国家、法律、语言等一样,是国民发展的一个本质方面。因此,国民性、文化阶段等等体现于国民经济之中,国民和国民经济同时成立、成长、繁荣,而再衰落。"②可见,和萨维尼对法的本质的认定一样,在罗雪尔看来,国民经济的形成和发展也是一个历史的有机过程,这个过程与国民生活总过程相一致,这使历史的观察成为必要与可能。(2)历史可以类比。罗雪尔认为:"对过去各文化阶段的研究,完全具有同观察现代经济关系一样的重要性。"③因此,当那些过去的发展过程以"完结的形式"摆在我们面前时,历史的类比就非常必要。(3)线性的历史可以提供对历史事件之原因的说明。罗雪尔说道:"凡能正确认识象实物地租、封建徭役、行会特权、贸易公司的垄断等在何时、如何以及为何必须废除的人,也就是充分认识到这些制度为什么必然要在各个时代发生的人。"④罗雪尔对历史、对进化法则深信不疑,他完全相

---

① 〔德〕马克斯·韦伯:《罗雪尔与克尼斯——历史经济学的逻辑问题》,上海人民出版社2009年版,第43页。
② 〔德〕威廉·罗雪尔:《历史方法的国民经济学讲义大纲》,朱绍文译,商务印书馆1981年版,第14页。
③ 〔德〕威廉·罗雪尔:《历史方法的国民经济学讲义大纲》,朱绍文译,商务印书馆1981年版,第8页。
④ 〔德〕威廉·罗雪尔:《历史方法的国民经济学讲义大纲》,朱绍文译,商务印书馆1981年版,第8—9页。

信所有的真理都可以通过历史的追溯得到澄明,因此他自诩为"经济学领域的修昔底德"。

综上所述,通过"国民经济学"向"历史经济学"的转向过程,我们不难体察历史主义对当时德国思想文化的整体性抬升和影响,并且,在此过程中,没有人愿意思考历史主义所可能产生的政治后果和理论风险。因此,当历史经济学派为了说明国家利益的优先性而主张个体必须无条件服从国家的需要和目标时,所有的经济学家也都变成了历史学家。虽然他们不愿意接受历史学家的称呼,但是,他们都在发挥着历史学家的职能并贯彻了历史主义观念和方法。于是,在1870年代之前,柏林大学、哥廷根大学、莱比锡大学等一大批大学都成了历史主义思潮的大本营。

(三)卡尔·门格尔

霍奇逊指出:"在19世纪关于经济方法的争论中,大部分经济学都认可,一些经济原理可以被恰当地限定在历史特定的现象之中,显然这种认可的程度如何是最关键的。这对莱利斯、英格拉姆和马克思是事实,对穆勒、白哥豪特和马歇尔同样也是事实。他们更为根本的不同表现为,他们对归纳和演绎在经济理论方面的作用持对立的观点。历史学派的领袖们最致命的弱点在于他们过分主张归纳的方法论。另一方面,演绎主义有可能将经济学引入形式主义的偏僻角落。最终,多年以后,这个没有被修复的裂痕被证实是致命的,这不仅仅是对历史学派而言,对历史特性问题进行严肃分析的幸存者也是一样。"① 正是源于这方法论的殊异性,历史经济学的方法必然会遭到攻击,所以,我们认为,奥地利经济学家卡尔·门格尔对经济学派历史主义方法的批判实属必然,这与历史法学派内部蒂堡与萨维尼的论战具有本质的相似性。

---

① 〔英〕霍奇逊:《经济学是如何忘记历史的》,高伟等译,中国人民大学出版社2009年版,第86页。

首先，历史经济学派自身存在着逻辑的不一致性。

霍奇逊分析指出，在历史主义看来，所有的经济理论都是一种特定的历史现象，经验的归纳被作为一种元理论所信奉。这意味着，历史主义似乎走向了自己的反面，即经验是理论的母体或者变成了理论本身，这便意味着经验与理论的不一致性。这种矛盾在罗雪尔那里体现得非常明显，原因是，如果没有概念和理论，任何经验的描述也不可能。① 在此意义上，他专门引述了汤因比对历史主义的批评来为自己进行佐证，即："历史方法的倡议者……当谴责演绎主义的方法是极端错误的时候，就走得太远了。这两者之间并不存在真正的对立。这个明显的对立，起因于对演绎的错误应用，起因于忽略了这么一些人，这些人用演绎来检验他们的假设并且用事实来验证他们的结论。"② 问题是，"用事实来验证"究竟所谓何事，几代哲学家也没有给出准确的答案，对此，大家之间似乎缺乏普遍认可的方法或意义，更何况，经验主义和演绎主义是否可以联姻，这也是一个问题。因而，我们必须对归纳意义上的因果关系和演绎意义上的因果关系做更进一步的分析。

在霍奇逊先生看来，"历史学派否认了古典经济学的永恒均衡，他们把目光放在了历史发展的现象之上。然而，他们并没有充分认识到，纯粹的经验数据是不能够揭示相关的因果数据的"③。说到底，科学就是要揭示并解释因果关系，可是，历史主义并不能满足我们这一要求。在他们这里，事实就是真理，尊重事实就是尊重规律，可是，丰富多样的经验性事实如何能给我们一个普遍有效的原理，历史主义对此从来都晦暗不明或者避重就轻，即："仅对现象的多样性进行观察本身，并没有证明避

---

① 〔英〕霍奇逊：《经济学是如何忘记历史的》，高伟等译，中国人民大学出版社 2009 年版，第 88 页。

② 转引自〔英〕霍奇逊：《经济学是如何忘记历史的》，高伟等译，中国人民大学出版社 2009 年版，第 88 页。

③ 〔英〕霍奇逊：《经济学是如何忘记历史的》，高伟等译，中国人民大学出版社 2009 年版，第 89 页。

开解释的一致性或者一般性理论建构的正确性。"①

对于上述问题，瑞典制度经济学派的约翰·阿克曼（Johan Akerman）指出："均衡经济学企图通过仅仅谈及永恒的联系和不需要解释的因果关系，来避开这个哲学上的矛盾……通过忽略时间，他们就同时成功地避开了因果问题之谜。历史学派……看穿了均衡经济学的假设，它绕过了真正重要的因果和时间问题……由于历史学派不信任均衡经济学的规律，他们形成了自己的观点，那就是不可能确立任何规律。"②试想一下，这何尝不是历史相对主义乃至历史虚无主义的一次萌生？既然历史变成了一堆经验的事实，那我们还有何必要在经验的意义上讨论经济活动的规律？或者说，历史经济学派所谓的经济规律就是个伪命题？也正是在此意义上，奥地利的门格尔对历史主义发起了猛烈批判。

其次，门格尔的批判。

基于门格尔对历史学派的批判，经济史学家罗伯特·索洛（Robert M. Solow）很不客气地指出："如果不是这场著名的关于方法论的大争论，没有人能够记得旧历史学派。实际上，无论如何，没有人记住他们。"③的确，在英法知识界，历史主义者似乎从来都不受欢迎。事实是，历史主义形成的原始背景也是为了对抗英法的实证主义和理性主义，他们似乎要给知识、真理和信仰赋予另一种思辨历史主义的解释模式。也正是在此意义上，奥地利经济学家卡尔·门格尔对历史主义的批判也是情理之中的事情。

在《国民经济学原理》（1871年）和《社会科学方法论特别是政治经济学方法论研究》（1883年）等著作中，门格尔指明，历史学派最大的问题在于拒绝将价值和效用、成本和劳动分别对待，所以，他们不懂得

---

① 〔英〕霍奇逊：《经济学是如何忘记历史的》，高伟等译，中国人民大学出版社2009年版，第89页。

② 〔英〕霍奇逊：《经济学是如何忘记历史的》，高伟等译，中国人民大学出版社2009年版，第89—90页。

③ 〔英〕霍奇逊：《经济学是如何忘记历史的》，高伟等译，中国人民大学出版社2009年版，第92页。

理论经济学和经济史之间的区分及其重要性。在此意义上,他与历史学派的另一位代表人物古斯塔夫·施莫勒展开了针锋相对的讨论,其《德国政治经济学原理中的历史主义谬误》便是为此而作。

门格尔相信,在经验之上应该有某种原理性假设以及基于经验对此原理的验证。他指出:"每一个确切的自然法则,无论它声称对经验世界的什么领域有效,都必须基于两个非经验的假设。第一,任一明确类型的全部具体现象(例如,所有的氧气,所有的氢气,所有的铁,等等)在性质上都是相同的;第二,它们可以用一个精确的方式来计量。然而,实际上,上述现象既不具有严格的典型性,也不能被精确地计量。"① 这意味着,经验总是有自身的局限性,因为它难以通过技术手段确保自己的一致性。正是因此,我们需要在经验之上做出某种普遍性假设并在经验之中去寻求某种隐秘的本质。换言之,在经济活动中,本质和偶然性是分离的,我们不能像历史主义者那样自以为本质会通过经验自动向我们呈现。这是因为,没有两个经验是重复且同质的,在历史主义语境中,这一论断恰恰同时成立,所以,历史主义方法并不能给予我们关于经验事物的内在联系,所谓本质的规律性的东西一定在经验之后的、某种持续稳定的东西,要获得这种意义的认识,我们必须对抽象的东西予以承认并进行选择和分类,以便更好地解释经验现象。

为了克服历史主义方法的局限性,门格尔提出了自己的"隔离方法",这个方法基于两个公理:其一,要把现象与本质分离开来,或者说,对那些与本质不相关的现象,我们应该忽视,他说:"即使仅被观察到一次的现象,在条件完全相同的情况下也会再次出现……一种环境如果有一次与其后继现象不相关,那么,两者在相同情况下发生的相同结果必然永远不相关。"② 其二,要把基本现实分解成最简单、最典型、最持

---

① 转引自〔英〕霍奇逊:《经济学是如何忘记历史的》,高伟等译,中国人民大学出版社2009年版,第93页。
② 转引自〔英〕霍奇逊:《经济学是如何忘记历史的》,高伟等译,中国人民大学出版社2009年版,第95页。

久的因素。他说:"理论研究……试图确认每一个真实存在的最简单的元素,这些元素正因为它们是最简单的,所以必须被看作是最典型的。"① 在此,门格尔似乎认为,那些典型的事实既符合历史经验的实际,也符合理论分析的要求,这意味着对历史主义方法论弱点的克服。

此外,门格尔还对历史学派的"国民经济"单元进行了批判。他指出:"'国民经济'现象决不是一个国家生活的直接表现或者一个'经济国家'的直接结果。相反,它们是国家中无数个人经济努力的结果,因此也就不能按照以上虚构的观点把它们带进我们理论理解的范围。更确切地说,'国民经济'现象,正如它们实际上呈现给我们的那样,是个人经济努力的结果,在理论上也必须用这个观点来解释。"② 我们认为,门格尔的这一观点很有见地。实际上,从来都不存在抽象的国民和国民经济。毋宁说,这个概念包含着人的欲望和需求,它们甚至也是许多个人经济交往活动的结果,或者就是人的利己主义本性的结果,而绝不是什么抽象的客观精神,正是在此意义上,我们看到了门格尔身上的边沁主义因素。所以,克罗齐对门格尔评价道:"门格尔并不同'历史主义'战斗,他的一本书以此命名,但他发起一场类似理应反对法律历史学派的论战(边沁说过,这一学派的所作所为就像一个人,不是下令让厨师准备午餐,而是把管家经年的午餐账目交给厨师),他反对时缺乏才智,以致所谓经济学历史学派奢望用事实和经济制度的历史比较代替演绎和计算,而演绎和计算恰恰是经济学的理性与力量所在。"③

在最终意义上,门格尔是否战胜了历史学派? 答案或许是否定的。至少,在门格尔这边,历史主义方法被有限化接受,他也试图用历史方

---

① 转引自〔英〕霍奇逊:《经济学是如何忘记历史的》,高伟等译,中国人民大学出版社2009年版,第96页。

② 转引自〔英〕霍奇逊:《经济学是如何忘记历史的》,高伟等译,中国人民大学出版社2009年版,第96页。

③ 〔意〕克罗齐:《作为思想和行动的历史》,田时刚译,中国社会科学出版社2005年版,第57页。

法来补充自己对政治经济学原理的一般性解释。在他看来，他所揭示的政治经济学原理也具有时代的局限性，这便是他不愿意对其《政治经济学原理》第一版进行再版的原因。但是，后来的奥地利经济学派似乎有意放大了门格尔方法论的个人主义原则，后来风靡一时（甚至到现在依然有市场）的冯·米塞斯和哈耶克便是对这一原则的极度应用。在一种总体性意义上，霍奇逊认为，为门格尔所重视的经济学的四个命题——反归纳主义、个人主义、经济原理的普遍性、驱逐历史特性问题——其实并不是都成立，或者说，反归纳主义已经为经济学所接受，但是后三个命题也还存在争议，所以，"事实恰好相反，德国历史学派在这场遭遇战中生存了下来，并且从中汲取了理论力量。它的领袖们对门格尔第一个命题的理解更加深入，并因而努力地发展自己的理论。他们从来就没有放弃对历史特性问题的探索"[①]。

三、历史文化学

从历史与文化结合的意义上，伏尔泰、孟德斯鸠、歌德、赫尔德和布克哈特等人都颇具代表性，所以，不记载风俗和文化的历史学一定是糟糕的历史学。当然，在德国历史主义这一脉，问题并不是这么简单，这是因为，在古典主义—浪漫主义（狂飙突进运动）—民族主义演进的过程中，历史主义始终在不同程度地起作用。我们认为，历史与文化的结合或许能为德意志民族主义的产生坚实的推动作用，这便是托马斯·尼佩尔代（Thomas Nipperdey）所谓的："唯有在一个共同的国家里，文化上的同一性身份才能发展并得到保护，也才能真正地将个体整合成民族。"[②] 这便是德意志摆脱"世界公民"，转向"国家民族"，进而开拓

---

① 〔英〕霍奇逊：《经济学是如何忘记历史的》，高伟等译，中国人民大学出版社2009年版，第108页。
② 转引自李工真：《德意志现代化进程与德意志知识界》，商务印书馆2010年版，第27页。

德意志特殊道路的文化情境。

(一) 宗教改革对德语文化的影响

在拙著《唯物史观与历史主义》一书中讨论历史主义兴起的直接思想资源时,笔者曾经对马丁·路德所发动的宗教改革的文化意义进行了阐释。在笔者看来,路德对德国文化的贡献有两点:其一,他用规范的德语翻译了拉丁语的《圣经》,这不仅使德语成了一门规范、严整的语言,而且为德意志人构建共同的思想、文化和情感奠定了基础。正是在此意义上,孙周兴先生指出:"自那以后,作为一个文化单元的德意志才算上了路。"[①] 其二,路德直接挑战了信仰的方式。在路德看来,救赎的根本途径是信仰,信仰的直接依据是《圣经》,而不是教会或神职人员,况且,《圣经》的文本存在许多错讹之处,这便是基于历史原则对《圣经》进行重新解释的原因。这种新的"个体—上帝"直接进行心灵对话的方式直接挑战了旧有的信仰形式和教会权威。

正是因为看到了新教所产生的心灵救赎的崭新意义,所以,法国史学家基佐在其《欧洲文明史》中对路德给予了很高评价。他说:"宗教改革既非属私利支配下的偶然事件,也非仅仅为了改善宗教事务,出自对仁爱和真理的空想。它有更为强大的原因,压倒其他一切的特殊原因。它是一次人类心灵追求自由的运动,是一次人们要求独立思考和判断迄今欧洲从权威方面接受或不得不接受的事实和思想的运动。这是一次人类心灵争取自治权的尝试,是对精神领域内的绝对权力发起的名副其实的反抗。"[②] 所以,凡是在宗教改革比较深入的地方,思想活动和自由都迈出了较大步伐,但是,基佐同时认为,在最终结果上,宗教改革陷入了两重错误,即:"一方面,它不懂,也不尊重人类思想应有的一切权利。

[①] 参见〔德〕赫尔德:《赫尔德美学文选》"总序",张玉能译,同济大学出版社 2007 年版,第 1 页。

[②] 〔法〕基佐:《欧洲文明史》,程洪奎等译,商务印书馆 2005 年版,第 219 页。

它在为自己要求这些权利的同时,却在对待别人时破坏这些权利。另一方面,它不懂如何衡量思想领域中权威的权力。……大部分进行了宗教改革的国家缺少了某种东西:思想界缺少良好的组织,旧有的一般的意见缺少正轨的行动。它们不能在传统和自由之间调和各自的权利和需要。"① 这便是说,路德新教似乎对个体自由缺乏约束性,尤其是当这种个体意识与历史主义的个体性和发展性产生结合时。并且,一旦国家、民族等实体被这种个体性所替代时,国家主义和民族主义的思想史效应就必然会得到彰显。

此外,我们还不得不提一下著名的"三十年战争"。众所周知,1618—1648 年的 30 年战争是在德意志神圣罗马帝国内战基础上演变而成的一场欧洲国家之间的混战,这也是历史上第一次全欧大战。尤为重要的是,天主教联盟和新教联盟(路德教和加尔文教)之间的矛盾对于这场战争的爆发起到了直接推动作用,因而,这场战争其实又可以称为"宗教战争",其最终以哈布斯堡王朝战败并签订《威斯特伐利亚和约》而宣告结束。如果抛开加入这两大同盟的其他国家而言,奥地利的哈布斯堡家族和德意志信奉新教的各路诸侯是这场战争的两大敌手,并且,德意志不仅是这次战争的主战场,其经济水平遭到了重创,而且战后签订的《威斯特伐利亚和约》使原本松散的德意志更加松散。这份和约规定:一方面,神圣罗马帝国内的各诸侯邦国可自行制定官方宗教,臣民不愿改宗者限期迁出,其中,加尔文教成为帝国所承认的合法宗教;另一方面,神圣罗马帝国内的各诸侯、邦国有外交的自主权,不得对帝国皇帝及皇室宣战,帝国皇帝无权决定任何重大问题,如宣战、媾和、课税和征兵等。

所以,我们认为,宗教改革使德意志人的信仰体系发生了个体主义变革,宗教战争使德意志小邦林立的现实更加深重。在此情况下,当德意志民族的精神诉求在现实生活中难以安放时,德意志人必然要在自己

---

① 〔法〕基佐:《欧洲文明史》,程洪奎等译,商务印书馆 2005 年版,第 225 页。

的历史和文化中为自己找依托,这便是德皇威廉三世在柏林大学成立时所号召的"国家必须用学术力量补偿在物质力量上受到的损失"①的政治和文化背景。

(二)德意志的古典主义运动

从源流上看,欧洲的古典主义思潮从17世纪初就开始流行,并盛行于60、70年代,直到19世纪浪漫主义的兴起才告一段落。可以说,在启蒙运动之前,古典主义文学、绘画、音乐和建筑等艺术形式就在欧洲得到广泛发展,当时的法国是古典主义文化艺术中心。就基本内容而言,古典主义主要集中在文艺领域,其在文艺理论和创作实践上主张向古希腊和罗马时期文化艺术看齐,并以这一时期的文艺样式作为典范和样板进行创作。

从思想倾向上分析,推崇古代希腊的艺术是古典主义和古典历史主义的共同点。饶有趣味的是,古典主义对古代艺术是积极地汲取和建构;古典历史主义则是以启蒙为批判的靶子,号召人们继续回到古希腊的艺术中去,不忘本来,接续传统,实现对历史发展的连续性和合法性的传承。在此过程中,启蒙实际上充当了由古典主义向古典历史主义转向的一个主轴。

经过古典主义运动之后,法国逐渐变成了一个可以与古希腊、罗马相媲美的新的文化艺术中心,尤其是在路易十三和路易十四时期,巴洛克艺术在法国建筑领域的复兴以及很多新潮流的兴起使法国一时成为引领欧洲风潮的标杆,以至于德国很多文化艺术家也乐于模仿和跟从法国的艺术风尚。在此风潮的作用下,德国的音乐界涌现出了诸如海顿、莫扎特和贝多芬等多位古典主义音乐家。直到今天,他们很多脍炙人口的

---

① 转引自〔美〕汤普森:《历史著作史》(下卷,第3分册),孙秉莹等译,商务印书馆1988年版,第203页;亦可参见〔德〕沃尔夫·勒佩尼斯:《德国历史中的文化诱惑》,刘春芳等译,译林出版社2010年版,第117—118页。

古典音乐作品依然让后人难以企及和超越。因此，从一种整体视角出发，温克尔曼号召德国的绘画家和雕刻家回到古希腊的主张具有历史的合理性。那么，古希腊艺术作品在何种意义上打动了温克尔曼的内心？他的回答是："高贵的单纯"和"静穆的伟大"。这个答案几乎是温克尔曼衡量古希腊绘画和雕塑作品的一个根本尺度。那么，如何重现这个根本尺度？温克尔曼的回答是：模仿！他曾说："使我们变得伟大，甚至不可企及的唯一途径乃是模仿古代。"① 所以，温克尔曼非常推崇近世的拉斐尔和米开朗基罗，以及作为拉斐尔模仿者的安东·拉斐尔·门格斯，他曾写道："古代形象中所有被描绘的美的总和集中存在于门格斯先生不朽的作品之中。"②

在此意义上，我们也可以说，历史主义的兴起并不是德国的特产，而是欧洲文化的副产品，只不过，德国知识界强化了某种历史意识，并将这种意识进行了本体论和价值论处理，它使历史个体主义在哲学层面得到了复兴和巩固。更加无可厚非的是，历史主义天生就蕴含着保守主义倾向，迷恋过去、推崇古代是其天然的思想方法和价值立场，因而，对于继之而起的启蒙运动而言，那种贵族化、高尚化甚至过于形式化的文化理想和艺术形式必然会遭到批判，这是其一。其二，若从阶级或社会阶层而言，古典主义意味着贵族主义，启蒙运动意味着平民主义，所以，启蒙必然要反对古典主义那种过于注重古典的艺术形式和规则的刻板主义。当然，批判归批判，单就艺术成就而言，我们并不认为启蒙超越了古典，因为启蒙运动并未在艺术上取得较大突破。也正是因此，德国的历史主义者对法国人那种附庸风雅、盲目模仿的艺术做派很不感冒，与之相对，德国浪漫主义者的贡献在于：要充分发挥个体化、本土化的艺术想象，要从自己民族的语言、诗歌、民歌、小说中去寻求艺术直觉，

---

① 〔德〕温克尔曼：《希腊人的艺术》，邵大箴译，广西师范大学出版社2001年版，第2页。
② 转引自〔德〕格哈特：《德国启蒙运动时期的文化》，王昭仁等译，商务印书馆1990年版，第405页。

去通过诗性的语言体会真善美，这与启蒙运动那种铺天盖地的理性主义已经大相径庭。

因此，带着启蒙运动的呼告，历史主义使古典主义在德国得到了延续和巩固。只不过，历史主义更在乎的是能为德意志民族性进行辩护的古典艺术，其不仅从思想文化上指向了具有本土化特色的民族艺术，而且巩固了为启蒙所批判的宗教蒙昧主义前提和封建专制主义基础。在这种思想错位的情势下，意大利和法国推崇的是巴洛克艺术，而德国推崇的是哥特式建筑和基督教原则，尤其是在黑格尔这里，哥特式建筑被视为个体与整体、内在与外在、精神和现实和解与并存的最好写照。质言之，德国古典历史主义是法国古典主义的改版和更新。

（三）虔信运动及其纪律性

虔敬主义（Piestism）是16、17世纪发生于德国新教内部的一项宗教运动，它绝非什么特定的宗教派别，而是对路德教义（Lutheran Orthodoxy）的那种"死的正统"一种反动。原因是，在宗教改革运动的后期，"德国路德宗的灵性、道德与神学出现疲态"①，神学家们把精力都花在了批评对手的教义信条和神学体系之上，而对人的内心的救赎情感漠不关心，于是，路德宗日益陷入了僵化的境地。虔敬主义的座右铭是：宁为活异端，胜过死正统。在强调个人的宗教经验和注重个人悔改和个体品格的圣洁化前提下，他们力求寻找真实与虚假的基督教之间的细微差别。对于虔敬主义者来说，真正的基督教只需坚持三个标准：正确的感觉、正确的生活、正统的教义或正确的信念，而确保正统教义最可靠的办法是提倡正确的感觉和正确的生活。②在这种主张下，虔敬主义者加

---

① 〔美〕奥尔森：《基督教神学思想史》，吴瑞诚等译，北京大学出版社2006年版，第514页。

② 参见〔美〕奥尔森：《基督教神学思想史》，吴瑞诚等译，北京大学出版社2006年版，第515页。

强了自律性，他们特地将家庭当作与上帝会通的场所，将小聚会当作修道的主要方式。其格言是：在基要的事情上，追求真理；在非基要的事情上，给人以自由；在所有的事情上，都要有爱心。他们并没有否认基督教的教义，也并非想要改变路德宗的正统，而是给予良心以相当的自由度，在每日的读经、祷告、默想和参与圣礼的生活化过程之中，借助自己的内在情感建立与上帝的神秘联系。

虔敬主义人物及其著作深深影响了戈特弗里德·阿诺德。在他看来，"存在着一种独一无二的、永恒的和永远循环的精神过程，这种精神过程充溢于人类的生活和历史中，从亚当一直到一个复兴万事万物的时刻。……在这个时刻，所有的造物将返回原初的和受到极大祝福的唯一中……就像返回到了充满了永恒之爱的汪洋无际的大海之中"①。在阿诺德眼中，人的生活经验和生命过程是体会宗教教义并实现重生的基础。阿诺德的功劳在于坚持了个体主义及其生命的连续性，这些都是历史主义兴起的思想温床，所以，梅尼克赞同泽贝格的说法，即阿诺德是"第一位将人类灵魂置于历史舞台中心的历史学家"②。对于虔敬主义者而言，"他们学会了如何倾听内在情感，并辨别出它们的价值或无价值；学会了如何发现自身之中的秘密，从而越来越充分地领悟了他们先前力图加以压制的'自我'"③。质言之，"虔敬主义经由狂飙突进运动而走向历史主义。在社会心理上，德国虔敬主义对于狂飙突进运动来说是一种必要的前提，它最终有助于激活所有的精神活力，这点在今天的思想史上已成定论"④。

最重要的是，正如彼得·沃森所指出的那样，作为一种新的集体心智，"虔信运动的影响力最为深远的领域则是军队和官僚机构"⑤。他举例

---

① 〔德〕梅尼克：《历史主义的兴起》，陆月宏译，译林出版社2009年版，第34页。
② 〔德〕梅尼克：《历史主义的兴起》，陆月宏译，译林出版社2009年版，第36页。
③ 〔德〕梅尼克：《历史主义的兴起》，陆月宏译，译林出版社2009年版，第38页。
④ 〔德〕梅尼克：《历史主义的兴起》，陆月宏译，译林出版社2009年版，第38页。
⑤ 〔英〕彼得·沃森：《德国天才（1）：德意志的命运大转折 第三次文艺复兴》，张弢等译，商务印书馆2016年版，第77页。

说，1718年，德国的军队中建立广泛的宗教组织，最终有100多位虔信主义者被任命为军团牧师，这些牧师不仅教授士兵给家人写信，而且也向其讲授《圣经》，并借此传播虔信主义信念和价值观。为了加速这一进程，德皇威廉一世下令军团牧师，不得为不会阅读《圣经》者举行坚信礼。沃森认为，这种做法使传统的"荣誉"概念得到了军事化扩展，即："荣誉不再仅是在单纯的军事作战中突出功绩的反映：现在，荣誉对于一名军官来说是需要履行更为广泛的、对他人的职责——包括作为军需官、教练官乃至会计。"① 在三十年宗教战争的基础上，德意志产生了很多新的地方诸侯和官员阶层。源于对其的贵族式管理和服务，1727年，威廉一世分别在哈勒大学和奥得河畔的法兰克福大学设置了两个财政学教授席位，主要讲授普鲁士国家的经济、财政、警察制度等方面的知识。此外，他还通过考试和晋升制度的改革，为低阶官员提供了向上发展的通道。通过这种与虔信主义相关的教育和官僚制度的变革，普鲁士人变成了"几代欧洲纪律性最强的民众"，并且，之后的威廉二世直接保留了政治"军事—管理—教育—经济的总体结构"，到他去世的1786年，国家主导的虔信运动已经成为普鲁士文化的核心。②

从某种国家主义立场出发，我们不得不说，为普鲁士威廉皇帝所重视并推动的虔信运动绝不仅仅是新教内部的一种教义的纯洁化，而是自始就包含着现实的政治目的。一方面，从内生动力来讲，虔信运动固然要回到路德所倡导的内心的"原初的质朴"，这使得他们"以对神职属于全体信众的强调反对神职等级制，以内心的明光取代教义的权威，以心灵的信仰取代头脑的宗教……以践行慈善取代经院式的论辩"③。在此意

---

① 〔英〕彼得·沃森：《德国天才（1）：德意志的命运大转折 第三次文艺复兴》，张弢等译，商务印书馆2016年版，第77页。

② 参见〔英〕彼得·沃森：《德国天才（1）：德意志的命运大转折 第三次文艺复兴》，张弢等译，商务印书馆2016年版，第78—79页。

③ 转引自〔英〕彼得·沃森：《德国天才（1）：德意志的命运大转折 第三次文艺复兴》，张弢等译，商务印书馆2016年版，第72—73页。

义上，虔信运动使改革后的教会保持了某种宗教信仰的严肃性和纯洁性。另一方面，尽管普鲁士皇帝并不是一名虔信主义者，但是，为了维护其统治，他需要这种追求"内心的光明"和自我训示意义上的新教精神，尤其是通过其在教育、政治、军事、人才等方面的努力，这种精神有效促成了普鲁士国家主义精神的诞生。

（四）浪漫主义

德国的浪漫主义运动大致有早期和后期之分：早期主要以"狂飙突进"运动为标志，以歌德、席勒、赫尔德等人为代表；后期主要是以霍夫曼、施莱格尔、格林兄弟等人为代表。虽然这场运动主要发生在文学和艺术领域，但是它对19世纪整个德国的人文科学造成了巨大影响，浪漫主义对个体性的强调对历史主义的个体性观念产生了某种程度的塑造作用。① 这种塑造作用最终延伸到了普鲁士主义及其所代表的德意志民族性层面，这便是浪漫主义运动所产生的政治效应。

首先，"狂飙突进"运动是德国浪漫主义的早期表现。

一般认为，"狂飙突进"运动开始于1770年赫尔德在斯特拉斯堡与歌德的结识。② 在梅尼克看来，赫尔德和歌德都是德国历史主义的典型人物。作为"狂飙突进"运动的旗手——赫尔德对个体性可谓推崇备至。他认为，所有的个体都能按其天性进行生活，历史学的目的就是要如实地记述个体的活动和发展。以"民族"为指称，他指出："在某种意义上，人类所能够达到的每一种完美性都是民族的，又是个体的。"③ 这句话的另一种说法就是："每一民族的表象方式都有深刻的特色，因为这是它特有的、与其风土关系密切的、从其生活方式产生的、由其祖先那

---

① 参见焦佩锋：《唯物史观与历史主义》，复旦大学出版社2013年版，第68页。
② 参见余匡复：《德国文学史》，上海外语教育出版社1991年版，第131页。
③ 转引自〔英〕伊格尔斯：《德国的历史观》，彭刚等译，译林出版社2006年版，第41页。

里继承来的。在外人看来惊讶万分的,它却认为可以极清晰地把握;外人觉得可笑的,它却对此异常认真。"① 所以,"光明、启蒙、共同意识、高贵的自尊心,这些都不能由其他民族来创建,而只能由民族自身来创造,正如其他民族自古以来那样;德意志必须站在自己的、受到充分保障的土壤之上"②。需要注意的是,赫尔德的这些话是针对德法之间的矛盾而发,在他看来,个体(民族)只属于它自己,并且在自己的环境中是其所是,所有每个人都是在各自发展的过程中保持自己,所有的个体正是在各自的位置和处境中才能保有生机和活力。历史正是各民族之间一种无秩序的表演。因此,"一种民族的最佳文化并不是迅速成为最好的文化,……最好的文化应该成长于民族的特有土壤之上"③。因此,赫尔德将民族比作有机个体的典型,在他眼中,民族甚至具有人格化特征,它有灵魂、有生命、独一无二。

对于歌德,梅尼克更是推崇备至。在他看来,尽管歌德不是一名纯正的历史学家,他对世界历史的关注只不过表达了其强大的创造性领域中的一小部分,并且,终其一生,歌德都在质疑世界历史和我们关于它的知识的价值。对歌德来说,生命的价值远高于历史,生命和自然是一体的,在此意义上,"他在历史思考的过程中避免了赫尔德必须与神学问题搏斗的命运"④。在文学和艺术领域,歌德表达了一名历史主义者的关怀,而这恰恰是由赫尔德对歌德的引导实现的,这种引导主要是使歌德进入了莎士比亚的世界,以至于歌德在1771年10月14日在为莎士比亚的纪念日所撰写的评论中说道:"莎士比亚的戏剧是一个美妙的百宝箱,在其中,世界历史在我们眼前汹涌着奔腾而过,为隐匿的时间之绳约束

---

① 转引自李秋零:《德国哲人视野中的历史》,中国人民大学出版社1994年版,第150页。

② 转引自〔德〕梅尼克:《世界主义与民族国家》,孟钟捷译,上海三联书店2007年版,第22页。

③ 〔德〕梅尼克:《世界主义与民族国家》,孟钟捷译,上海三联书店2007年版,第21页。

④ 〔德〕梅尼克:《历史主义的兴起》,陆月宏译,译林出版社2009年版,第412页。

在一起。从为公众承认的文体经典来判断,他的戏剧情节不复真实,但是他的戏剧环绕着神秘之点(迄今为止尚未有哲学家能够观察到它或定义它)运转,在此神秘之点,我们的自我的独特性和意志确然无疑的自由与作为一个整体的事件的必然过程相互冲突。"① 在此基础上,梅尼克发挥了自己的历史主义想象,他说:"历史的本质是幽深的个性及其对自由的渴求与客观世界的力量之间的斗争。作为一个整体的历史包含着无限数量的个体的焦距,每一个个体均满载能量,每一个个体均携带着某种独特的命运。"②

正是因为有这种基于自然来理解历史及其个体的敬畏感,在1771—1772年对于斯特拉斯堡教堂的沉思中,他似乎意识到了喷薄而出的一种新的德国认同。到了"狂飙突进"运动的后期,他开始意识到了某种发展的观念,这种观念使其自然地转向了对传统与现实的一种一体化认知,这便是他后来所说的:"在每一个生物体中,我们称之为部分的东西与整体无法分割,它们只有随同整体一起作为整体的一部分才能得到理解。"③ 这让梅尼克欣喜并且乐观地认为:"或迟或早,这种超理性的永恒气息必定会从这里渗入历史领域之中。"④

其次,在后期浪漫主义这里,个体主义原则被推向了极端。

以自身为出发点,后期浪漫主义力图借助激情和想象力彰显个体存在的价值,所以,"天才"和"诗歌"是他们共同的主张,但懒散和无目的性也逐渐变成了他们的追求,然而,所有这一切仍然建立在对个体的承认和肯定基础之上。

F. 施莱格尔写道:"正是个性是人身上原始的和永恒的东西;人格倒不那么重要。把培养和发展这种个性作为最高的使命来做,可以说是

---

① 〔德〕梅尼克:《历史主义的兴起》,陆月宏译,译林出版社2009年版,第415页。
② 〔德〕梅尼克:《历史主义的兴起》,陆月宏译,译林出版社2009年版,第415页。
③ 〔德〕梅尼克:《历史主义的兴起》,陆月宏译,译林出版社2009年版,第433页。
④ 〔德〕梅尼克:《历史主义的兴起》,陆月宏译,译林出版社2009年版,第433页。

一种神圣的自我主义。"① 启蒙也强调个体，然而在 A.W. 施莱格尔看来，这种个体是一种"理性的发光体"②，它抽掉了灵魂、道德和想象力，它无视传统、习俗和神话，启蒙就是要造就无数平等而自傲的个体，理性主义是启蒙共同的面孔，功利主义则是它基本的目的。一句话，这种个体千人一面，毫无特性可言。在浪漫主义语境下，每一个个体都充满了生机和活力，比如语言（诗歌）、民族这些东西，它们不能用抽象的理性来概括，它们的生命力蕴含在杂多的习俗和历史的秩序中，它们的发展不需要速度，也不需要效能，如果无视或者摧毁了个体内在的固有秩序，也就意味着剥夺了它们发展的自由。因为前进之路不应只有一条，"每个人都应该怀着乐观的信心，以最富于个性的方式走自己的路。……在这个立足点上，我将毫不迟疑地说，人根本的价值，人的美德就是其独创性"③。

所以，后期浪漫主义者已经尝试在观念层面将历史主义所谓的个体性和发展原则进行统一。对于这一点，我们还可以结合启蒙史学和浪漫主义对待中世纪的态度来理解。在伏尔泰等人笔下，中世纪充斥着教条、愚昧和黑暗，人必须听命于神意安排，所以他认为这完全是历史的倒退；而在 A.W. 施莱格尔看来，中世纪有一些美好的品质不容否弃，例如倡导忠诚、重视荣誉等。他在《启蒙运动批判》中严厉批评了伏尔泰割断历史连续性的做法，启蒙史学家虽然满口宽容，但是，中世纪的历史却被他们贬得一文不值，这种非历史主义的做法只会使所有个体变成无根的存在。

1786 年，在游历了意大利之后，歌德饱含深情地写下了这样一段话："我并没有产生完全新颖的思想，也没有发现彻底陌生的事物，但是

---

① 转引自陈伟：《现代文明的浪漫式反动》，《江南大学学报》（人文社会科学版），2007 年第 5 期。

② 这一比喻受 A.W. 施莱格尔启发。参见孙凤城编选：《德国浪漫主义作品选》，人民文学出版社 1997 年版，第 377 页。

③ 转引自孙凤城编选：《德国浪漫主义作品选》，人民文学出版社 1997 年版，第 407 页。

旧思想已经变得如此明确、生动和前后一贯，以至于它们可以被认为是新的。"① 在浪漫主义运动的促发下，尽管包括歌德在内的很多人将目光放在了历史的过去，但是，其实，他们已经从历史中走了出来。在这一点上，歌德和赫尔德具有同样的立场，所以，歌德在给赫尔德的信中说："发现甚至是彼此远离的事物之间相似性的能力，追溯事物起源的能力，在这里对我有莫大的帮助。"② 在此意义上，歌德对德国文化保持了足够的忠诚与敬畏，难能可贵的是，在法国大革命、耶拿战争和普法战争等一系列关乎德意志民族尊严的战事中，歌德始终没有放弃自己对德国精神的坚守，以至于他力图在1808年打算在魏玛召开一次德国文化大会，源于这种不易，梅尼克对歌德对浪漫主义运动的重要性进行了高度评价，他说："从思想史的观点来看，如果没有歌德的影响，浪漫主义运动就绝对不可能是它现在所是的样子。浪漫主义沿着这样一条道路前进，在这条道路上，歌德留下的影响比任何其他人都要深远得多——这就是个体和发展的道路，它致力于在每一种人类现象中寻找生命运动的内在中心，并从这个中心出发理解人性中的多样性和形式的丰富性。"③

四、德意志民族主义

梳理历史主义与纳粹主义的关系，德意志的民族主义是一个难以绕过的问题，这是因为，在反犹主义运动日渐兴起的过程中，德意志的知识界已经为德意志民族主义铺垫好了思想基础。正是在此意义上，国内学者李工真指出，在"德意志帝国建立之初，浪漫主义的民族主义已与自由的传统发生分离，并转而与保守主义结合在一起，强烈地反对'天

---

① 转引自〔德〕梅尼克：《历史主义的兴起》，陆月宏译，译林出版社2009年版，第445页。
② 〔德〕梅尼克：《历史主义的兴起》，陆月宏译，译林出版社2009年版，第445页。
③ 〔德〕梅尼克：《历史主义的兴起》，陆月宏译，译林出版社2009年版，第454页。

赋人权'、反对个人自由的政治传统,并开始成为一种为现存国家统治服务的意识形态。德意志帝国保守主义的国家官僚集团力图将这场现代化的政治后果减少到最低程度,便借助黑格尔的国家哲学理论,设计出一种新的国家统治方案。在这种方案中整体民族观念得到了加强,凡是能找到'理性的'这个词的地方,也总能找到'民族的'这个词。而'整体高于局部'、'国家高于国民和社会'、'秩序高于多样性的自由'成为统治者的口号。"①

在推崇民族意识进而以民族性来凝聚人心的问题上,德国从来都不乏思想大家,尤其是在1806年耶拿战争之后,德意志知识界几乎不约而同地导向了对法国革命和拿破仑主义的批判。与此同时,普鲁士的几任皇帝也在不同程度地强化德意志的民族意识,并且,浪漫主义的民族主义也开始由那种保守主义转向激进主义,甚至连以马克思主义为指导思想的社会民主党似乎也被裹胁其中,以至于其用自我辩护的语气说道:"我们社会民主党人长期以来被骂成'没有祖国的家伙',我们为之奋斗的就是要使那些自大狂们的幸灾乐祸归于失败。在这场战争中,我们已经重新学会了我们几乎忘记了的东西,即在所有的阶级冲突之外,这个民族的所有阶级是具有某些共同性的。在这场战争中,我们德意志社会民主党人已经重新学会了把我们自己看作是这个德意志民族的一部分,当然不是最坏的那一部分。因为,我们不想被无论是右派或是左派中的哪个人,剥夺走我们是属于德意志民族的那份感情。"②所以,德意志民族主义的兴起既是现实的德法战争刺激的结果,也是漫长的德法文化差异甚至对抗的结果,限于本论的思想史原则,在此,我们着重选择几位对德意志民族主义具有较大影响的代表人物进行论述。

---

① 李工真:《德意志现代化进程与德意志知识界》,商务印书馆2010年版,第31页。
② 转引自李工真:《德意志现代化进程与德意志知识界》,商务印书馆2010年版,第33—32页。

（一）赫尔德

关于赫尔德，我们似乎已经论述了太多，尤其是其关于"个体性"和"发展性"的论述为历史主义的兴起产生了重要的思想奠基作用。按照梅尼克的分析，赫尔德的思想大体分为三个阶段：在第一个阶段（即1764—1776年），其与歌德的相遇以及其撰写的《关于人类发展的另一种历史哲学》堪称重要。第二阶段（即1776—1791年），其代表作为《人类历史哲学的观念》（1784—1791年）。在这一阶段，赫尔德的思想似乎出现了某种美学沉思和伦理阐释之间的裂缝。第三阶段（1793—1803年），由于受到法国大革命的影响，他的思想开始凋敝，在去世的前一年，他甚至以某种忧虑的心态写道："在我们的时代——谁不是以一种沉默的恐怖情绪思量着十八世纪的最后几年呢？"① 对于这种忧虑，梅尼克评价道："他自己却没有成功地发现任何民族性和人性之间的历史基础和有效的结合。尽管如此，他却属于这样一种结合的精神先驱，这种结合最终在普鲁士攫取权力的过程中产生了出来。但是赫尔德早在能够看到这种发展的黎明期之前就去世了。"②

不得不说，作为历史主义代表者的梅尼克对赫尔德的民族主义思想看得倒也十分清楚。实际上，早在法国大革命之前，德意志的民族主义意识就已经开始萌生，如果从外部环境上讲，法国大革命又何尝不是法兰西民族的一场民族革命？并且，我们绝不能忽视这种民族意识对德意志地区的广泛影响。从内部来讲，我们认为，从马丁·路德用规范的德语翻译《圣经》开始，德意志民族的文化意识就已经开始觉醒。在经历了"狂飙突进"运动和浪漫主义运动之后，这种意识其实已经普遍化，但是，法国大革命似乎又一次中断了德意志人对民族

---

① 转引自〔德〕梅尼克：《历史主义的兴起》，陆月宏译，译林出版社2009年版，第395页。

② 〔德〕梅尼克：《历史主义的兴起》，陆月宏译，译林出版社2009年版，第395页。

意识的某种乐观主义预想。至少，在赫尔德这里，他似乎看到了始终以理性主义自居的法兰西民族那种革命激情背后的狂热，而这又让他回到了对历史的非理性主义的思考中去，这便是梅尼克所总结的："历史中这整个的非理性精神力量的世界令他惊骇不已，这些力量既是创造性的，又是灾难性的。"①

所以，如梅尼克所指出的那样，在赫尔德这里，关于民族问题的相对主义和绝对主义之间的界限似乎很模糊。一方面，赫尔德表达了一种关于民族问题的积极相对主义立场。在他看来，世界各个民族共同构成了一个大花园，在这个花园里，"各个民族犹如植物一样地生长着，其中的一切事物——空气、土壤、水、阳光和光明——是的，甚至还有在它们之上爬行的毛毛虫和吞噬它们的蠕虫，都是整体的一部分"②。"自然研究者不会在他所观察的生物中划分等级，因为它们对他而言都是同样可爱和珍贵的。因此对于人类的探索者来说也必定同样如此。"③这意味着，赫尔德其实表达了一种平等的相对主义，它意味着对世界各个民族生命尊严的共同尊重。但是，在另一方面，为了维系这种平等主义精神，赫尔德预设了一个绝对善意化的道德和伦理原则，所以，当现实中的各个民族之间产生冲突和战争时，他不得不回到史前的人类世界中去复现并首肯那种原始的善。

事实恰恰是，在欧洲近代化的进程中，很多以所谓先进文明自居的民族和国家所戕害的恰恰是那些发展程度较低的国家与民族。因而，梅尼克十分准确地指出，赫尔德之所以要回到原始的人类状态中去为自己求得慰藉，"这既是出于对清新的原初源泉的热爱，而且也出于对残酷无

---

① 〔德〕梅尼克：《历史主义的兴起》，陆月宏译，译林出版社2009年版，第401页。
② 转引自〔德〕梅尼克：《历史主义的兴起》，陆月宏译，译林出版社2009年版，第402页。
③ 转引自〔德〕梅尼克：《历史主义的兴起》，陆月宏译，译林出版社2009年版，第402页。

情和傲慢自大的憎恨"①,这表现了历史主义的相对主义思想和绝对主义思想的混合和交融。

这样看来,作为一位有鲜明民族主义和历史主义思想的先驱者,赫尔德其实并不是一位狭隘的民族主义者,或者说,他这种关于民族主义狂热的疑虑首先来自于法国大革命。我们甚至相信,如果赫尔德身处于和梅尼克同样的境遇,他一定会对纳粹主义进行严肃而认真的反思。事实上,正如梅尼克所指出的:"早在赫尔德的历史主义的早期阶段,他就面对了这样的问题和需要,亦即如何为直接产生于历史观念的相对主义设置标准和界限,如何在奔腾不息的洪流中保存稳定不变的东西,为的是避免简单地陷于历史现象全然的杂乱无章和多样性之中,而历史现象也仅仅才开始被理解为流动的、代代相续的。……但是,他最生机勃勃的内在冲动是并始终是柏拉图主义——新柏拉图主义的、基督教—新教的暖如春风的世界信仰,其思想后果——他没有意识到这一点——远远地超越了具有时代局限性的人性观念和古典主义观念。"②

因此,和很多历史主义者一样,尽管他们看到了历史和现实中恶的因素及其错误的表现,但是,较之于整体的颇具审美意义的历史过程,这些不过是历史发展中的片段和环节。在这种历史的辩证过程中,自然之美与历史之美可以相互媲美,而在最终意义上,我们依然要相信造物主的伟大。反过来说,"只要是多个造物和平共处,在彼此之中寻找并得到快乐,那么,他们当中不得有哪个人追求独占的,或者至高的快乐。否则,这个造物就会毁灭身边的一切"③。可见,在尊重非理性的历史事实的前提下,以新柏拉图主义和基督新教精神为依托,赫尔德似乎又回到了关于历史的理性主义想象,而这恰恰为后来疯狂的德意志民族主义埋

---

① 转引自〔德〕梅尼克:《历史主义的兴起》,陆月宏译,译林出版社2009年版,第403页。

② 〔德〕梅尼克:《历史主义的兴起》,陆月宏译,译林出版社2009年版,第406页。

③ 〔德〕赫尔德:《反纯粹理性——论宗教、语言和历史文选》,张晓梅译,商务印书馆2010年版,第112页。

下了伏笔。

（二）费希特

不论怎么讲，作为古典哲学家代表之一的费希特对于德意志民族主义的理论贡献都可谓独树一帜。这是因为，较之于赫尔德对法国大革命的外在忧虑，费希特对法国更具仇恨性，并且，这种仇恨性表达的特别直接，当然，他也对德意志民族自我拯救的出路进行了探讨。在此意义上，他表达了自己的新世界主义构想，即"任何一个世界主义者都会借助于民族给他设置的限制，势必成为爱国主义者；任何一个在自己的民族中是极其有力、极其活跃的爱国主义者的人，也是极其活跃的世界公民，因为一切民族文明的最终目的都在于这种文明传播全人类"①。可见，在费希特看来，民族与爱国主义并不矛盾，在这种意义上，我们依然成为世界公民并推进人类文明，这就与狭隘的民族主义和世界霸权主义划清了界限。

首先，在他看来，在拿破仑的帝国主义构想及其对外战争中，法兰西民族建立理性王国的方案其实已经宣告失败，与之相比，在德意志这里，违反理性的狭隘的利己主义也发展到了极端，因此，无论是德国或者法国，都应该重新思考何谓真正的理性国家并为此做出努力。费希特指出："在人类发展中迄今发生的一切，都是在模糊的合理本能的指导下完成的。这种本能曾经鼓舞为数不多的出众人物，借助他们的活动进一步塑造人类。随着文明国家的形成，这种本能逐渐衰退，而且这些有独创才能的人物已经死绝；因此，对人类来说将不再可以指望他们。"②我们要注意到，费希特曾经也是一个"法国迷"，在耶拿战争之前，他对法国的自由主义抱有极大的好感，基于对法国革命的人民性和自由主义的认

---

① 〔德〕费希特：《对德意志民族的演讲》，梁志学等译，商务印书馆2010年版，第4—5页。

② 〔德〕费希特：《对德意志民族的演讲》，梁志学等译，商务印书馆2010年版，第5页。

同。费希特甚至认为："阻止暴力革命有一个非常可靠的办法，而这个唯一的办法就是让人民彻底了解自己的权利和义务。法国革命为此向我们指明和描绘了一幅使人顿开眼界的瑰丽画卷。"①

其次，关于德意志民族性的识别。在阐释德意志民族主义的问题上，费希特有一件功劳值得一书，这便是他对日耳曼民族和德意志民族关系的分析。从血统论角度出发，费希特认为，要想将日耳曼民族与其他民族进行区分是较为困难的，因此，只有语言才能将德意志民族与其他日耳曼族裔进行区分。原因是，语言对人的塑造要远胜于人对语言的塑造，"实际上不是人在说话，而是人的天然东西通过人在说话，并把自己报道给他同类中的其他人"②。费希特也看到，在民族的交往中，语言会互相产生影响，属于一个民族的原始语言会产生偏离，但是，语言似乎具有某种内在性，基于某种历史的观察，他说："数千年之后，这个民族的语言的外在表现在其间发生一切变化之后，也始终保持着这同一股统一的、原初必然要如此迸发的生动的天然语言力量。这股力量通过一切条件不断地流传下来，曾经在每一条件下都必然成为它过去成为的那样，最终必然是它现在那样，因而在若干时期将成为它以后必将成为的那样。"③在此，费希特似乎表达了一种纯正的德国历史主义思想。通过语言，费希特似乎在感性器官中看到了一种超感性的力量，而这种超感性力量是德意志民族之性质的根本。

最后，教育是国家管理和民族复兴的出路。通过历史的省察以及对现实的比较，他认为，德意志社会正在利己主义面前走向腐化堕落。为此，他希望通过非暴力的方式对德意志的民族意识进行自上而下的启蒙，这便是对"有教养的阶层"进行理性化的教育，即："只有进行一

---

① 〔德〕费希特：《论法国革命》，李理译，贵州人民出版社2001年版，第39页。
② 〔德〕费希特：《对德意志民族的演讲》，梁志学等译，商务印书馆2010年版，第57页。
③ 〔德〕费希特：《对德意志民族的演讲》，梁志学等译，商务印书馆2010年版，第58页。

种彻底的改造,只有开始一直崭新的精神,才能够救我们。"① 在这个意义上,他指出,从莱布尼茨到康德的思想发展表明,德意志的民族精神确实存在,德意志必须尽快建立一种全新的教育制度。一方面,不要期望对善良的模仿就能成就善良;另一方面,要在对"有教养的阶层"进行转化的基础上把教育的机会给更多的人,即:"把新的教养施给一切德意志人,以致这种教养不是成为一个特殊阶层的教养,而是不折不扣地成为这个民族本身的教养,并且毫无例外地成为它的一切单个成员的教养。"② 这就说明,和很多德国历史主义者一样,费希特认为,德意志民族复兴必须求助于最可靠的历史理性,并且,新的教育有助于这种理性的恢复,即:"通过新的教育,在大多数人中间,甚至不久就在所有的人中间,将只有精神是活着的,并驱动着人类;这种坚定、确实的精神从前被说成是建制优良的国家唯一可能的基础,现在应当得到普遍的培养。"③

总体来看,费希特的民族主义立足于现实却又超越了现实。在立足现实的基础上,他似乎表现出了一种世界主义精神,所以,对于德法之间的战争,他从一种理性丧失的角度进行了共同批判。但是,毫无疑问,费希特也是一位德意志的民族主义者,在他看来,德意志民族要想避免并走出战争的灾祸,必须坚信理性教育的重要性,并且,这种教育是一种全民教育,这既指向开明的封建领主,也指向具有善良意志的市民阶级。在此意义上,他其实已经吸收并表达了一定程度的现代民主思想,而就社会风尚的改造而言,他主张,德意志民族必须化育和构建一种纯粹高尚的民族精神,并以此带动其他民族社会风尚的转化。

---

① 〔德〕费希特:《对德意志民族的演讲》,梁志学等译,商务印书馆2010年版,第18页。

② 〔德〕费希特:《对德意志民族的演讲》,梁志学等译,商务印书馆2010年版,第19页。

③ 〔德〕费希特:《对德意志民族的演讲》,梁志学等译,商务印书馆2010年版,第20页。

（三）黑格尔

按照安东尼的说法，"民族观念是作为骄傲的自由观念、在反对绝对主义国家的斗争中诞生的"①。可是，这句话对于黑格尔似乎只具有1/2的正确性，也就是说，在黑格尔这里，自由是衡量世界历史演进的一个基本尺度，国家是自由原则的现实载体，但是这种相对性的实体最后要统一到绝对精神那里去。所以，在黑格尔哲学的框架下，自由其实是一种绝对意义上的自由，并且，日耳曼民族和普鲁士国家是这种自由的终点，这便是作为思辨历史主义典型代表的黑格尔的民族主义思想的基本特点。

首先，黑格尔所谓的民族是一种宗教特性的民族。

在此意义上，一个民族是否具有历史以及能否进入世界历史完全取决于其对理性意识的程度，所以，他指出："各民族在有史以前经历的那些时代——我们可以想象它们为多少世纪或者几千万年——也许它们曾经充满了革命、游牧迁徙和最稀奇的变迁——因为它们没有主观的历史叙述，没有纪年春秋，所以也就缺少客观的历史。"②他甚至举例说："只有在对于'法律'有自觉的国家里，才能有明白的行为发生，同时对于这些行为也才能有一种清楚的自觉，这种自觉才会产生保存这些行为的能力和需要。"③在黑格尔看来，正如基于一种对法律的自觉去约束自己的行为一样，一个民族是否有历史以及是否成为世界历史的民族主要取决于这个民族对民族意识的自觉，在这个意义上，"历史理解"要比"历史事实"更重要。

根据上述认识，黑格尔认为，尽管拥有宗教古籍和灿烂的诗歌作品，

---

① 〔意〕安东尼：《历史主义》，黄艳红译，格致出版社、上海人民出版社2010年版，第57页。

② 〔德〕黑格尔：《历史哲学》，王造时译，上海人民出版社2006年版，第57页。

③ 〔德〕黑格尔：《历史哲学》，王造时译，上海人民出版社2006年版，第57页。

但是印度依然没有历史，原因是："在这个国家里，组织的动力，在正开始要形成社会的区别的时候，马上就僵死在依照'阶层'而纯属自然的分类之中。……所以道德的因素，在印度堂皇的生活里和印度政治的制度里，是荡然无存的。天然区别的铁链既然深深锁起了一切，社会的联系自然一定是野性的专横，——无常的活动，——或者简直可以说是狂暴情绪的表演，并没有前进或者发展的任何最后目的，因为这个原故，泥摩息尼——'记忆女神'便找不到对象，思想的纪念就无从出现。"①实际上，黑格尔的这种思想其实也很好理解。在他看来，与中国那种家长制的伦理道德管制不同，"印度对于事物的见解是一种'普遍的泛神论'，但是是一种'想象'的泛神论，而不是'思想'的泛神论"②。源于这种想象，印度人所做的更多是梦境的游戏，在此情况下，其对神是一种玷污。更何况，由于不平等的种姓制度的约束，印度人一出生就陷入了一种先天的不平等，这使其必然要被排除在世界历史之外。

其次，日耳曼民族是世界历史的终结者。

作为一名思辨历史主义者，黑格尔的民族主义思想貌似不那么露骨。这是因为，在最终实现普遍的精神自由的名义下，"日耳曼'精神'就是新世界的'精神'。它的目的是要使绝对的'真理'实现为'自由'无限制的自决……日耳曼各民族的使命不是别的，乃是要做基督教原则的使者"③。在此，所谓的基督教原则其实是基督新教的原则，也即个体意识和个体自由的原则，这种原则恰好符合德国小邦林立的政治和社会现实。但是，与希腊和罗马相比，日耳曼人似乎有一种别具一格的发展方式，这恰恰契合了世界历史发展的客观进程。他说："希腊人和罗马人都是内部成熟以后，才用全力向外发展。日耳曼人刚好相反，他们从自身涌出来，弥漫泛滥于世界上，在前进途中使各文明的民族那些内部已经腐朽和空虚的政治构造屈服。然后他们的发展方才开始，被一种外族的文化、

---

① 〔德〕黑格尔：《历史哲学》，王造时译，上海人民出版社2006年版，第57页。
② 〔德〕黑格尔：《历史哲学》，王造时译，上海人民出版社2006年版，第131页。
③ 〔德〕黑格尔：《历史哲学》，王造时译，上海人民出版社2006年版，第321页。

一种外族的宗教、政治和立法煽动起来。他们所经历的文化过程，乃是采取了外族的东西，归并到他们自己的民族生活里面来。所以他们的历史乃是一种自外向内同自身发生关系的演变。"① 仔细想想后来纳粹主义的思想和行径，黑格尔的这段话对德意志民族主义原则表述得何其真切而露骨？这实际上意味着对日耳曼民族特殊性和优越感的生发。

在黑格尔的时代，这个民族性似乎要化解两个问题：一个是对抗罗马教会对德意志地区民众新教信仰的宰制，换言之，教会的真理并不是绝对真理，新教真理才是真正的真理，因为这个真理能够最大程度地实现个体自由。另一个是对抗世俗权力对德意志民众的伤害，并且，最关键的是，在由"政教合一"向"政教分离"的历史进程中，德意志民族从未缺席，它自己就是世界历史的亲历者。当然，我们依然需要强调的是，黑格尔不是在"是什么"的意义上叙述世界历史，而是按照基督教"三位一体"的观念来为日耳曼民族和国家进行神义化的论证，所以，"圣父的王国""圣子的王国"和"圣灵的王国"都是真实并且值得尊重的历史。从这种意义出发，宗教改革之后的历史代表了日耳曼世界的第三个时期，在这一时期，"'自由精神'的原则在这里成为'世界'的旌旗，从这个原则产生了'理性'的各种普遍的规律。……从这个纪元以后，'思想'开始获得正当地属于它自己的一种文化；从这种文化发生的各种原则便变成了国家组织的典范"②。在这个圣灵意义的"精神的王国"里，我们的主要任务就是调和有限与无限、理性与非理性、人性与神性之间的关系。

最后，日耳曼民族主义的反自由主义色彩。

在思想史的历程中，对自由的渴望、争取和实现似乎是一个永恒的话题，但是，在德国历史主义的谱系中，由于始终没有放弃其形而上学维度的本体论架构，所以，其始终不同程度地存在某种神秘主

---

① 〔德〕黑格尔：《历史哲学》，王造时译，上海人民出版社2006年版，第321页。
② 〔德〕黑格尔：《历史哲学》，王造时译，上海人民出版社2006年版，第324页。

情结。这使得其对现实的民族、国家、语言、法律等问题的探讨最后必然倒向某种天赋正义。对于这种做法的危险性，我们要保持足够的警惕。

实际上，黑格尔一开始就是反对对理性的抽象理解，而当他相继经历法国大革命、雅阁宾派专政、拿破仑的对德战争以及著名的"三十年战争"之后，他的思想其实愈加矛盾，但对德意志民族的存在论、价值论和目的论进行辩护的冲动也愈加强烈，结果是，"为了让民族气质概念具体化，黑格尔将来自赫尔德以及休谟和伯克的各种论点糅合在一起；终于，这位复辟时代的哲学家给了这一概念坚定的反自由特色"①。于是，在未充分考察这种反自由主义原则危险性的情况下，黑格尔将一种道德感极强的民族优越感捆绑在了普鲁士国家之上。所以，黑格尔连同他的弟子克劳塞维茨将战争视为国家间关系准则的论调就十分自然，这样一来，"问题涉及的不仅仅是简单的现实主义，不仅仅是对博爱理想、人道、国际正义的怀疑主义，也不仅仅是承认存在利益和强力的残酷现实：这实际上是从伦理上使战争神圣化，即一种强权伦理"②。

在黑格尔这里，德意志的民族主义并未从现实主义出发对国家间的关系展开某种恰如其分的分析，而是借助于其思辨的历史辩证法回归到了某种神秘性之中。更简单地说，黑格尔已经将那种广泛意义的"世界精神"偷偷置换成了德意志的"民族精神"，并顺手赋予后者以道义的正确性和崇高性，这为19世纪的泛日耳曼主义和泛斯拉夫主义埋下了思想基础。在此意义上，安东尼再次强调："德意志民族在18世纪后半叶的经历，与一个世纪后俄罗斯民族的经历颇为相似：它以新颖清新的精神活力和自己独特的天性进入西欧文化。这场运动突然且富有攻击性，它造成的反应和回击革新并丰富了西方的文化和心智，扩展了西方

---

① 〔意〕安东尼：《历史主义》，黄艳红译，格致出版社、上海人民出版社2010年版，第85页。

② 〔意〕安东尼：《历史主义》，黄艳红译，格致出版社、上海人民出版社2010年版，第86页。

的视野。"①

可是，这种视野的扩展所带来的结果又是什么呢？按照黑格尔的神圣理性，历史中出现的任何事件（如杀戮、残杀、侵害等）似乎都有某种合理性依据。但是，在理性和现实之间，黑格尔似乎忘记了普遍的道义原则，或者说，当他将这种道义原则让渡给上帝之后，现实世界的道义问题似乎很不重要，又或者说，在一种历史主义方案中，他给人的良知自省和道德反思没有留下多少可能的空间。与之相反，这种方案剩下的可能只有服从（哪怕是对暴力和强权的服从），这便是其对所谓的"理性的狡计"的乐观化预想以及作为"世界历史的个人"加以藐视的思想根由，而这恰恰成就了安东尼所谓的历史机会主义，并且，"这种'历史主义'在很大程度上支配了19世纪和20世纪上半叶的历史、政治和哲学思想，并在某种程度上决定了我们文明的命运"②。

五、历史主义与纳粹主义

至今看来，关于德国的纳粹主义，我们可以有一千种理由对其进行反思，其中，从政治、军事和文化的角度所展开的清理和反思无疑最具说服力。但是，若从柯林伍德所谓的"一切历史都是思想史"的意义出发，我们认为，从思想史的角度理解纳粹主义无疑是可能而必要的。原因是，在18世纪以来的欧洲思想史传统——尤其是德国历史主义发展的谱系——中，德意志的思想界大致经历了"对启蒙理性主义的反叛—对德意志民族性的寻求—对普鲁士精神的推崇—对纳粹主义的默认"等一系列较为鲜明的思想变奏。在此过程中，历史主义既借助历史意识完

---

① 〔意〕安东尼：《历史主义》，黄艳红译，格致出版社、上海人民出版社2010年版，第48页。

② 〔意〕安东尼：《历史主义》，黄艳红译，格致出版社、上海人民出版社2010年版，第88页。

成了对历史科学的知识论的构建，也借助其个体性和发展性原则对德国完成了一种国家主义和民族主义情感的凝聚和升华。所以，在兰克和黑格尔那里，尽管都奉行一种所谓的客观历史主义原则，但实际上，他们二人都悬设了一个历史发展的神性主体。并且，从费希特、赫尔德、黑格尔、德罗伊森、西贝尔、特赖奇克、特勒尔奇等人开始，用历史为德意志精神和普鲁士道路进行辩护早已是十分清楚的做法。

在上述背景下，我们不得不说，在德国走向帝国政治（含第二帝国和第三帝国）的过程中，历史主义其实以历史的合法性为德意志现实中的各种不合理提供了历史理性论证。在此过程中，德意志知识界从未对事实与价值、理性与非理性、权力与道德之间的关系进行过清楚地区分。当然，我们也不得不说，即便是历史主义能够借助历史理性对权力与道德的关系进行非国家主义的界说，可是，作为一个现代国家的迟到者以及在民族国家浪潮中的被动者，德意志民族又如何能够在历史主义的安顿中等待那份渺茫无助的和平？因而，历史的结果必然是，历史必然要向现实臣服，因为现实中整体化的"国族"渴求要比那种历史性的思想安顿更急迫。所以，在德意志第二帝国向第三帝国的过渡中，自由主义、议会民主和社会主义最后都没有在德国成为主流，反而是纷纷向右翼运动低头并催生出了一种肤浅的历史进步主义和历史乐观主义，而这无疑构成了纳粹主义的思想原罪。

于是，基于历史主义对个体的非理性价值的变化及其所产生的思想史效应，我们认为，历史主义与纳粹主义之间是一种正向建构关系，对此关系的反思是省察历史主义现实危害的必要工作。这种反思或许表现在以下几个方面：

（一）历史主义对个体是一种无批判的认同

在历史主义这里，历史个体在事实和价值层面同时具有优越性，因而，历史主义排斥了基于后来和外部标准对其进行评判的可能性。在此问题上，默泽尔、莱布尼茨、歌德、赫尔德、德罗伊森和梅尼克都是同路人。

在莱布尼茨这里，由于坚信理性与信仰的统一，所以，单子是世界的表象。只不过，在他这里，实物性和动物性的单子是一种低级意义的单子，只有具有理性灵魂人和最高意义的上帝才是重要单子，这些丰富多样的单子表现了宇宙的普遍联系和有机生命的无限性。最关键的是，单子是肉体的隐德莱希，它表现肉体但不等于肉体，因而，肉体之间充斥着联系和运动，通过这种运动，"每一物体不仅接受与其紧密相邻的物体的作用，而且通过这些物体接受遥远物体的作用，这种联系甚至扩展到很远很远的地方。因此，每一个物体都被宇宙中所发生的一切牵连着，以致那些有洞察力的人能够在任何一个个别的部分中，看到在整体中发生的事情，甚至看到那些早已发生或尚未发生的事情"①。此外，莱布尼茨还认为，单子之间存在着一种先定和谐，这种先定和谐是由上帝安排好的。综合这两种认识，我们认为，莱布尼茨为历史主义奠定了两重思想内核：其一，个体就是整体，认识了个体同样意味着认识整体。其二，个体就是永恒，由于个体内部和个体之间存在着一种神义性和谐，所以，莱布尼茨将个体置于一种理性的秩序之上。

在梅尼克这里，莱布尼茨的个体原则被有效继承，特别是他对莱布尼茨在《人类理智新论》中所谓的"精神就是在多中挚爱着一"的话语心醉神迷。梅尼克指出："在莱布尼茨这里，我们也窥见了来源于古代的新柏拉图主义世界观，根据这种世界观，所有各不相同的存在物都从一个它们依赖于其中的独一无二的最高和普遍的第一因那儿获得其特定的性质。"② 对于历史主义来讲，莱布尼茨更大的意义在于突破了抽象的自然法和近代的机械主义宇宙论，即通过对新柏拉图主义基本观念的回溯，

---

① 〔德〕费尔巴哈：《对莱布尼茨哲学的叙述、分析和批判》，涂纪亮译，商务印书馆1979年版，第92页。

② 〔德〕梅尼克：《历史主义的兴起》，陆月宏译，译林出版社2009年版，第18页。

他看到了运动和紧密地相互作用着的能量的无限多样性,这些运动和能量均来自于终极的和至高无上的源泉。而且梅尼克还坚信,这种形而上学解决方案"将被历史经验的直接证据所证实"①。

事实是,在德国的浩劫之后,梅尼克固然看到了现实的惨烈以及德国自身在战争中受到的伤害,在纳粹主义兴起之前,他就已经表现出了对强权政治的担忧。在纳粹当政之际,他甚至明确表示了对法西斯主义的反对立场,为此,他被迫辞去了德国历史学派的代表性刊物——《历史杂志》——的主编,但是,或许是由于对德意志的文化传统太过迷恋和自信,尤其是基于历史主义立场对历史个体的自洽逻辑过于执着,所以,一方面,梅尼克认为,纳粹主义是德国历史发展的偶然,是西方文化发展的必然;另一方面,带着深重的反思,他认为,德国没有解决好权力和道德的和谐关系,这又和古老的德国思想文化传统格格不入。例如,在莱布尼茨和歌德等人那里,这种问题根本就不存在。质言之,德国的新生依然可能,深厚持久的古典主义便是这种重生的方向。

(二)历史主义放大了对历史过程的乐观主义想象

在我们看来,历史主义最大的问题在于对事实与价值问题的含混处理,或者说,基于对历史事实的价值无涉,历史主义催生出了一种与启蒙相异趣的历史乐观主义。

一方面,基于对个体价值的存在论认可,历史主义认为,每一个个体都有其内在的、独立的结构和意义。在这个意义上,历史理解要比历史本身重要得多,因此,德罗伊森强调说:"我并不想依据自己的任意主观性或是渺小的个性来解决历史表现的重大任务。但是当我从自己的人民、国家和宗教的立场出发去看过去时,我就站在自我之上了。由此我就

---

① 〔德〕梅尼克:《历史主义的兴起》,陆月宏译,译林出版社2009年版,第19页。

从一个更高的自我出发思考了，而我渺小的个人已经融化在这更高的自我之中。"① 也正是因此，在关于历史个体的存在论认可层面，历史乐观主义与历史相对主义结合在一起，它意味着，个体本身无所谓对错，而所谓的对错无非是一种外在评价，历史主义恰恰要排斥这种外在的评价。

另一方面，由于历史主义对个体的发展过程持一种存在论和价值论认可，所以，在较为漫长的谱系中，历史主义总是在自觉不自觉地将其"发展性"原则进行一种类生物学的处理。例如，在兰克这里，历史就是诸多个体多样化发展的一条奔腾之流；在德罗伊森这里，事物的发展不受人的善或恶的意志支配，所以，在崇高的伦理和现实的历史之间不存在任何真正的冲突，所谓的恶必然会在历史过程逐步得到减弱甚至消失，质言之，历史过程就是一个伦理过程。

其实，如果仅仅是一股社会思潮倒也罢了，问题是，在兰克之后，德国的若干史学家已经主动将历史研究与德意志的国家理性、民族主义和权力政治进行结合。在这种背景下，所谓的个体原则被直接置换为普鲁士的君主制和德意志的特殊性，而当这一点被有意巩固和放大之后，魏玛共和国所代表的议会民主和共和政治、社会民主党所坚信的大众民主和社会主义原则必然会被一一排斥，所以，1848年的资产阶级革命其实对德意志世界未产生任何实质性影响。与此同时，国家和民族意义上的集体意志和公共权力问题必然无法受到及时有效的讨论和遏制。于是，当纳粹党以强权压制社会舆论并进行种族大清洗的时候，我们在德罗伊森那里看到了让人后背发凉的一段话，即士兵"杀人放火是因为他被命令这样做，那么他就不是作为个人且依据个人想法行事，而是根据众多关系行事，这些关系一起形成他的自我，而且在他的良心中交织在一起。因此他的行为是源自一个更高自我……当他服从自己的更高责任时，他的内心就会安宁。当他的行为是全身心地为这一更高的普遍利益服务时，

---

① 转引自〔美〕伊格尔斯：《德国的历史观》，彭刚等译，译林出版社2006年版，第141页。

他就觉得自己超越了狭小的个人自我,仿佛他由于一个更高法则而变得崇高"①。

(三)纳粹主义是历史主义的间接结果

从某种意义上讲,作为德意志精神主要代表的日耳曼人似乎总是在追求统一,具体是:在中世纪的德意志神圣罗马帝国框架中,由于奥地利的哈布斯堡家族和罗马教会的主导,普鲁士对德国的现实政治和文化没有起到实质性影响,经过"三十年战争"之后,普鲁士开始崛起并开始有意识地通过历史和文化为自己进行正名;在践行"小德意志方案"进而成就德意志第二帝国的过程中,普鲁士的军国主义和俾斯麦的"铁血政策"可谓功不可没;在短命的魏玛共和国的建立和崩溃以及第一次世界大战之后,《凡尔赛和约》又一次刺激了德国人的自尊心,这使得他们必然要在欧洲既定的政治秩序中为自己寻求发展空间,当然,彼时欧洲其他国家对德国军事扩张的松懈使得这种社会心理变成现实。最后,在摆脱"一战"政治秩序进而催生第三帝国的过程中,德意志的民族主义情绪被无限放大,这使得希特勒所谓的"纯洁性"民族政策变得可能。

问题是,在德意志追求统一的过程中,作为其理论伴生物的历史主义始终没有退场,反而是由对启蒙的理论对抗走向了对自身特殊性道路的强力辩护。若以1840年代为界,早期历史主义的主要目的是为了矫正启蒙的机械理性主义,提倡用"如实直书"的客观主义治史信条对待历史事物,尼布尔、萨维尼、兰克都是这方面的代表人物;而在1840年代之后,德国历史主义逐渐偏离了客观主义立场,而是明确主张历史研究要为现实的政治利益和国家权力服务,其主要目的就是为"德国"的降

---

① 转引自〔美〕伊格尔斯:《德国的历史观》,彭刚等译,译林出版社2006年版,第145页。

生提供目的论支撑,歌德、赫尔德、洪堡、费希特、黑格尔、德罗伊森和西贝尔等人堪称这一方面的典型代表。

对于德国纳粹主义的起源问题,中外学界已经进行了相当丰富的研究,但是,无论怎么讲,民族主义是纳粹主义的灵魂,历史主义既是其理论基础,也是其理论构成。由此出发,恩格斯慨叹道:"自从俾斯麦利用普鲁士军队极其成功地实行了资产阶级的小德意志计划的时候起,德国就这样坚决地沿着这个方向发展,以致我们和其他人一样只好承认这个既成事实,不管我们是否喜欢它。"① 事实是,马克思主义及其所领导的工人运动在19世纪末到20世纪上半叶并未在德国成为主导,原因是,其所认同并试图超越的工业化文明让德意志的民族主义者们很不爽,所以,在1926年的《民族与种族》中出现了这样的话:"他(产业工人)的工作与死物打交道……他的工作节奏不是遵循日升日落或者季节更迭或者天气变幻,而是由不分冬夏和日夜的自我运转的机器而决定。他的工作由精确的厘米、公斤或者尺寸测量,而与生活本身无关。"②

在启蒙以来的理性主义文化格局中,历史主义始终在用历史来说事,对于这种与历史相结合的道德相对主义、社会达尔文主义、种族优越论问题等,他们自始就缺乏足够的心理警醒,而这恰恰构成了德意志特性和后来泛滥的种族主义的思想温床。正是在此意义上,伊格尔斯指出:"希特勒就不是德国历史上的异数,而是深深植根其中。"③ 实际上,梅尼克最大的问题在于没有区分历史主义与纳粹主义是直接还是间接关系。如果说德国的历史主义直接导致了纳粹主义,那么,其论证也有点牵强;如果历史主义与纳粹主义没有干系,也有点说不过去,因为与德国历史主义相类似,英国有保守主义思想传统和党派组织,意大利后来诞生了

---

① 《马克思恩格斯文集》第10卷,人民出版社2009年版,第239页。
② 〔英〕彼得·沃森:《德国天才(4):断裂与承续》,王莹等译,商务印书馆2016年版,第44页。
③ 〔美〕伊格尔斯:《德国的历史观》,彭刚等译,译林出版社2006年版,第402页。

墨索里尼，日本诞生了军国主义，这里的关键在于，历史以及由此而可能的历史理性仅仅是为了凝聚民族共识，实现自身独立发展，还是将这种感觉放大进而推向一种民族优越论和种族清洗论？很显然，"二战"前的德国并没有较好地处理这个问题，而在经历了"二战"的梅尼克那里，这个问题依然有点模糊不清。

专论五
历史主义与保守主义

  历史主义是一个极其复杂的结构,从社会方面来看也是千变万化的,但是在本质上它具有保守主义的根源。作为一种反对与过去革命性决裂的政治论证,它无所不在——当历史事实不是被热情地用来反对当前事实时,当事物的变化过程本身被敏感地体验到时,"历史研究"才转向历史主义。这是伯克的"连续性"、法国的传统主义和德国的历史主义的共同之处。

——卡尔·曼海姆

  "历史"二字似乎意味"保守",实际上,这种看法对德国历史主义并不完全适用。原因是,德国的历史主义既是一股思想潮流,也是一项现实运动。在前一种意义上,启蒙主义和法国大革命是其主要的批判对象,在这一维度,其与德·迈斯特和埃德蒙·伯克分享了同样的问题和逻辑;在后一种意义上,历史主义不是简单地用非理性来对抗理性,或者说,后期的历史主义已经脱离了对启蒙理性的外在批判,而是转向用历史理性为"普鲁士-德国"模式进行辩护,所以,以种族主义和国家主义为主导的德意志第三帝国其实是以普鲁士精神为主导的德意志第二帝国逻辑的进一步延伸。质言之,在近世欧洲的思想史传统中,历史主义与保守主义同出一源却又分道扬镳,此可谓历史主义与保守主义思想谱系的内在关联。

一、保守主义的内涵及其形式

尽管历史主义与保守主义共同诞生于对法国革命进行反思的政治和思想语境,尽管我们现在已经十分习惯于在与自由主义相对的意义上谈论保守主义,但是,作为一项基本的思想史事实,历史主义与保守主义有着千丝万缕的联系,因此,与历史主义一样,保守主义的含义也是聚讼纷纭。在曼海姆看来,保守主义至少应该从两个相互关联的层面去分析,一个是要区分"现代保守主义"与"一般传统主义"的关系,其中,前者指的是一种特殊的历史和社会学状况,后者指的是一种对革新的恐惧心理;另一个是要区分其与德国早期保守主义(如默泽尔、亚当·米勒和萨维尼乃至黑格尔)的关系,在此意义上,保守主义已经变成了一项现实的意识形态运动,即:"保守主义作为事件综合体中一种有意识的酝酿和设计的潮流,其出现已经兆示着在现代发展的进程中社会和精神世界产生的方式呈现出来一种完全不同的结构。"①曼海姆的这一区分较为权威,他也因此成为许多学者分析保守主义问题的一个理论参照。

在曼海姆之后,斯克拉顿还对保守主义的含义做了更为系统的梳理。在他看来,作为一种思想,保守主义至少可以上溯至16世纪末—17世纪初,其以1594年理查德·胡克出版的《论教会体制的法则》为标志。当然,如果我们把这种一般性的内涵进行拓展,我们还可以将亚里士多德、西塞罗、奥古斯丁、阿奎那乃至休谟都纳入其中。与此不同,作为一种成体系的政治态度,保守主义源于对1789年法国大革命的谴责,这主要以1790年埃德蒙·伯克所发表的《法国革命感想录》为标志,在这

---

① 〔德〕曼海姆:《保守主义》,李朝晖等译,译林出版社2002年版,第71页。

部现代保守主义开山之作中,作者其实在有意维护法国大革命之前的社会秩序。此外,斯克拉顿还对罗西特关于保守主义的四种内涵(即本质上的保守主义、情境上的保守主义、政治保守主义和保守主义哲学)进行了引述。在此基础上,他将罗西特的定义简化为两种:在第一种意义上,保守主义主要指一种守旧主义思想,它指的是人们的态度、观念和思想倾向,它包含了"本质主义的保守主义"和"情境主义的保守主义",这是一种自然的保守主义,其英文对应词为"conservatism";在第二种意义上,保守主义主要指的是保守主义的政治和保守主义哲学,也即与保守主义政党直接或间接相关的一整套连贯性的政治信仰和意识形态,在这种情况下,保守主义的英文对应词应为"Conservatism"。①

无论怎么区分,保守主义都有两种指称应该被确定下来,即在小写(conservatism)的意义上,它指的是一种在人们内心世界存在的一种普遍的"不思进取"或"安于现状"的心理习惯;在大写(Conservatism)的意义上,它特指在法国大革命基础上衍生出来的一种政治传统和意识形态。大写意义的保守主义和小写意义的保守主义都似乎缺乏一种变革精神和进步意识。在此意义上,我们较为认同奥克肖特的概括:"保守主义者,就是喜爱熟悉的事物胜过未知的事物,可信赖的事物胜过未经试验的事物,事实胜过玄理,眼前之物胜于遥远之物,充足胜于完美,现时的欢乐胜于虚幻的极乐。"②

(一)作为心理习惯的保守主义

我们之所以从"心理习惯"的意义上去谈论保守主义,无非是基于这样的考虑:其一,保守主义首先是一个久远而广泛的概念和用法,也

---

① 参见〔英〕斯克拉顿:《保守主义的含义》,王皖强译,中央编译出版社2004年版,第3—4页。

② 转引自〔英〕斯克拉顿:《保守主义的含义》,王皖强译,中央编译出版社2004年版,第4页。

即在小写的意义上，它表达了人们对既有的生活方式、思维习惯、社会制度、文化传统的认可、适应、尊重乃至迷恋。在这种意义上，保守主义对既有历史的事实性尊重也表征着一种价值论认同，所以，讨论保守主义必须讨论其一般性。其二，源于与历史主义问题的相关性，历史就等于传统，它表征着包括我们自身在内的所有现存事物的来源、过程乃至本质。在此意义上，保守主义已经超越前一种意味进而具有了某种本体论色彩，它意味着"历史-现实-未来"具有相通性，如同"猴体"和"人体"的关系一样，我们可以从"人体"去解剖"猴体"，但是，"猴体"是"人体"的来源，在此意义上，保守主义意味着一种较为惯常的心理习惯。

按照学者的梳理和我们的理解，西方的保守主义有明确而连贯的观念和原则，其大致有四种类型①，他们基本上表征着"作为心理习惯的保守主义"的基本内涵，它们分别是：

原则1：悲观主义

从汉语的词义和习惯来讲，"保守"一词似乎天然充满了某种贬义色彩。显而易见，当我们说一个人（这个人也可以是我们自己）思想或者行为比较保守时，其实暗含着某种不信任，或者说，"性恶论"是这种保守主义的思想底色。在其看来，凡是那种以所谓的进步、变革、发展之名来对传统进行质疑、反思、批判甚至摧毁的做法其实都不同程度地彰显了人性之恶。正是在这种人性论和道德哲学的意义上，"保守主义者是性恶论者，他们总是强调人类本性中与生俱来的邪恶、嫉妒、贪婪、暴力、懒惰和自私。保守主义思想最为古老也最广为人知的原则就是：他们相信'缺憾性'是人所固有的特性"②。时至今日，持"性恶论"者依然不乏其人，这恰恰表现了人类自古以来对人性的某种先验的思考抑或经验的观察。

---

① 参见〔英〕斯克拉顿：《保守主义的含义》，王皖强译，中央编译出版社2004年版，第7—10页。

② 〔英〕斯克拉顿：《保守主义的含义》，王皖强译，中央编译出版社2004年版，第7页。

在西方保守主义思想传统中，人们对自然法、对柏拉图所推崇的理念王国对现实世界的约束性其实持怀疑甚至不信任态度，所谓的"约伯难题"也就是在这个意义上讲的。在基督教的教义中，上帝不仅是先于世界和人类之前的一种事实性存在，而且还是善恶标准的制定者和仲裁者。按照基督教的叙事，在"创世"之初，人类本没有罪恶，人类如果按照上帝的要求在伊甸园里生活，那么，人类就会永享极乐。可是，由于人受了蛇的诱惑偷尝禁果，这使得人产生了羞耻感并迅速对自己的缺点进行了掩盖，殊不知，这一切都逃不过上帝的眼睛。在基督教教义体系中，人类偷尝禁果意味着人告别了至纯至真的自我，在之后的教义史中，人类及其后代一次又一次的背叛上帝，这使得上帝对人的救赎成为可能，这恰恰反映出人性之中恶的因素的不断萌发和实现以及上帝对人的告诫与拯救。

在启蒙以来的理性主义传统中，人们一开始以为，只要重视并发挥我们的天赋理性，自由、平等、宽容和进步的世界完全可能。实际情况是，这种先验意义的理性并不等于经验意义的理性，或者说，理性与历史并不符合。在此意义上，历史主义的首要任务就是要通过对非理性化的历史事物和历史过程的认可来对抗法国启蒙的理性主义。当然，启蒙并不只是法国的事业，在法国，启蒙展现的更多是较为现实而激烈的政治形式，而在德国的康德这里，启蒙才获得了自己的哲学定义和理论范式。质言之，启蒙是欧洲社会历史发展的自然结果，历史主义与理性主义的对抗实际上代表的是欧洲文明内部不同力量或者说启蒙的辩证原则之双方的自我对抗。

所以，并不是所有人都看好启蒙，也并不是所有人都信赖理性主义。在欧洲世界若干人连续发起的对启蒙的质疑和批判运动中，启蒙的合理性被逐渐解构，在这方面，赫尔德、德·迈斯特、埃德蒙·伯克、哈曼、萨维尼等人都可谓典型代表。对此状况，以赛亚·伯林曾结合思想史进行过专门总结，他说："浪漫主义、反理性主义、对一切理论和知识结构的怀疑，认为它们在最好的情况下也不过是有用的虚构，在最坏的情况下则认为它们是颠倒是非的媒介,既一种逃避面对现实本身的形式,……在文艺复兴时期的新柏拉图主义者那里,在帕斯卡那里,特别是在维柯那里,可以看到更多这样的东西。"①

例如,对于启蒙的形而上学构架,哈曼就专门批评道:"形而上学有其自身的学派和专门用语……我既不能理解它们也不能运用它们。因此我逐渐猜想我们整个哲学体系包含的语言比理性更多,对不计其数的话语的误解,对任意抽象的人格化……已经产生一整个世界的问题,试图解决它们就像当初把它们制造出来一样徒劳无益。"②试问,这不是悲观主义又是什么?自古至今,在每一个时代,人类都试图寻找一个普遍的原则来安顿生活。其所谓的普遍原则要么是彼岸世界的理念论,要么是普遍意义的宗教神性,要么是普遍意义的人性论,可在最后,人们都告诫自己要向现实低头。在此意义上,保守主义对理性主义的抨击也确实有某些道理。

或许源于这种现实主义,伯克才愤然说道:"骑士的时代已经过去了,继之而来的是诡辩家、经济专家和精于算计的人的时代,欧洲的光荣已经永远消失。我们永远也不会再看见人们对显贵和女性表示豁达的忠诚、自重的恭顺、庄严的服从、心灵的谦逊了,而所有这些即使在被奴役的时候,也使崇高的自由精神保持不衰。用金钱买不到的优雅生活,廉价的国防,豪侠感情和英雄气概的培养,已经过去!道义感和对荣誉的忠贞不贰,曾把污点当作创伤,鼓舞人们的勇气而减弱人们的凶狠,使它所接触的一切变得崇高,并且在它的影响下,罪恶本身也会因失去其一切严重性而减少一半的祸害,然而,现在这都成为陈迹了。"③所以,在我们看来,通过保守主义思潮的批判,我们或许应该建立起一种对于进步观念的辩证理解。或许,源于这种历史的悲天悯人的情怀,我们方能放慢变革的脚步,从而使过去的文明得以合理延续。

---

① 〔英〕伯林:《启蒙的三个批评者》,马寅卯等译,译林出版社2014年版,第295页。
② 〔英〕伯林:《启蒙的三个批评者》,马寅卯等译,译林出版社2014年版,第308页。
③ 陈志瑞、石斌编:《埃德蒙·伯克读本》,中央编译出版社2006年版,第169页。

原则2：怀疑主义

实际上，当康德喊出大胆而公开地运用自己的理性的时候，理性主义的怀疑主义已经开始上路，在此之中，传统与现实、理性与非理性、进步与落后之间的鸿沟被拉开，所以，"所有的保守主义者都表现出超乎一般的对政治和社会生活传统的热爱之情，这当然与他们的怀疑主义直接相关"①。当然，我们更愿意指出，怀疑主义又何尝不是理性主义的一种形式？更何况，这种疑问和判断并不违反康德对启蒙的定义。

理性既是一种怀疑能力，也是一种运用怀疑能力的结果。康德指出："启蒙运动就是人类脱离自己所加之于自己的不成熟状态。不成熟状态就是不经别人的引导，就对运用自己的理智无能为力。当其原因不在于缺乏理智，而在于不经别人的引导就缺乏勇气与决心去加以运用时，那么这种不成熟状态就是自己所加之于自己的了。要有勇气运用你自己的理智！这就是启蒙运动的口号。"②或许是从正面阐释人的解放，因而，康德这段话被人引用了无数遍，但是，如果仔细去揣摩，他的这段话何尝不体现着休谟怀疑论的影子？一方面，康德固然要提醒人们对那些随处可见的、习以为常的乃至可以直接可以上手的经验保持警惕。原因是，这些东西只是一个客观的给予，它并未经过主体的自我反思，这就显出了怀疑的重要性，也只有在克服思想懒惰的前提下，我们首先才能意识到所谓的"不成熟状态"并进行改观。另一方面，康德更强调公开运用理性的重要性。康德指出："必须永远要有公开运用自己理性的自由，并且惟有它才能带来人类的启蒙。……我所理解的对自己理性的公开运用，则是指任何人作为学者在全部听众面前所能做出的那种运用。"③

然而，历史似乎和康德开了一个玩笑。在康德这里，用可以公度性的理性来进行自我和他者的启蒙被赋予了正面的意义，但是，在"启蒙

---

① 〔英〕斯克拉顿：《保守主义的含义》，王皖强译，中央编译出版社2004年版，第8页。
② 〔德〕康德：《历史理性批判文集》，何兆武译，商务印书馆1990年版，第23页。
③ 〔德〕康德：《历史理性批判文集》，何兆武译，商务印书馆1990年版，第25—26页。

了的"人和社会中，理性似乎并未带来和平，反而助长了一种理性的暴政。例如，在法国大革命的恐怖专制时期，暴力与流血司空见惯。所以，伯克以嘲讽的语气说："（在）法兰西，当它放松了合法权威的羁绊，就加倍纵容风尚的肆无忌惮，以及言论和行动中对宗教的侮慢亵渎，并把财富和权力的顽症即一切不幸的腐败蔓延到了生活的各个阶层，好像它正在分享某些特权，开放某些隐秘的利益似的。这就是法兰西新的平等原则之一。"① 这样看来，理性似乎成了滋生暴政的渊薮，在自由主义被日渐放大的情况下，古老的秩序、贵族的威望、宗教的权威都——遭到批判，这种基于理性能力所展开的怀疑主义运动的界限似乎从来都不清楚，它也因此成为启蒙走向自我悖反的原因。

原则3：国家与社会的分离

用国家与社会之间的关系来讨论保守主义代表了保守主义问题的另一个维度。这主要涉及保守主义对待国家与社会的两重态度。一方面，在对待社会的问题上，保守主义认为，社会是权力的真正来源，社会成员之间的关系是社会秩序乃至社会道德得以可能的古老基础，这一基础容不得政治权力的随意破坏，因为它意味着对社会成员的自由、尊严、习惯等问题的尊重和实现。在此意义上，保守主义对那种过于强大的国家和权力机制始终持怀疑态度。在保守主义者看来，人类似乎是不完善的，人如果拥有太多的权力会使这种天生的不完善得到激发，乃至于产生一种恶的本能，这对其他社会成员都是一种潜在的巨大伤害。正如塞西尔所言："对社会自发力量的信念，对政府无法决定人的命运的信念，以及社会进化的神秘而无限复杂的过程的信念，所有这些使保守主义者倾向于对国家卷入经济生活及其他领域做出严格的限制，尽管这种限制不是普遍的和一成不变的。"②

于是，问题的另一个方面是，政府权力、政治国家也并不都是恶行

---

① 陈志瑞、石斌编：《埃德蒙·伯克读本》，中央编译出版社2006年版，第156页。
② 〔英〕斯克拉顿：《保守主义的含义》，王皖强译，中央编译出版社2004年版，第10页。

遍地，无论怎么讲，政治国家都必然要从市民社会中独立出来并自成一体，国家有其不可替代和不可忽视的地位、职能和作用。至少，在霍布斯的意义上，国家尽管是个奇怪的巨兽，但是，没有它，人对人的自然敌对状态不会结束，为了维持并保障每个人的权利，每个人必须将其权利让渡给国家并对国家进行授权，"以便它能按其认为有利于大家的和平与共同防卫的方式运用全体的力量和手段的一个人格"①。当然，这种契约具有神圣性和权威性，它一旦确立就不能更改，也不能收回，"一个君主的臣民，不得到君主的允许，便不能抛弃君主政体、返回乌合之众的混乱状态，也不能将他们自己的人格从承当者身上转移到另一个人或另一个集体身上。……因此，任何人要是不同意的话，大家便都会破坏自己对这人所订的信约了，这就是不义。同时他们每一个人也都将主权授与承当他们的人格的人了，要是废黜他的话，便是夺去了他自己的东西，这也是不义"②。更恐怖的是，霍布斯还指出，对于主权者，所有成员必须承认和接纳他一切行为，否则其他的人就有正当的理由杀掉他。当然，前提是，所有成员都对主权者有明确的授权，另外，主权者所做的任何事情都不能对任何臣民构成伤害。

所以，保守主义对国家与社会的心态似乎是纠结的，其态度似乎也是双重的。或者说，他们对国家和社会保持了双重的不信任，但同时也表现出某种无可奈何。在此情况下，保守主义既反对对既有秩序的无限推崇，因为市民社会的私利原则决定了其内藏着恶的因素，内藏着人与人斗争的现实根源，也反对对政治权力和政治国家的无限推崇，在一种区别于霍布斯的意义上，保守主义似乎看到了政治领域钩心斗角、追名逐利的必然性，因此，对于国家和政府，他们也是一种有限的认同，他们并不完全赞同国家对个体权利的无限代表乃至剥夺，因为从根本上讲，国家是保障个体权利的产物，它没有任何最终的权力去掌控个体的自由。

---

① 〔英〕霍布斯：《利维坦》，黎思复等译，商务印书馆1985年版，第132页。
② 〔英〕霍布斯：《利维坦》，黎思复等译，商务印书馆1985年版，第133—134页。

正是在这两种意义上，保守主义似乎总是在国家与社会之间摇摆并不断进行自我调整，但无论怎么讲，社会与国家的分离已经是他们不得不承认的事实。

原则 4：对宗教的迷恋

保守主义还有一个鲜明的原则就是对宗教精神的肯定和对教会地位的维护，这一点在英国和德国具有共同性。狄斯雷利指出："英格兰的宪法并不只是关于国家的宪法，它是一部关于教会与国家的宪法。"① 塞西尔认为，保守主义的首要任务就是维护英国国教的地位，反对任何对教会的攻击。对于埃德蒙·伯克的宗教保守主义，曼海姆总结道："对于复活一直存活到现在、并且惟有通过它们才使得在生存上重新发现历史成为可能的过去的珍宝，他的著作既没有表示同情——这是反对对历史事实仅做'实证考察'的历史思想的标志——也没有对此做过任何历史主义的努力。在伯克那里，对连续性、贵族和中世纪的维护深藏在字里行间。所有这一切实际上都还停留在'反思'的层面，它们还没有形成一种特殊的思想方式。"② 同样的原则在斯克拉顿这里意味着，没有宗教，法律和道德便失去权威，宗教观念已经渗入社会生活的各个方面，成为人们许多习俗与成见的源头，当代保守主义者的任务就是回击自由主义对宗教的抨击，以维护以宗教观念为核心的传统美德和价值观。③

在德国浪漫主义这里，宗教的因素似乎要比英国保守主义的还要浓一些。正是因此，赫尔德、默泽尔、黑格尔等人被西方学者视为德国早期保守主义的代表人物。例如，赫尔德就站在上帝的立场上明确指出："仁慈的神啊，你未曾离弃你的造物，任他们凄风苦雨中自生自灭。你赐给动物本能；你把你的形象、宗教和人性烙印在人的心中。你形象的轮

---

① 〔英〕斯克拉顿：《保守主义的含义》，王皖强译，中央编译出版社 2004 年版，第 10 页。

② 〔德〕曼海姆：《保守主义》，李朝晖等译，译林出版社 2002 年版，第 144 页。

③ 〔英〕斯克拉顿：《保守主义的含义》，王皖强译，中央编译出版社 2004 年版，第 10—11 页。

廊就在那里，藏于深暗的大理石中，却不能自己斧凿成型。必须由传统和教育、理性和经验来完成雕琢；而你为人准备了足够的手段去达成目的。"① 在此，赫尔德既表达了对上帝创造万物的普遍信仰，也表达了基于传统实现神义的必要性。又如，在黑格尔这里，宗教的因素几乎是其整个思想体系和哲学框架的底色和主宰。我们看到，黑格尔的哲学从来都不想脱离现实和历史，传统与自然在他的哲学里都得到了很好的保留，但是，所有这些都被包罗在"理性的狡计"中，而这个理性尽管高于现实，但何尝又不是基督新教精神的一种普遍演绎？

所以，在讨论历史主义与保守主义关系时，哪怕我们只是从一种简单的心理习惯入手，我们也不要忽视保守主义产生的宗教文化背景。在此背景下，一方面，作为特定概念的保守主义一词其实与自由主义有明显的不同，至少，基于上帝所保护的古老秩序和传统是保守主义用以对抗自由主义的一个主要原则；另一方面，很多保守主义代表人物的宗教倾向其实程度各异。

例如，伯克直言："宗教是文明社会的基础，是一切善和一切慰藉的源泉。在英国，我们对此坚信不疑，以至在岁月的长河中，不论是迷信的锈蚀，还是人类心中积聚起来的谬误，都无法遮掩它，百分之九十九的英国人民都不肯渎神。……如果我们的宗教信条还需要做进一步阐释的话，我们也不会邀请无神论来解释它们。我们不会以那种亵渎神明的光火来照亮我们的庙堂。如果我们的教会体制需要调整，那么不论于公于私，我们都不会以贪得无厌的态度去处理宗教献祭收入的审计、收取及其使用的。……人据其本性乃是一种宗教动物，无神论不仅违反我们的理智，而且违反我们的本能，因而是不可能长久流传的。"② 与伯克（也作"柏克"）相比，贡斯当和托克维尔的兴趣则在商业文明和民主趋势上。而在德国的早期保守主义这里，宗教因素充当了浪漫主义和民族主

---

① 〔德〕赫尔德：《反纯粹理性——论宗教、语言和历史文选》，张晓梅译，商务印书馆2010年版，第74页。

② 陈志瑞、石斌编：《埃德蒙·伯克读本》，中央编译出版社2006年版，第175—176页。

义的思想基础。更有意思的是,在哈耶克和卡尔·施密特这里,保守主义最多是个名称,他们二人对此问题的认识几乎大相径庭。

上述可见,从一种较为常见并且符合西方思想史传统的心理习惯或感情态度出发,保守主义谱系天然存在差异性。我们之所以想从悲观主义、怀疑主义、国家与社会的分离、宗教精神等四个方面来表述这种差异无非也是为了诠释这种差异。正是在此意义上,保守主义一词几乎没法定义,在这方面,中西学界几乎已经成为共识。① 当然,在我们看来,或许是由于这种概念的庞杂性,才使得历史主义与保守主义发生了概念的交叉。

(二)作为思想运动的保守主义

作为一种思想习惯的保守主义只代表了保守主义的一般含义,或者说,这是保守主义得以可能的一个基本的思想基础。这种思想从古至今从未间断,在此基础上还可以长出复古主义、悲观主义、传统主义、历史主义和民族主义等很多关联物。

作为一股特殊的思想和政治运动,保守主义是法国大革命的产物,即:"1789年的法国大革命这一旷世巨变,才使保守主义真正成了一股强大的思想和政治势力。"② 卡尔·曼海姆也指出:"一旦一种有意识地功能化了的保守主义政治意志成为可能,这种保守主义倾向不仅意味着一种向某种政治内涵的定位,而且还表明一种特殊的经验和思想方式。"③ "当保守主义思想自己有意识地反对资产阶级的革命思想风格、反对自然法

---

① 这方面的系列著作可参见刘军宁:《保守主义》,东方出版社2014年版;〔英〕埃德蒙·柏克:《法国大革命反思录》"总序",冯丽译,江西人民出版社2015年版;〔英〕斯克拉顿:《保守主义的含义》,王皖强译,中央编译出版社2004年版;〔美〕弗里德里克·沃特金斯:《西方政治传统》,李丰斌译,新星出版社2006年版。

② 〔英〕埃德蒙·柏克:《法国大革命反思录》,冯丽译,江西人民出版社2015年版,第2页。

③ 〔德〕曼海姆:《保守主义》,李朝晖等译,译林出版社2002年版,第72页。

的思想模式时,它便作为一种确定的实体和动态的结构外形出现了。"① 顺便说一句,或许是法国大革命过于激烈和彻底,这使得以保守主义为主潮的反对力量也显得尤其激烈和执拗,并且,这种反对立场也呈现出了某种差异性。

在《唯物史观与历史主义》一书中,笔者曾经基于反启蒙主义立场对伯克和迈斯特专门做过分析。在我们看来,同样是反启蒙,在伯克这里主要是保守主义(Conventionalism),其对应范畴是自由主义(Liberalism);在迈斯特这里主要是传统主义(Traditionalism),其对应范畴是现代主义(Modernism)。若仅从词义上分析,保守主义和自由主义似乎更集中于政治领域,传统主义与现代主义似乎更集中于文化艺术领域。实际上,从更为根本的层面讲,这两组范畴其实都是现代性悖论的有力写照,正是在这种相互攻击和批判中,作为整体的现代性才得以可能,而保守主义和自由主义、传统主义和现代主义也因此巩固了各自的地盘。

我们不妨先谈谈伯克。实际上,当意识到启蒙的问题并开始进行批判时,伯克年事已高,他所写就的《法国革命论》(或译为《法国大革命感想录》《法国大革命反思录》)本来是为了给其法国朋友回信。谁曾想,这篇文章一经发表就在英法两国引起了巨大反响,伯克也因此受到了来自不同领域的人们的质疑和批判,有的人认为他对法国大革命的事件进程掌握不够,有的人质疑其在书中所写的很多细节不准确,还有的人认为他的写作风格和语言过于夸张。其实,伯克最终的目的是想借法国大革命给英国人以警醒,至少是警告英国人不要上法国人的当,以便深入思考和珍视英国自身悠久的议会制度和财产制度。所以,尽管他出身贵族,但是他却代表了较为广泛的社会成员对法国大革命及其背后的理性主义原则的批判性姿态。

首先,伯克认为革命并不等于否弃传统。

---

① 〔德〕曼海姆:《保守主义》,李朝晖等译,译林出版社 2002 年版,第 102 页。

在伯克看来，法国大革命是一场不受约束、肆无忌惮的革命行动。原因是：

（1）在人员构成上，第三等级中没有几个出色人物，他们之中找不出一个有国家治理经验的人，"最优秀的也只不过是空谈理论的人"①。因此，正是一些"没有德行"甚至是"别有用心"的人组成了第三等级。不仅如此，整个议会的绝大多数"是由低劣的、不学无术的、平庸的、仅仅是行业的从业人员来组成"，正是这种混乱的人员构成决定了"从他们那里并不能期待有什么对一个伟大国家的利益的知识或关注，以及对人恶化制度稳定性的考虑"②。所有的这一切为法国大革命后来的狂热主义和过激行为打下了基础。

（2）在理论层面，第三等级既没有对自然的保证，也没有宗教启示的许诺。

一方面，伯克所谓的自然的保证是指法国大革命丧失了对自然习惯的保留，而英国恰恰是对成见和习俗最为珍视的民族。在他看来，珍惜成见是人的质朴美德，"我们害怕让人各自依靠自己的那套理性去生活，去交往，因为我们觉得每个人的那套理性并不丰富，个人最好利用民族理性与时代理性的全部库存和资源"③。所以，历史和传统是我们发现智慧的思想宝库，它使我们的心灵处于一种平稳祥和的状态之中。但是，在法国，"只要是旧事物，就有足够的理由加以毁坏。至于仓促建立起来的新事物，他们也丝毫不关心它持久与否，因为……持久并不是他们的目标。他们颇为相信，一切永久长存的东西都是有害，因此他们与一切既定的社会体制都处于不可调和的争战之中"④。所以，法国大革命所表现出来的是一种赤裸裸的暴力政治，革命者们无论对过去还是对未来都没有做太多的考量，他们从不害怕破坏，因为他们从未想过建设。

---

① 陈志瑞、石斌编：《埃德蒙·伯克读本》，中央编译出版社2006年版，第156页。
② 陈志瑞、石斌编：《埃德蒙·伯克读本》，中央编译出版社2006年版，第159页。
③ 陈志瑞、石斌编：《埃德蒙·伯克读本》，中央编译出版社2006年版，第174页。
④ 陈志瑞、石斌编：《埃德蒙·伯克读本》，中央编译出版社2006年版，第175页。

可以看到，伯克对传统和成见的强调有明显的绝对主义色彩。按照他的逻辑，凡是属于过去积累起来的东西，都有自己独到的价值和意义，他对人的不平等现象的论证便说明这一点。他在《反思录》中指出，人与人的不平等是一切社会的普遍现象，既然它是普遍的、无法变更的，那么我们就要对其加以认同和接受，法国大革命所宣扬的平等原则恰恰要改变和颠倒这种"普遍的自然秩序"，他们只听从内心理性和所谓的"天赋人权"，对古老的范例和外在的节制不加过问，这种冒失的做法不仅使骑士的荣耀和贵族的名誉黯然失色，而且让整个社会陷入莫名的恐惧之中。法国大革命时期不断强化的专制主义充分印证了伯克的论断。

另一方面，伯克认为宗教是文明社会的基础，是一切善良与慰藉的源泉，所以宗教对于维系社会人心有着无可替代的作用，而法国则不然，各色的革命分子都是无神论的推崇者，他们不懂得人按其本性乃是一种宗教动物，"无神论不仅违反我们的理智，而且违反我们的本能，因而是不可能长久流传的"[①]。伯克猛烈批判法国大革命那种只顾理性不顾信仰的做法，他不愿意看到社会的无序与邪恶，但是，所有这些担忧在法国唯物主义哲学面前都变成了无意义。因为在这片土地上，革命已经变成一股无法扭转的趋势，革命改变了这里的一切，它使平等取代特权，它让反抗变得合法，它使改变、毁坏变得合情合理，这或许是伯克最不愿看到的结果。

所以，作为保守主义者的伯克十分自然地将法国大革命视为一场社会和国家的苦难。在他看来，法国大革命直接把"昨天摇尾乞怜的谄媚者摇身变成了今天严厉的批评者"[②]。这场革命是形而上学和社会权力被滥用的结果，用伯克自己的话来说就是："他们过分纵容了那种放肆的哲学，而这种哲学却帮倒忙给他们带来了毁灭。"[③] 伯克并不是为压迫人民的

[①] 陈志瑞、石斌编：《埃德蒙·伯克读本》，中央编译出版社2006年版，第176页。
[②] 陈志瑞、石斌编：《埃德蒙·伯克读本》，中央编译出版社2006年版，第188页。
[③] 陈志瑞、石斌编：《埃德蒙·伯克读本》，中央编译出版社2006年版，第189页。

旧贵族辩护，而是认为无论是革命还是改革，都必须顾及长久的自然风俗和国家本身的公共性本质，他不愿意看到包括第三等级在内的任何人出现流血冲突。然而革命的实际发展完全有悖于伯克的期盼，第三等级的革命与旧贵族的反抗在互不妥协地进行着，革命变成了争权夺利的殊死游戏，它完全没有遵从过去的秩序和理性的商讨。所以，伯克才会批判法兰西人不知道"补偿""调和"和"平衡"这些手段对于国家和正义事业的根本意义，因为"光荣革命"早已体现了这些质朴美德。

其次，伯克认为，理性主义是有害的。

伯克曾经这样表达自己的观点："讨论人的抽象权利有什么用，可食用或可入药？问题在于怎样取得和支配它们的方法。从这方面考虑，我总是劝告求助于农民和医生，而不是形而上学教授。"① 他的这句话实际上透显出了对法国启蒙运动的某些教条（如生而平等的原则、理性自由、博爱精神）的怀疑，所有这些都是一些悬在高空的抽象原则，因为人性与社会的复杂性绝非几个教条能分析和评断，所以"对权力任何简单的处置都不可能适合人性或人类事务的性质"②。政治和社会在本质上是实践的，我们的习俗既是这一实践过程的积累和凝结，它又反过来限制和修正社会和政体的运行，所以我们不能主观任意地否弃自己的风俗习惯。

伯克认为，法国的启蒙哲学其实是一种野蛮哲学，理性使法兰西人走向了堕落而不是变得崇高。在"理性之光"下，国王和王后只不过是男人和女人的代名词，而女性也只不过是动物之一种，因此"杀害一个国王，或一个王后，或一个主教，或一位父亲，只不过是通常的杀人而已"③，这种机械的、野蛮的政治其实是理性的冰冷本质和恐怖特征的淋漓表现。于是，权力取代了风俗，暴行掩盖了法律，政治变成了阴谋，国家变成了虚设，这就是以启蒙精神自居的理性主义者们带来的可怕

---

① 陈志瑞、石斌编：《埃德蒙·伯克读本》，中央编译出版社2006年版，第167页。
② 陈志瑞、石斌编：《埃德蒙·伯克读本》，中央编译出版社2006年版，第167页。
③ 陈志瑞、石斌编：《埃德蒙·伯克读本》，中央编译出版社2006年版，第171页。

后果。

总览可见，伯克之所以旗帜鲜明地反对法国大革命，原因不外是：

第一，革命冲毁了悠久的传统，它在短时期造成的伤害完全不能与其所获得的成就相符。"暴怒和疯狂在半小时之内可以毁掉的东西，要比审慎、深思熟虑和远见在一百年中才能建立起来的东西多得多。"[1] 所以伯克希望人们认同并接受传统，原因是传统本身有自我批判和修正的功能，它不需要外在的、偶然性的冲击，因为历史本身就是人类智慧的凝结，武断的否弃历史无异于自造混乱，走向野蛮。

第二，有一种"坏的哲学"（理性主义哲学）是这场革命的幕后黑手。理性的公开运用使人们对权威和习俗不再有兴趣，等级观念也被这种平等精神冲刷得难以自持，因为绝大多数人拥有不加限制的自由意味着社会混乱的开始，"启蒙了"的人不愿意在"国家"与"社会"这两个层面思虑太多，而是将热情放在了个体利益的满足与否上，理性已经由最初的反对狂热变成了狂热本身，除了自身之外它可以批判和颠覆任何东西。从这时起，人开始不自觉地用一种征服者的口吻说话做事，他们不再谦卑和羞愧，因为包括国家和法律在内的任何东西都可以被理性地处置，这种"坏的形而上学"已经左右了这个国家的生活。这便是伯克眼中的启蒙。

再来看看迈斯特。和伯克相比，迈斯特不仅年龄要小很多，而且其声望也不如伯克。在批判法国大革命这件事情上，伯克是在1790年就发表了《法国大革命反思录》，而迈斯特直到1797年才匿名出版自己的《论法国》，但这些丝毫没用妨碍迈斯特在保守主义思想史上的影响力。当然，与伯克相比，迈斯特对上帝造物的精神认同似乎更浓一些。

首先，迈斯特认为，人的理性无法主宰万物，真正主宰万物的是上帝。在《论法国》一文中，迈斯特一上来就指出："人造之物，皆如其制造者一样可怜；他眼界偏狭，方法有限，拙于算计，举止艰难，成果

---

[1] 陈志瑞、石斌编：《埃德蒙·伯克读本》，中央编译出版社2006年版，第201页。

单调乏味。神的创造物却无限丰富，甚至显现于细微末节之中：神的力量毫不费力地运作，在它的手中，万物服服帖帖，它所向披靡；万物皆为其手段，不成其障碍；自由因素的活动带来的失序，都会逐渐融入总体的秩序之中。"① 基于对人的理性及其创造性的不信任，他进一步指出："法国大革命以及现今发生在欧洲的一切，就其发生过程而言，跟正月天的树上瞬间长出果实同样不可思议，人们非但没有啧啧称奇，反而若无其事，或是尽说些无聊的废话。"② 可见，在最开始，迈斯特就试图强调，人可以借助自己的理性来建立制度甚至制造革命，但是，与上帝的创造力相比，这都微不足道。并且，人既可以以某种理性的名义建立新制度，也可以以某种更为理性的名义毁掉制度，这一点在历史中早已司空见惯，这恰恰说明了理性的空疏性和人的非理性本质。

对于人性和人的行为，迈斯特曾进行过入木三分的批判。他说："他为果腹而屠杀，他为御寒而屠杀，他为妆点自己而屠杀，他为自卫而屠杀，他为学习而屠杀，他为自娱而屠杀，他为屠杀而屠杀。这个高傲可怖的万物之王，他要得到一切，天底下没有什么可以阻挡他。他要用羊肠使自己的竖琴悦耳动听，他要用狼牙妆点无聊的工艺品，他要用象牙为自己的孩子做玩具，他要用各种尸体摆满自己的餐桌……但是，[在这场大屠杀中]谁将消灭这个灭绝万物的家伙？只能是他本人。承担杀人之责的只能是人自己……狂暴毁灭一切生灵的伟大法则由此获胜。苍茫大地，血流不息，它不过是个巨大的祭坛。在这个祭坛之上，生命的牺牲永无止境，直到万物绝迹，直到罪恶无存，直到死神归于死亡。"③ 这就是迈斯特对人类历史形象的真实概括。启蒙主义者主张在理性中为人类的生存延续谋得出路，而迈斯特更愿意用活生生的历史批判他们并说服自己。人类走出动物界的历史本身就是一个弱肉强食的过程，而在成为

---

① 〔法〕迈斯特：《信仰与传统》，冯克利等译，商务印书馆2010年版，第1页。
② 〔法〕迈斯特：《信仰与传统》，冯克利等译，商务印书馆2010年版，第2页。
③ 转引自〔法〕迈斯特：《论法国》"导言"，鲁仁译，上海人民出版社2005年版，第8页。

"万物之王"后,他这种残暴本性并不会立即消失,反而会以更高明的方式延续。甚至在某种程度上,迈斯特认为理性充当了人类对自然征讨和人类自己彼此戕害的隐形工具,历史和动物界是迈斯特的良师,他无法命令自己对人类的所作所为视而不见。一部欧洲史就是一部战争与屠杀的历史,所以,他说:"历史表明,从某种意义上说,战争乃是人类社会的常态。也就是说,在地球上,不是这里就是那里,人类的鲜血必须不停地流淌;而和平,对于每个民族来说,都只是一种暂时的喘息。"① 这表明,无论对自然还是对人自己,人类都不是甚至不知道如何运用理性,因为在根本上人不懂得约束自己,历史和传统已经向我们表明了关于人的全部本质,这就是战争和杀戮,这就是历史给予我们全部的真理。

对于伯克而言,战争虽然是导致人类苦难的一种常态,但是,这并不意味着我们可以忽视战争的正面贡献。他认为战争不仅滋养了文明,而且催生了美德。他说:"人性的真正果实,诸如艺术、科学、大企业、杰出思想、男性的美德等,却尤其依赖于战争状态。众所周知,各民族在漫长而血腥的战争之后,能达到其他任何时候也达不到的最伟大程度。希腊人的光辉顶点是恐怖的伯罗奔尼撒战争时期;古罗马的奥古斯都时代始终与内战和一批又一批的政治流放紧密相伴;法国人的才华在宗教战争中受到天主教神圣同盟的砥砺,继之,在投石党运动中大放异彩。英国安妮女王时期的所有伟大人物都是在政治动乱中成长起来的。一言以蔽之,鲜血乃是天才这株植物茁壮生长的肥料。"② 的确,战争和革命是人类文明史中司空见惯的事情。但是,迈斯特似乎更想说明:革命的建设性远大于其破坏性,他似乎特别钟情于批判理性主义者们的虚妄和乐观。对他而言,传统——哪怕充满了罪恶和苦难——代表了人类真实的生活,而且,我们很难保证战争的发生没有理性的参与和挑拨。启蒙运动和法国大革命要反叛上帝,殊不知世界的本原是上帝,上帝能使我们

---

① 〔法〕迈斯特:《论法国》,鲁仁译,上海人民出版社2005年版,第43页。
② 〔法〕迈斯特:《论法国》,鲁仁译,上海人民出版社2005年版,第49页。

之间保持爱与团结。但是，启蒙的理性主义哲学使每个人都变成了孤独的个体，它使人与人之间的纽带被腐蚀和破坏，因此革命者最终也变成了牺牲者。如果我们对人类抱有同情并且厌恶战争，那么，反对启蒙运动所宣扬的那种"坏的哲学"便是当务之急。

其次，反对共和制，提倡君主制。

法国大革命是一场暴风骤雨式的革命，革命者自信可以人为地建立一套理性政治权力体系，他们反对狂热和偏执，但是，他们在革命过程中所体现出来的激情和狂热使迈斯特看到了启蒙主义者的伪善，后来的王朝复辟和恐怖专政恰恰证明了迈斯特的预言。迈斯特对共和制和君主制的论证足以体现这一点。

在迈斯特看来，共和制只是少数无知分子的幻想，绝大多数人都受到了教条主义欺骗，因为第三等级从根本上仍未放弃追逐权力和使用暴力。革命使"咸鱼翻身"，让荣誉扫地，他们自以为仅靠几句空洞的宣言就可以颠覆上千年的政治秩序和宗教传统，而正是在这种否弃和毁坏中，美德和荣耀也被扫地出门，许多粗野无知之人开始左右国家政权，民众的地位貌似得到了大幅提升，殊不知他们最终还是陷入了少数人所设计出来的政治阴谋。

基于上述不信任，迈斯特给共和制的定性是："只给尽可能少的所谓执政者以最多权力，而尽可能多的剥夺其余一切所谓国民的权利。"[①] 以代议制为例，迈斯特认为这并不是一项新发明，因为英国政府就是这种制度的代表，这种制度的根本精神是让每个人的意见得到顺利而且如实地表达，而问题在于，"如果共和国存在于首都，就得要法国的其余领土也服从共和国，可这并不是拥有主权的人民所应负的责任"[②]。迈斯特的意思是：并不是所有人都能拥有委托权，儿童、疯子和缺席者便是一例。此外，即使每个人都能推选自己的代表，但我们无法确保这些代表公正无

---

① 〔法〕迈斯特：《论法国》，鲁仁译，上海人民出版社2005年版，第111页。
② 〔法〕迈斯特：《论法国》，鲁仁译，上海人民出版社2005年版，第57页。

私，所以，"代议制只是一句夸大其词的空话，因为人们只干本人愿干的事情"①，它只能破坏而不是确保人民的权利。

因此，迈斯特主张恢复君主制，它是人民获得并实现自己自由的根本政体。首要的原因是，君主制有坚实的历史依据，它是欧洲几千年政治传统的主要形式，复辟君主制不仅"能使更多的人获得最大的荣誉"，而且能使国家秩序迅速得到安顿，这是其一。其二，从人性论角度而言，人本质上是脆弱的、有限的，人不愿在动荡不安中生活，人总是需要精神依赖，君主制完全能够满足人性的这种基本要求，它能使每一个人的权利得到保障和实施，因为军人可以用自己的荣誉和责任使整个国家免于灾祸，无论共和制还是平民政体都无法确保这一点。其三，最根本的是君主代表上帝统治人民。迈斯特指出："历史上稍有效力、维持稍久的任何制度，无论其性质如何，皆基于上帝的思想，因为不存在完全错误的宗教制度。"②上帝永远不会戕害世间生灵，我们只有依据上帝的意愿才能创建受人爱戴的政府，但是这种政府必须拥有至高无上的权力，这种权力必须以永久的正确为担保，而唯一正确的东西只能是神的旨意，因为迈斯特不仅不相信人自己，而且不相信人能超过神，所以，他绝不相信人的理性的无限性，君权神授论反而是他极力颂扬的政体理论。他的结论就是，没有哪一个国家能给自己创建一种政体，因为人类的能力达不到创建政体的地步。

对于迈斯特，埃米尔·法盖评价道："（他）是一个狂热的绝对专制主义者，一个激进的神权主义者，一个毫不妥协的严刑酷法论者，一个教皇、国王和刽子手，三位一体说的使徒。他是最严格、最狭隘、最不容更改的教义的始终如一的鼓吹者。一个来自中世纪的幽灵，集博学之士、检察官和刽子手的三重身份于一身。"③这些话可谓一语中的。《论法

---

① 〔法〕迈斯特：《论法国》，鲁仁译，上海人民出版社2005年版，第57页。
② 〔法〕迈斯特：《论法国》，鲁仁译，上海人民出版社2005年版，第108页。
③ 转引自〔法〕迈斯特：《论法国》"导言"，鲁仁译，上海人民出版社2005年版，第1页。

国》一书的逻辑并不严密，整部著作最大的特色是言辞激烈、文笔犀利。作者力图通过对法国大革命的论述将18世纪的思想来一次倒转，他毫不理会理性所建立起来的既有成果（如自由、科学、进步、乐观主义以及未来社会的完美理想等），所有这些在迈斯特看来都不牢靠，只有非理性因素——这个被历史和传统证明了的真理——才是我们解决所有问题的出发点。所以，卢梭、孔多塞、伏尔泰等人全变成了迈斯特的敌手，因为他们只顾理性不顾传统，他们的错误在于将自己放置在历史进程之外来打量历史，并将人类引向了一种无根的存在。一句话，只有恢复传统才是我们摆脱恐惧的不二选择。

今天看来，无论是迈斯特还是为他所反对的启蒙理性主义方案都不可能一劳永逸地解决人类生存和发展的所有问题，历史并不会遵循某种超历史的观念、法则前行。历史是最好的导师。迈斯特在历史和传统中考量人类理性之限度的做法使我们肃然起敬。启蒙理性固然需要支持者，但是单纯的支持并不能为历史的发展提供全部动力，整个反启蒙主义传统恰恰是在批判理性的同时促动了启蒙运动的向前发展。其实，从另一个角度来看，反对启蒙、启蒙的自我悖反何尝不是启蒙的真正样式？所以，真正的启蒙运动其实充满了矛盾和张力，这种内在的批判和校正过程恰恰是启蒙走向更高形态的内在动力。

二、历史主义与保守主义的一致性

尽管历史主义是德国反抗启蒙运动和法国大革命的产物，并且，从渊源上看，它似乎要比保守主义的产生要晚一些。但是，或许是因为具有共同的敌人，所以，这两股思想潮流所体现出的共同点恰恰不容忽视。大致而言，二者的一致性主要表现如下：

（一）思维原则上：面向过去

无论是保守主义，还是作为其后续产物的历史主义，旧有的传统、既有的秩序、历史的遗存都是其共同迷恋的东西，这些东西被他们赋予了高贵的本体论意义和鲜明的价值论意义。当然，保守主义并不是完全否定自由主义，他们也能部分地接受自由的原则。在他们看来，传统本身就是在实现着人的自由，人对传统习俗的适应本身就是自由的一种实现形式，自由并不意味着割断传统，而自由主义恰恰不这么认为，这便是保守主义与自由主义的重要区别。

在埃德蒙·伯克看来，法国大革命所信奉的卢梭那种人可以根据自己的天赋权利组成自己政府的说法完全不靠谱，更何况，这场革命充斥着大量的暴力和流血，这与英国的光荣革命相比简直判若云泥。伯克指出，法国大革命之前所召开的三级会议本身就是对古老程序的背离，尽管这一会议体现了较广泛的代表性，但是，就人数而言，第三等级的人数竟然有600位之多①，这个数量几乎是前两个等级之和。在这个意义上，三级会议绝对不是什么民主政治，也绝不会平等地行使公民权利，其本质上必然是暴民政治的抬头。所以，伯克的意思是，仅仅依靠人数来决定自由和平等完全站不住脚，从理论上讲，一个投入5先令的人和投入500先令的人在法律上拥有同样平等的权利，可是，法国大革命显然助长了一种数量政治，它否定了悠久的代议制民主，他甚至以讥讽的语气质疑道："据说2400万人应当压倒20万人。如果一个王国的宪法就是一个算术问题的话，这就是正确的。这种说法对于路灯杆的支持者来说是不错的，但是对于理性而冷静的人来说，却是荒唐可笑的。多数人的意志和利益必然经常是分歧的，当他们要做出一个邪恶选择时，分歧必然

---

① 实际上，根据李慧斌先生的考证，这个数字应为1139名。参见李慧斌：《马克思〈法兰西内战〉研究读本》，中央编译出版社2013年版，第11页。

会更大。一个由500名乡村法务人员和籍籍无名的教士组成的政府对于2400万人来说不是什么好事,尽管它是由4800万人选出来的。它由十几个为了获取权力而背弃了他身上所负载的委托的人来领导更不是什么好事。"① 历史已经证明,代议制完全可以实现人民代议制下所能想到的和设定的全部目标。因此,法国大革命对代议制民主的否定简直就是胡闹,民主不仅仅是数量,更重要的是质量。

正因为在乎民主的质量,伯克进一步分析认为,构成第三等级的人简直是一帮乌合之众。"在这些人中,我确实也看到了有些人地位显赫,有些则是才华出众,但是论及谁具有从事国家实践事务中的经验,倒是没有发现一个。最好的也不过是纸上谈兵的人。"② 既然这些人占了议会的绝大比例,那么,政治必然就会向这些人的方向走,这个方向必然会背离古老的传统,伯克甚至以自嘲的口吻说道:"有谁会自欺欺人地认为,这些习惯于多管闲事、胆大妄为、狡猾钻营、巧言令色的不安分的头脑会甘心于再次回到之前卑微的、辛劳的、低贱的、收入微薄的诡辩中吗?他们必然会为了追求他们的私人利益(对此他们却是一清二楚)而全然不顾国家付出何种代价(对此他们一无所知),对此,谁又会产生怀疑呢?这并非偶然的或不可预测的事件。它是不可避免的,它是必然的,它是根植于事物的本性的。他们必然会参与任何一项让宪政陷于争议的计划,从而为他们获得众多获利丰厚的工作机会大开方便之门,哪怕这会使这个国家陷入一系列巨大的动荡和革命,特别是在财产方面会带来一连串巨大而且剧烈的变化。"③

事实是,第三等级在法国大革命之初就对贵族、国王和教会怀恨在心。在繁重的税赋面前,他们已经不在乎什么贵族的荣誉和国王的尊严,

---

① 〔英〕埃德蒙·柏克:《法国大革命反思录》,冯丽译,江西人民出版社2015年版,第87页。

② 〔英〕埃德蒙·柏克:《法国大革命反思录》,冯丽译,江西人民出版社2015年版,第71页。

③ 〔英〕埃德蒙·柏克:《法国大革命反思录》,冯丽译,江西人民出版社2015年版,第74页。

或者说，这些社会的底层人员本来就没有什么尊严、荣誉和财产可言，他们只在乎自己生存的合法性。反过来说，正是因为人人生而平等的理念让他们意识到了自己在经济和政治方面的低贱与卑微，在饥寒交迫的生存面前，国家的尊严与秩序已经和他们没有任何关系。所以，除了反抗、除了通过彻底的反抗为自己争得利益之外，他们没有别的办法和出路可选。可是，第三等级的反抗并没有那么顺利，尽管路易十六也以妥协性的姿态与第三等级联合成立了"制宪议会"，但是，这一举措在王室那里行不通，这似乎有点触犯了王室的尊严。所以，当王室号令巴黎城外的军队和警察向城内压进并解除了具有改革意向的财务大臣内克的职务时，巴黎的民众才意识到了严重的危机并进而攻陷了巴士底狱，释放了监狱中的囚犯。随后，参加起义的民众不仅通过选举产生了巴黎市政府，而且废除了封建世袭制和官员买卖制度，重建了整个司法体制，使审判官、司法官由世袭制改为任命制或选举制。1789 年 8 月 26 日国民议会通过的《人权与公民权宣言》便是这场革命的结晶。

很显然，伯克代表的是贵族和王室的立场，这些人也曾创造了高于奴隶制的生产方式、社会制度和风俗文化，他们也曾经是社会的先进革命阶级，但是，当他们取得政权、变成统治阶级之后，他们就开始巩固和强化自己的利益。伯克所心心念念的那个"伟大的国家利益"又是什么呢？其实就是古老的封建贵族、世袭王族和教会阶层的利益，而其所谓的荣誉和尊严无非是给自己的阶级利益涂脂抹粉而已。

在伯克这里，平等从来都不是全民平等，民主从来都不是普遍民主。他指出："请相信我，先生，那些试图消除差异的人，永远都无法实现平等。在由形形色色不同阶层的公民组成的所有社会中，有些阶层必然居于最上层。因此，那些平等主义者，只是改变和扭曲了事物天然的秩序。他们让社会这栋大厦不堪重负，因为大厦结构要稳定，就需要建在地面上，他们却将其建在了空中。"① 为什么是建在空中呢？这是因为，在伯克

---

① 〔英〕埃德蒙·柏克：《法国大革命反思录》，冯丽译，江西人民出版社 2015 年版，第 83 页。

看来，人人生而平等就是个空想，共和政权就是个空想，这些东西包裹在血缘关系和德性伦理之下，并不代表它们相互之间融为一体。他因此以嘲讽的语气说道："我们赋予了我们的政治结构以血缘关系的外形，以我们最珍视的家庭纽带来约束我们的宪法，以我们对家族的深情来适用我们的基本法，使之不可分割，并以他们相互交融影响的宽厚的温情来珍爱我们的国家、我们的家庭、我们的坟墓和我们的祭坛。"① 质言之，只有习俗和惯例才是最好的安排，它就是最高的同时也是最好的法律。

在面向过去的思维向度上，迈斯特与伯克是同道中人。在他看来，主权在民似乎也是一句自相矛盾的空话。他分析认为，其一，既然主权在民，那就意味着人民既是权力的赋予者，也是权力的实现者；其二，人民权力的实现必须经过人民同意，一旦人民突然决定不再服从，那么，主权也就随之消失，并且，在建立主权时，不考虑同意服从的人民也是不可能的。这就是说，主权在民完全无益于权利的实施和兑现。在这种思想基础上，他进一步认为，君主政体既然是历史的产物，自有其不可忽视的合法性和重要性，实现共和不是摇骰子，在所谓的共和体制面前，随处可见的是激进政治和暴力政治，所以，迈斯特似乎是在带着一种振聋发聩的腔调在宣告："忙碌的人们啊，请告诉我们，请指给我们看看，让你们惊恐万状，让你们如此厌恶君主制的那些可怕的不幸，究竟是什么！难道你们没有看见，你们的共和制度是没有根基的，它们仅仅是摆在地面上，而不像先前的制度那样扎根于土壤？想让后者垮台得动用斧头，而一阵轻风就能把其他制度吹得无影无踪。"② 质言之，只有恢复法国的传统秩序才是出路。

此外，迈斯特还对君主制和共和制的特性进行了分析。他指出，君主制是一种能使最多的人获得最大荣誉的政体，因为"这种政体的君主拥有足够的荣耀，可以按照必要的等级制，与它的杰出程度不等的代理

---

① 〔英〕埃德蒙·柏克：《法国大革命反思录》，冯丽译，江西人民出版社2015年版，第62页。

② 〔法〕迈斯特：《信仰与传统》，冯克利等译，商务印书馆2010年版，第69页。

人分享这种荣耀"①。可是在共和制下,"至上的权力不像在君主制下那样具体可见,它是个纯粹的思想概念,它的伟大难以传递。再者,共和国的公职在首都之外毫无意义,并且除非它们由政府的成员担任,不然便毫无价值"②。迈斯特也意识到,法国的君主制和英国的君主制并不相同。在英国这边,君主制始终没有被推翻,仅仅是君主之间的轮替,王座上始终流淌着斯图亚特王朝的血脉,新的国王本身就与原来的王室有亲缘关系,这种政体并不会对其他国家构成真正的威胁。与之相比,法国的君主不是由一位亲王统治,一旦政府出现危机,督政府的五位督政及其外国亲戚不可能发兵保护王室,正是这种内外隐患的同时存在,使法国王室的地位岌岌可危。所以,迈斯特以某种历史主义原则指出,法国需要一个像当年的查理曼大帝那样的人物来维持统治。可是,这样的人物又在哪里呢?

　　在与历史主义相关的意义上,德国的浪漫主义运动其实是保守主义革命意义的典型反映。③ 首先应该指出的是,除了从文学领域并以文学的方式表达对过去的浪漫回味之外,整个浪漫主义运动其实试图通过这种回味想构建起一个与"现在"不同的过去。司格特之所以力求通过温馨的笔调来重现骑士时代的风尚无非就是为了让人珍视过去时代的美好,而夏多布里昂也正是在这个意义上构建了法国王室和法国的光荣历史之间的浪漫联系,而这似乎也构成了他为复辟的波旁王朝进行辩护的思想基础。所以,如果说浪漫主义侧重于从文学艺术领域回到过去,那么,保守主义则是力求在政治领域实现对故去时代的恪守与回归。在本质上,面向过去是其共同的思想基础。据此,沃特金斯指出:"浪漫主义者即使不是政治上的保守主义者,他们强调个人及历史的独特性也助长了保守主义者对 18 世纪理性主义的攻击。因此,浪漫主义的胜利间接地但却有

---

① 〔法〕迈斯特:《信仰与传统》,冯克利等译,商务印书馆 2010 年版,第 70 页。
② 〔法〕迈斯特:《信仰与传统》,冯克利等译,商务印书馆 2010 年版,第 70 页。
③ 参见〔美〕沃特金斯:《西方政治传统——近代自由主义之发展》,李丰斌译,新星出版社 2006 年版,第 145 页。

力地巩固了保守主义者的立场。"①

在浪漫主义之后，历史主义接过了保守主义的大旗，至少，它在德意志思想界巩固了保守主义的思想成果。当然，这里有几个背景需要强调：其一，法国大革命毕竟不是发生在德国，一个主要的原因是，在法国大革命爆发之前，德意志本土尽管爆发过类似于"第三等级"发动革命的"德国农民战争"，但是，这场战争只有短短的两年，而且其影响也不在首都（当然德国当时也没有首都），它最多算是单一的农民阶级对庞大的封建领主、贵族、官员、城市贵族和僧侣的一次自觉反抗。其二，更为重要的是，德国的农民战争没有先进而齐整的理论启蒙和武装，与之相比，法国在爆发政治革命的同时，在思想界已经有一大批启蒙思想家在积极宣传天赋人权的主张。其三，德国的农民阶级仅仅是一种暴力反抗，他们既没有明确的政治要求和政权主张，也没有实现广泛的联合，最终，包括闵采尔在内，约有10万农民被镇压，而幸存者也被处以极刑。基于这些背景，我们认为，法国大革命必然很难在德国产生像法国那样的社会效应。

另外，还有一层意思需要指明的是，或许源于我们在前文所指出的那样，保守主义首先是人的一种心理习惯，并且，这种心理习惯具有广泛性和普遍性。与法国大革命所引发的政治保守主义相比，历史主义尽管受到了其影响，但是，在启蒙主义之前，依靠历史来建立一种类自然法意义的价值情感的做法早已有之。而在启蒙运动和法国大革命爆发之后，或者说，在耶拿战争没有爆发之前，历史主义对启蒙的批判主要集中于对历史事物的存在论和价值论辩护，当然，这种辩护更多表现为理论的纠缠。问题是，耶拿战争之后，德国人显然受到了法国大革命现实的刺激和伤害，于是，在费希特和黑格尔这里，民族主义、国家主义的情愫要比康德浓厚很多。反过来说，康德尽管对启蒙原则的提炼要比伏

---

① 〔美〕沃特金斯：《西方政治传统——近代自由主义之发展》，李丰斌译，新星出版社2006年版，第145页。

尔泰、卢梭、孟德斯鸠等人更深刻，但是，在民族主义和国家主义方面，他要比费希特和黑格尔逊色许多。当然，与费希特相比，黑格尔借助历史逻辑和神义论证更加强化了德意志的民族主义和国家主义，这显然已经要比伯克和迈斯特等人对法国大革命的否定性批判要深刻得多。

所以，在面向过去的意义上，英法的保守主义与德国的历史主义一脉相承，只不过，前者更多是一种思想路向、价值情感、社会制度的回返，这种回返并未上升到本体论高度。在此意义上，亨廷顿对保守主义的评论可谓直指要害，他说："保守主义首先是一种捍卫现状的意识形态，明确、系统地从理论上抵制变化。保守主义随所处的不同地位而变化，总是与对立的意识形态唱反调，却没有提供关于社会应该如何组织的理想。"[①] 斯克拉顿在自己的书中也指出："保守主义者缺乏明确的政治目标，因而无法提供任何能够激发大众热情的东西。他唯一关注的是政府的使命，他的态度足以防止政府使命转变为一份社会目的购物单。保守主义者以怀疑主义的眼光来看待平等和社会正义的神话；他厌恶地注视着普遍的政治骚动；在他看来，'进步'的大声疾呼不过是转瞬即逝的狂热，只有当它威胁到政治秩序的时候，保守主义者才会认真对待这种呼声。"[②]

（二）理论立场上：信奉上帝

在最初的保守主义形态里，上帝并未完全退去，在喧扰的法国大革命中，伯克似乎也想回到教堂中寻求些许的宁静。他指出："教堂里除了基督教仁慈的对心灵进行疗伤的声音之外，实在不该听到其他任何杂音。由于责任的混淆，在公民自由和公民政府方面几乎如宗教事业一样一无所获。从更广的意义上看，那些放弃他们温良品性而假设那些不属于他

---

① 转引自〔英〕斯克拉顿：《保守主义的含义》，王皖强译，中央编译出版社2004年版，第6页。
② 〔英〕斯克拉顿：《保守主义的含义》，王皖强译，中央编译出版社2004年版，第12页。

们东西的人,对于他们所摒弃的和他们所想要的品格,都同样无知。对于这个世界,他们虽一无所知却总喜欢横插一杠,对这世上的事务他们虽毫无经验却总是自以为无所不知,他们没有什么政治谋略,只有让自己兴奋的激情。至于教会,当然是一个会在将来某一天,能让人类所有纷争和仇恨都休战的地方。"① 这样看来,伯克其实对宗教似乎充满了敬意。在他这里,世俗世界的矛盾和冲突似乎可以最终通过教会的努力来化解,至少,法国大革命对教会财产的剥夺具有非正义性。

伯克还指出,法国大革命所推崇的理性哲学是一种伪哲学,这种力图通过一种形而上学方式来力求构建理想社会和政治的做法无异于画饼充饥。伯克认为,理性的设计不等于理性的生活,原因是,人性很复杂,社会也很复杂,"形而上学的权利进入日常生活,就如同光纤穿过高密度的介质,由于自然规律,偏离了原来的直线而发生了折射"②。因此,任何一项简单而纯粹的权力配置和导向最终都要接受人性和社会事务复杂性的考验,在此过程中,政府、政治、权力配置、制度设计都具有不完美性,我们不能单纯地以为仅有一套先验的、理性主义共和国的方案就可以包打一切。换句话说,启蒙的理论家所秉持的方案都具有极端性,形而上学固然有引人入胜之处,但是,从伦理和政治上来看,它们一定是错误的。

现实的情况是:"人们的利益就是他们在政府中的权利,它们常常是不同的善之间的一种权衡,有时候是在善与恶之间的妥协,还有些时候是在恶与恶之间的妥协。政治理性是一种计算原则:是伦理上的加减乘除——而不是形而上学或数学上的——是真正的道德上的识别。"③

---

① 〔英〕埃德蒙·柏克:《法国大革命反思录》,冯丽译,江西人民出版社2015年版,第31页。
② 〔英〕埃德蒙·柏克:《法国大革命反思录》,冯丽译,江西人民出版社2015年版,第99页。
③ 〔英〕埃德蒙·柏克:《法国大革命反思录》,冯丽译,江西人民出版社2015年版,第100页。

所以，传统的宗教信仰并不是一无是处，启蒙的理性形而上学貌似以普遍的理性在谋划理想的政治和国度，但是，这些东西根本经不起现实的考验。

因此，正是源于对法国大革命所激发的平民暴政的不满，伯克开始主动为教会制度辩护，他甚至也情不自禁地开始对中世纪的骑士制度表示眷恋。在他看来，宗教制度包含着一种深远和广博的智慧，正是因为有这一制度的存在，人们才能按照普遍的感觉来从事，"这一感觉，不仅像一个智慧的建筑师，筑起了雄伟的国家结构，而且像一个有远见的领主，保护这个建筑不受亵渎和毁坏，使之像神庙一样净化所有欺骗、暴力、不义以及暴君所带来的污秽，永远神圣地献身于共和国及其所有公共事务。这一种神圣化使得所有代表上帝管理着人类政府的人，都应当以一种崇高而可敬的观念来看待他们的职责和使命；也使得他们的希望应当充满不朽，他们不应当只看到眼前区区的不义之财以及俗人们转眼即逝的赞誉，而是应当看到他们天性中坚实的、永存不变的部分，应当看到永恒的名声和荣耀，这是他们留给世界的丰厚遗产中的一个典范"①。

抛开伯克对宗教制度的一般性论述，我们想指出的是，启蒙对宗教蒙昧主义的批判既是启蒙得以可能的前提，也是启蒙得以拓展和深化的前提。原因是，从根本上讲，启蒙运动要高扬的是人的理性，要肯定的是人的地位和价值，如果不对宗教展开批判以使人从宗教中挣脱出来，大胆而又公开地运用人的理性如何可能？如果不接受这个前提，卢梭所谓的基于现实的契约关系构筑"公意"的政府及其政治又如何可能？实际上，这恰恰是保守主义所无法接受的事实。

对于迈斯特来说，即使他看到了法国大革命的残忍和血腥，但是他似乎更愿意通过这场革命去推测上帝的意图。在此过程中，他表达了一

---

① 〔英〕埃德蒙·柏克：《法国大革命反思录》，冯丽译，江西人民出版社2015年版，第140页。

种善恶转化的因果原则。迈斯特指出，一场革命不仅让人看清了人性的百态，也让人看到了霍布斯意义上的真实的"利维坦"。在这头怪兽的驱使下，第三等级简直狂热至极，他们冲进神圣的王宫和教堂，疯狂地抢夺金银财宝，随意绑架神职人员，甚至将上万名教士驱逐出国。但是，迈斯特相信，"上帝'擦去'字迹，无疑是为了'重写'"①。从基督教的教义来讲，人的罪恶行径的暴露往往是人类忏悔和得救的契机，这场社会巨变（乃至许多不计其数的战争）既是人类自我惩罚的手段，也为人类进行自我反思和自救打下了基础。"人性的真正果实，如各种技艺、科学、大业、杰出的思想、阳刚之美等等，皆是来源于战争状态。"② 为此，迈斯特以希腊为例说道："希腊人的光辉顶点，是恐怖的伯罗奔尼撒战争时期；在内战和政治流放之后，才有了古罗马的奥古斯丁时代。法国人的才华是由宗教战争中的神圣同盟和投石党运动磨砺出来的。英国安妮女王时期的所有伟人，都是诞生在政治动乱之中。一言以蔽之，我们所说的天才这朵奇葩，是以鲜血作为养料的。"③

在迈斯特看来，恐怖暴政和流血牺牲似乎并不是什么坏事，正是因为经过了这些事情，人类才会走向成熟。公元3世纪的罗马皇帝德西乌斯就明确指出，只有祭献出自己的生命，才会得到神的眷顾，这似乎也是消除罗马所面临的威胁和其他一切罪恶的一种方法。在上帝面前，罪与罚都不是绝对的，而是相对的，面对恐怖流血，我们不必灰心丧气，因为与上帝相比，我们的识见简直太肤浅、太有限，有限的生命使我们不可能把握事物的全貌。"凡是惩罚，必有清洁的功用；凡是失序混乱，'永恒的爱'必用它去对抗罪恶。在这天下大乱之际，窥测上帝的安排是一件很惬意的事。"④ 在此意义上，迈斯特认为，我们的眼界要大一些，要宽一些。放眼世界和历史，从伟大的社会制度到细微的社会组织，从大

---

① 〔法〕迈斯特：《信仰与传统》，冯克利等译，商务印书馆2010年版，第17页。
② 〔法〕迈斯特：《信仰与传统》，冯克利等译，商务印书馆2010年版，第23页。
③ 〔法〕迈斯特：《信仰与传统》，冯克利等译，商务印书馆2010年版，第23—24页。
④ 〔法〕迈斯特：《信仰与传统》，冯克利等译，商务印书馆2010年版，第26页。

帝国到慈善会，所有这些都有神意作基础。

回过头来看，法国大革命固然让一群人攫取了政治权力，但是这些人根本缺乏广泛的社会动员和组织能力，他们甚至连一场像样的节庆都搞不起来，可是，当那些传统的重大的宗教节日来临之际，人们纷纷载歌载舞，他们会将生活的辛劳抛之脑后，曲终人散之后，他们又盼望着来年再享受这种同样的欢愉。质言之，与无限的上帝事业相比，当权者的阴谋伎俩简直不值一提，在此意义上，迈斯特直言："我无比坚信自己所捍卫的真理，所以看到世风日下，人心飘摇，权力因缺少根基而虚弱不堪，我们的需求无限而财货匮乏，这时我便认为，真正的明哲贤达必须在两种假设之中择其一：或是将会出现一种新的宗教，或是基督教以某种不同寻常的方式复兴。你必须根据自己对基督教真理所持的看法，在这两种假设中做出抉择。"①

在德国历史主义这厢，对上帝的信仰似乎从未动摇过。我们甚至可以说，对宗教蒙昧主义的批判是法国启蒙运动和法国大革命的一条红线，而德国历史主义尽管是在拿历史说事，但是，所有的历史乃至现实最后都被他们纳入了上帝的宏图伟业。

例如，在赫尔德看来，科学就不应该压制或者混淆宗教，自然科学固然也要前进，固然也取得了而且必将取得更进一步的成果，但是，与上帝的神力相比，科学的成就以及对宗教的挑战简直不足挂齿。在此意义上，赫尔德自信满满地指出："科学的每一桩新发现，宗教都大可欢欣，而无须为看似不相调和的新东西忧心。人类历史也是一样。如果在其中看到人之理性、人权和人性遭残暴践踏，不但见于民族与国家之间，甚至见于人际的亲密关系之间，宗教也不必失心绝望。"②

又如，在兰克这里，每段历史都有其时代精神，这种精神就是上帝意志的体现；如果将每段历史都视为一个独立的个体，那么，所有的时

---

① 〔法〕迈斯特：《信仰与传统》，冯克利等译，商务印书馆2010年版，第38页。
② 〔德〕赫尔德：《反纯粹理性——论宗教、语言和历史文选》，张晓梅译，商务印书馆2010年版，第83页。

代都可谓"上帝的手指";更何况,世界历史犹如一条奔腾不息的长河,这条河流中的每一条溪流、每一朵浪花都是这条河流本身之所必须,这条河流从整体上构成了一种"自在之物",它是我们窥测上帝意图的一个存在论基础。

再如,在黑格尔这里,作为过程,历史其实只是上帝意志的表象,对于他所谓的世界历史来讲,上帝既是本体,也是过程;既是存在论,也是实践论;既是事实,也是价值,他所构筑的世界历史就是要表现上帝对于历史的整体把控,而国家、民族、个人其实都是这一"理性狡计"的一个环节罢了。所以,对于那种原始的历史和反思的历史,黑格尔并不感兴趣,他感兴趣的是精神的历史,或者说是精神自我存在、自我展开、自我实现的历史,在这种历史中,家庭、市民社会和国家构成了一个由低级向高级上升的圆圈。在此背景下,黑格尔必然要跳出或者摆脱早期那种对启蒙哲学的自由主义迷恋,而在其晚期的政治哲学(尤其是《法哲学原理》)中,他最根本的目的就是要替保守的普鲁士君主制找一个哲学上的立足点,在此一度,他最终似乎以某种绝对命令实现了"理性与现实的和解"。更重要的是,黑格尔在自己的历史哲学讲演录中直接将这一点做实,这为从希望的意义上缓解自由主义与保守主义的冲突提供了一种形而上学架构。

可以说,尽管法国大革命轰轰烈烈,尽管其对宗教的批判、对教会财产和权力的处置毫不留情,但是,这场革命本身的反复以及基于"上帝意志"对这场革命的反思和批判同时表明,政治革命和思想革命往往不可相提并论。或者说,政治革命和思想革命的进程并不同步,这一点在人类的历史变革中几乎比比皆是,所以,社会革命从来都是一场时间和实践相互较量的辩证法。

革命是历史的必然,但是,传统并不会随着新生事物的闪亮登场而迅速消弭。诚如马克思所言:"无论哪一个社会形态,在它所能容纳的全部生产力发挥出来以前,是决不会灭亡的;而新的更高的生产关系,在它的物质存在条件在旧社会的胎胞里成熟以前,是决不会出现的。"① 正是因为这种社会变革的缓慢性和复杂性,所以以自由主义精神为旗帜的法国大革命同时引发了保守主义和历史主义的反扑,这同时印证了社会革命的艰难。

(三) 政治立场上:推崇旧制

从本来意义上说,法国大革命就是要对封建君主贵族阶级和教士阶层的特权进行批判,而旧式的君主制、贵族制、教阶制必然成为其猛烈的批判对象。更为根本的是,使这一切得以可能的前提是现代市民社会的发育和市民阶级的形成。

例如,对于伏尔泰来说,他之所以要猛烈地抨击封建贵族,一个主要原因就是,他不仅多次受到了贵胄骑士的侮辱,而且多次遭受了权贵阶层的压榨。所以,在一次又一次的遭受屈辱、盘剥和入狱之后,伏尔泰心灰意冷,现实的无情打击让他放弃了对开明君主的幻想,进而转向对整个贵族阶级和教会人员的抨击,号召人们祛除迷信和蒙昧,用理性的头脑与愚顽的成见和制度展开搏斗。也正是在此意义上,伏尔泰被誉为最伟大的启蒙思想家和法国大革命的思想奠基者。但是,在一种相反的意义上,保守主义者并不喜欢伏尔泰或者以其为代表的启蒙哲学家和自由主义者。原因是,在保守主义这边,成见、秩序、传统就是安身立命的实实在在的东西,空疏的理性并不能让人对这些东西进行迅速否定。反过来说,历史的秩序才是最好的秩序,而对这些东西的辩护便成了保守主义与历史主义共同的主张。

再以卢梭为例。众所周知,卢梭十分注重对个体自然权利的维护,但是,他同时认为,所有个体的权利必须以契约的形式让渡给政府,这一点类似于霍布斯自然法的味道,只不过,卢梭对代表公共意志的政府

---

① 《马克思恩格斯文集》第 2 卷,人民出版社 2009 年版,第 592 页。

的权力的辩护要比霍布斯弱一些。卢梭指出:"主权权力虽然是完全绝对的、完全神圣的、完全不可侵犯的,却不会超出、也不能超出公共约定的界限;并且人人都可以任意处置这种约定所留给自己的财富和自由。因而主权者便永远不能有权对某一个臣民要求得比另一个臣民多;因为那样的话,事情就变成了个别的,他的权力就不再有效了。"① 同样的精神在普赖斯这里被表述为三项基本的权利原则,它们分别是:在良知和宗教事务方面的自由权;在权力被滥用时的反抗权;选择自己统治者的权利,以及因为其行为不端而废黜其的权利,以及组建自己政府的权利。② 但是,伯克认为,可以肯定的是,过去的君王都是人民选举出来的,并且,这些君王或多或少都会受到其选举对象的制约。这一点有充分的历史依据,也有充分的法律依据。对于上述三项权利法案,伯克认为:"这些全新的、之前闻所未闻的权利法案,虽然是以全体人民的名义做出的,但是只属于这些先生以及他们自己的派系。全体英国人民并不享有其中的一份。他们完全不承认这些权利。……因为根据光荣革命时期制定的国内法,他们必须这样做。"③ 可见,在伯克这里,英国光荣革命所确定的法权原则具有神圣性,而所谓的按照某种社会契约或公共理性确定的权利法案并不能代表全体公民,与之相反,只有传统的君主制才是全体公民利益的代表,并且,英国的国教也在替这个制度进行着更为崇高的支撑。

继之,在财产和继承权问题上,卢梭认为,财产是政治社会得以可能的基础,是公民订立契约的真正保证,当然,这首先涉及财产的来源问题或者是对财产的占有问题。在他看来,人们获得财产的方式可谓多种多样,但是,当无主土地变成有主土地的那一刻,集体就已经产生或应该产生。在此意义上,个人与集体的财产关系也就随之确立,当然,

---

① 〔法〕卢梭:《社会契约论》,李常山等译,红旗出版社1997年版,第61页。
② 〔英〕埃德蒙·柏克:《法国大革命反思录》,冯丽译,江西人民出版社2015年版,第37页。
③ 〔英〕埃德蒙·柏克:《法国大革命反思录》,冯丽译,江西人民出版社2015年版,第37页。

这种关系的实质在于,"每个人都天然有权取得为自己所必需的一切;但是使他成为某项财富的所有者这一积极行为,便排除了他对其余一切财富的所有权。他的那一份一经确定,他就应该以此为限,并且对集体不能再有任何更多的权利"①。在此,卢梭其实是以先天的原始的自然财产份额来确定个体与他者以及与公共政府之间的权力边界,但是,卢梭的意思很明确,那就是个体的财产权必须得到充分的保障,与此同时,个体不得有超越自身权利边界的非分之想,这不仅是一种事实约定,而且是一种道德约定。在此意义上,卢梭指出,全部的社会体系得以可能的一个根本基础在于,社会的基本公约不能摧毁自然的平等,我们必须用道德与法律的平等来代替自然所造成的人与人之间的身体上的不平等,尽管这种平等意味着对力量和才智的不平等的承认,但是,由于法律约定的存在,其实质上实现了人人平等。

初看上去,卢梭的个体平等原则在保守主义这里似乎也得到了维护。整个保守主义思想体系所要维系的就是旧式的土地贵族和教会阶层的特定利益,并且,在某种程度上,这种阶层化的利益被个人化似乎也是可能和必要的。但是,在伯克看来,与漫长而有效的传统体制相比,契约原则似乎更具有随意性和不稳定性,这会使国家随时处于危险的境地,他因此指出:"社会的确是一个契约,但不是一个以偶然的利益为标的,可以凭一时高兴就得以解除的附随契约——国家不应该被视为仅仅是一个为了进行辣椒和咖啡、棉布或是烟草贸易,或者是其他类似不具有关注度事物的贸易而签订的合作契约,因而只是具有很微不足道的暂时利益,可由缔结方任意地解除。"②可见,同样是讲社会的道德和伦理,卢梭的出发点是个体的权益,而伯克则是国家和社会本身,在这两重维度上,国家利益和个体利益也存在着某种交叉。但是,还有另一个维度必须重视,那就是,在卢梭这里,个体权利被赋予了某种去上帝化的无可替代

---

① 〔法〕卢梭:《社会契约论》,李常山等译,红旗出版社1997年版,第44页。
② 〔英〕埃德蒙·柏克:《法国大革命反思录》,冯丽译,江西人民出版社2015年版,第145页。

的独立性；而在伯克这里，世界的整体意义不能用卢梭意义上的个体来替代，所以，他直言："上天注定有些人需要依赖别人而生，因此他们也无须为此感到惭愧。"① 在此意义上，个体的美德——尤其是对既有制度的道德认同——要比基于某种抽象或纯粹的契约精神来得实在和可靠，换言之，"上帝既然赋予了我们通过以个人美德去实现自我完善的本性，也就会赋予它实现自我完善的必要手段"②。

伯克对旧制的维护不是一个简单的政治权力的让渡问题，也绝非一个自由平等前提下的个体权利的契约式架构问题，而是从一种神圣性维度出发对既有制度的道德认同问题。在这种意义上，个体与国家、与过去的制度的关系是一种服从与被服从的关系；也正是在此意义上，伯克认为，君主制的国家体制就是个圣物，无论是穷人还是富人都应该对其保持足够的忠诚感与荣誉感，毋宁说，这是一种高尚的公共精神，"它滋养着公共的希望。最穷苦的人也能在其中发现自己的重要性和尊严，与此同时个体的财富和骄傲又时刻都让那些地位卑下的人与缺乏财富的人充满自卑感，并自贬身份。正是为了那些生活卑微的人，为了提升他们的天性，让他们从心里达到一种境界——在那里财富的特权将会停止，届时他们将是生而平等的，同时因为美德之故，他们可能得到的还不仅仅只是平等——于是就神圣地使用了其国家共同财富的一部分来帮助他们"③。这样看来，伯克的确是一个道德哲学家，至少，他维系旧式体制、旧式特权、社会地位和消解社会矛盾的理念是道德哲学式的，所以，对那些古代的制度，他始终充满了道德的热情。当然，在最终意义上，这种道德热情与其浓厚的宗教热情联系在一起，因此，他直言："正是由于

---

① 〔英〕埃德蒙·柏克：《法国大革命反思录》，冯丽译，江西人民出版社2015年版，第146页。

② 〔英〕埃德蒙·柏克：《法国大革命反思录》，冯丽译，江西人民出版社2015年版，第147页。

③ 〔英〕埃德蒙·柏克：《法国大革命反思录》，冯丽译，江西人民出版社2015年版，第148页。

对教会制度的依恋,英格兰民族才会认为,把全体巨大的根本利益托付给他们所不信任的任何民事或者军事的公共服务部门,即不稳定、不可靠的个人捐税,是不明智的。"① 所以,伯克坦言:"不管是谁,以何种方式登上宝座,也不论他通过法律还是武力获得了王位,世袭继承制不是被继续就是被采纳。"②

(四)政治手段上:拒斥暴力

我们不妨先陈述一段英国历史。众所周知,斯图亚特王朝最后一个女王安妮没有子嗣,在其死后,德国的乔治一世继承了英国的王位,此举宣告着斯图亚特王朝的结束。由于乔治并不擅长英语,所以,在很多时候,他都是将国务交给英国的内阁进行处理。这意味着,尽管英国人选择了一个德国人来担任自己的国王,但是,这都是在大不列颠古老的世袭的新教传统下进行。还有一件事情是,在乔治一世继位之前,按照英国的王位继承法,安妮女王的王位本应由詹姆斯一世的外孙女以及信奉新教的索菲亚所继承,索菲亚是乔治一世的母亲,只不过索菲亚先于安妮女王去世,这才由其儿子乔治一世继承了王位。对于这段历史,伯克似乎表现出了较大的宽容,他甚至也引以为傲,原因是,这件事情表现了英国的王位继承问题既遵循了祖制,也体现了创新,至少,这种继承是在血亲关系之内进行,它不像法国大革命一样使国王的权力在一些毫不相干的人之间发生。或者说,社会权力的流转和王位的继承并不是根据人数的多寡而定,而是按照家系而定,这便是伯克所信赖的英国的宪法精神,他甚至引用诗人维吉尔的话说道:"经历了漫长岁月,家族的

---

① 〔英〕埃德蒙·柏克:《法国大革命反思录》,冯丽译,江西人民出版社2015年版,第150页。

② 〔英〕埃德蒙·柏克:《法国大革命反思录》,冯丽译,江西人民出版社2015年版,第47页。

财富依然屹立，祖父的祖父仍被记得。"① 其言下之意是，不管是谁，不论是其以何种方式登上王座，世袭继承制不是被继续，就是被采纳，这一点已经落实进英国1701年的《王位继承法》，总之，英国从斯图亚特王朝向布伦瑞克王朝的转换并没有破坏和超越传统，这种方式与法国大革命所宣传的那种"选举制"迥异。

伯克以十分自信而骄傲的口吻说道："没有任何经验教导我们，还能有任何其他的程序或方法能比世袭继承更稳妥地延续并保持作为我们世袭权利的王位世袭制的神圣性。一场非常的、突发性的运动也许对于祛除一场非常的、突发性的疾病是必要的。但是继承的程序却是不列颠宪法一个良好的习惯。"② 伯克也指出，对于由外国人来继承不列颠国王所带来的不适和不便，英国人深有感触，但无论怎么讲，继承都要比选举靠谱，它意味着不列颠民族最真实的自由和平等。

正是在上述意义上，伯克认为，保守主义并不是反对对旧有的制度和风俗进行改变，而是说这种改变不能伤筋动骨，是要在尊重和保持既有秩序的前提下做适当的修正。他指出："一个国家，如果没有进行改变的方式，就等于没有自我保全的方法。没有这样的方式，它甚至可能面临丧失它最希望保留的部分的风险。保守和修正这两项原则在复辟和光荣革命这两个关键时期，即英国国王之位空悬时都起到了有力的作用。在这两个时期，这个民族都与古代大厦失去了联系的纽带，但是，他们并未因此而毁掉整个建筑物的构架。相反，在这两次事件中，他们用没有受损的部分恢复了旧组织中有缺陷的部分。他们照原样保留了旧的部分，并使修复的部分与之适应。他们依照古代机构的框架组织起来的国家在行动，而非以解体了的民族的有机分子个体在行动。……王位的确是多少背离了之前的那一系，但是新继承的这一系也是出于同一个家系。

---

① 〔英〕埃德蒙·柏克：《法国大革命反思录》，冯丽译，江西人民出版社2015年版，第47页。

② 〔英〕埃德蒙·柏克：《法国大革命反思录》，冯丽译，江西人民出版社2015年版，第50页。

它依然是世袭血统中的一支,与世袭血统拥有同样的血统,只不过是一个只限于新教的世袭血统而已。立法机关在改变方向的时候依旧遵守了守则,他们表明他们维护了这一原则的不可侵犯性。"① 当然,如果从历史的角度出发,我们也必须承认,在防范和应对法国大革命对英国的影响方面,英国人并不是无动于衷,而是始终有着斗争的准备和行动,所以,在后来爱尔兰联合法国推翻英国的君主制的时候,英国对其进行了疯狂的镇压。这就说明,英国人并不是不懂革命,而是要表达对什么是真正的有意义的革命。在此意义上,我们认为,英国的保守主义其实表达了一个和德国历史主义相同的道理,那就是,世界上没有放之四海而皆准的发展模式,各国都有选择自身发展道路的权利,任何国家都没有权力将自己的意志和图式强加于人。当然,在伯克这里,这层意思似乎不是给法国人说的,而是给英国人说的,其真实的目的在于坚信并恪守与自身历史相符合的制度系统,这或许是保守主义思想给予后世的积极思想遗产。

于是,在一种与赫尔德相似的意义上,伯克表达了一种历史有机主义思想。伯克说道:"国家不应该被视为仅仅是一个为了进行辣椒和咖啡、棉布或是烟草贸易,或者是其他类似不具关注度事物的贸易而签订的合作契约,因而只具有微不足道的暂时利益,可由缔结方任意地解除。应当怀有别样的敬意来看待它,因为它并不是仅仅为了服务于一个在肉体上短暂而有限的动物的生存而进行的合作。它是所有科学领域、艺术领域及各种德行在最大程度上的合作。由于这种合作的目的只有通过很多代人的努力才能实现,因此它就不仅仅是现在活着的这一代人之间的合作,也是那些正在活着的与已经死去的,以及那些将要出生的人之间的合作。"② 由此可见,保守主义并不直接等于因循守旧,也不直接等于

---

① 〔英〕埃德蒙·柏克:《法国大革命反思录》,冯丽译,江西人民出版社2015年版,第46页。

② 〔英〕埃德蒙·柏克:《法国大革命反思录》,冯丽译,江西人民出版社2015年版,第16—17页。

安于现状,而是认为,历史的遗产对于解决现实的问题仍具有无可替代的作用,国家并不是一个可随意变换食材的拼盘,它蕴含并体现着过去与当下之间的有机联系。当然,伯克并不否认过去与当下之间的差异性,在法律领域,道理同样如此,因为在这个意义上,我们既照顾到了差异性,也照顾到了整体性。英国的《大宪章》和《权利法案》其实就是这种历史连续性的有力写照,革新并不是要推倒重来,而是在历史的基础上有序更替和改进,这是一种广义而温和的革命,它会降低社会新陈代谢的成本,至少,革命不应当等于暴力。

我们再来看看法国的迈斯特。在他看来,纵览历史,共和制也并不是什么新东西,追求并实现共和也不是什么新鲜事,历史的真相是,共和制根本就不是现代政治的产物,在封建政体内部就已经有共和制的因素和内容,或者说,当封建政体达到成熟与均衡时,它便有了代表制。从封建制比较成熟的地区去看,在地方共同体形成并发展壮大的时候,其只能委派自身的代表出席皇帝所召集的国民议会,这便是代表制出现的历史背景。更何况,在欧洲的诸多君主制国家,这种国民代表制普遍存在,而非英国独有。正是基于对欧洲历史的普遍观察,迈斯特自信地指出:"反思那些被全部历史所证实的事实,考察一系列的人类建制,我们发现,从塑造了世界历史的伟大制度到微不足道的社会组织,从大帝国到慈善会,都有一种神意的基础;而人力一旦伶仃无助,便只能创造一些瑕疵百出的短暂之物。思考至此,我们对法国的新体制和造成这种体制的力量,会做何感想呢?就我本人来说,我是绝不会相信真空也有生育力的。"① 实际上,在法国大革命中,暴力行径随处可见,更为恐怖的是,这种社会暴力被附加在了共和制的名义之下,所以,对法国大革命的暴力行径必须认真反思。

迈斯特指出:"法国革命的独特之处,它之所以成为有史以来独一无二的事件,便在于它是一种彻头彻尾的罪恶,没有任何益处去缓解它所

---

① 〔法〕迈斯特:《信仰与传统》,冯克利等译,商务印书馆2010年版,第36页。

呈现的邪恶画面；它是已知的最严重的腐败，它是十足的肮脏。揭开历史大幕，你可曾见过有这么多恶棍同时在一个舞台上现身？你可曾见过这等卑劣勾当和残暴行径的可怕大聚会？这等严重的道德败坏，这等置一切礼义廉耻于不顾的放肆？"① "法国大革命经历了若干不同的阶段，但它的总体特征是从未改变的；从它诞生的那一刻起，它便昭示了尔后注定发生的一切。一种无以名状的癫狂，盲目的激情，对人间一切体面庄重之事的无耻蔑视，拿作孽当儿戏的新型残暴；更有甚者，是那厚颜无耻的滥用推理，滥用一切表达正义和美德的字眼。从这一堆血淋淋的烂泥中，能产生一个持久不衰的政体吗？粗野淫乱的化外之民也能变成文明人——可是这种说法是不顶用的。"② 足可见，迈斯特对法国大革命其实并不买账，原因是，在更深的层次，迈斯特认为，主权是单纯的、唯一的、神圣的、不可侵犯的，而作为主权代表和象征的国王也同样享受这些权力。但是，在法国大革命中，路易十六被一帮暴徒随意捆绑、关押和审判，并最终将其送上了断头台，尤其是在执行死刑的那一刻，聚集在广场的成千上万的民众显示出了惊人的麻木以及暴徒式的谩骂。所以，迈斯特认为，君主政体固然也有其弊端，但是，这并不能成为颠覆其寿命的理由，如果我们承认并力求运用理性，我们应该用理性的态度和方法来完善这种政体，而不是将万千的怒火发泄到一个国王身上。事实上，国王只是个象征，其背后是大批的贵族，并且，在君主制的框架下，国王的权力已经受到了种种限制，国王个人的错误对于整个层层叠叠的体制影响十分有限，遗憾的是，法国大革命中的暴民已经严重忽视了这一点。

因此，站在与伯克同样的立场，迈斯特反对法国大革命的暴力行径。我们认为，除了法国大革命的恐怖之外，对上帝的信仰是他唾弃法国大革命暴力逻辑的深层原因。正是在此意义上，伯克对法国大革命的批判最终转向了对传统秩序的自然主义信仰，迈斯特则倒向了上帝的怀抱，

---

① 〔法〕迈斯特：《信仰与传统》，冯克利等译，商务印书馆2010年版，第33页。
② 〔法〕迈斯特：《信仰与传统》，冯克利等译，商务印书馆2010年版，第33页。

所以，迈斯特似乎带着某种崇高的情结指出："神的法则跟运动法则一样的确凿实在，一样的明显可见。人只要尽力与造物主保持和谐，以他的名义进行无论什么创建，那么不管他个人多么软弱、无知、贫困和卑贱，一言以蔽之，就算他绝对缺乏常人的所有资源，他也因为使自己成为万能之主的工具，而融入了其中，他之所成，其威势与耐久足以令理性瞠目结舌。"① "翻开史册，你们就会看到，凡是稍有力量和持久性的制度，无不建立于神的观念之上。至于它是何种观念，那是无关紧要的，因为不存在完全虚妄的宗教体系。"② 这两段话足以说明，迈斯特是带着一种上帝的眼光来观察现实的法国政治和久远的君主制，因为从根本上，一切主权都源于上帝，我们对上帝的敬仰与对国王的敬仰同根同源，此其一。其二，正如根本不存在纯粹的绝对专制一样，世间从来就不存在纯粹的民主，毋宁说，为卢梭等人所谓的绝对专制以及作为其替代物的纯粹民主本身就是个假设。实际上，在孟德斯鸠那里，这种观点也得到了明确的表述，即："存在着所有的方面都实行专制统治的唯一权力，这种想法是错误的；从来不曾有过，将来也不会有这样的制度。最广泛的权力也受到某些限制的约束。"③ 由此可见，卢梭的论点根本不成立，一方面，他不可能集结所有的民意，也即无所谓纯粹而广泛的民主，即使我们能够选举产生民意的代表，可是这种选举本身如何公开、透明、及时也是个大问题；另一方面，倘若没有贵族，尤其是世袭贵族的调和，民主片刻也不能生存，"在共和政体中，人有多大价值，只能取决于出身、婚姻和不凡的才华赋予他的影响力，单纯的公民什么都不是"④。正是在这种综合考虑的前提下，迈斯特认为，我们当以至善至大的名义，并且在这种创造力的影响下，回到昔日的政体，在这种政体下，国王将给予我们所期

---

① 〔法〕迈斯特：《信仰与传统》，冯克利等译，商务印书馆2010年版，第37页。
② 〔法〕迈斯特：《信仰与传统》，冯克利等译，商务印书馆2010年版，第67—68页。
③ 转引自〔法〕迈斯特：《信仰与传统》，冯克利等译，商务印书馆2010年版，第163页。
④ 〔法〕迈斯特：《信仰与传统》，冯克利等译，商务印书馆2010年版，第167页。

待的唯一东西——君主治下的自由。

伯克和迈斯特的上述思想在历史主义这里得到了同样的强调。例如，对于默泽尔而言，中世纪虽然黑暗，但依然是欧洲史的一部分，所有古代的艺术、每一个历史中的事物在价值上都是丰满的、自足的，它们既服从于整体，但又不失其个性。他指出："每当我遇到一种与现代不合拍的旧传统和旧习俗时，我就不停地在它周围徘徊，心里想'毕竟，我们的祖先不是傻瓜'，直到我为它找到一个合理的理由。"① 所以，默泽尔试图发现那些旧习惯和旧风俗所具备的独特意义，在他眼中，现在正是过去的留存和延续，更进一步讲，每一个留存下来的个体都是整体的代表。正是借助这种手段，他将"过去的时光"与"当下的情境"进行了巧妙的关联，他所看到的是"具有非理性内容的理性主义"图景，因为我们不能怀疑祖先的智识和行为，他们的所作所为都是具体的、非理性的，我们只能在与祖先的这种具体联结之中才能得出正确的结论和"合理的理由"，这便是默泽尔的思想逻辑。

源于历史主义逻辑，默泽尔试图从具体的历史事实而不是从抽象理性出发阐释自己的见解。他说道："一匹马就像铁一样也有其美德，强壮、坚韧、冷峻而又热情的英雄也一样。"② 也就是说，我们认知和评价的视角只能从事物自身切入，一切事物自身都包含着可被充分理解的视角，它们自身都是独特而协调的，这种思想逻辑上升到政治意识层面的结果就是：所有的制度设计——只要它是传统的产物，只要它们有自己的历史——都必然具有不可替代的价值和意义。在曼海姆看来，这种典型的保守主义思想路线正是为了实现对启蒙主义的反叛。所以，关于历史主义和保守主义的关系，曼海姆指出："历史主义是一个极其复杂的结构，从社会方面来看也是千变万化的，但是在本质上它具有保守主义的根源。作为一种反对与过去革命性决裂的政治论证，它无所不在——当历史事

---

① 转引自〔德〕曼海姆：《保守主义》，李朝晖等译，译林出版社2002年版，第147页。
② 转引自〔德〕曼海姆：《保守主义》，李朝晖等译，译林出版社2002年版，第150页。

实不是被热情地用来反对当前事实时,当事物的变化过程本身被敏感地体验到时,'历史研究'才转向历史主义。这是伯克的'连续性'、法国的传统主义和德国的历史主义的共同之处。"①

三、历史主义与保守主义的差异性

历史主义与保守主义的分离既有一个站在英法立场上批判甚至否定法国大革命的问题,也有一个在反法的意义上力图使欧洲的权力中心由法国转向普鲁士的问题。在这个意义上,无论是保守主义,还是历史主义,其实已经不仅是一个思想事件,也是一项包含着现实目的的政治运动,这中间既有不同话语之间的争辩、对抗和争夺问题,也有不同社会阶层和社会势力之间的攻讦、批判和自我辩护问题。因此,无论是保守主义还是历史主义,其内部的派系都十分复杂,而保守主义和历史主义之间的差异也很大。当然,历史在某种程度上充当了保守主义的思想素材的情况总是有的。例如,迈斯特就指出,历史总是第一位的,它是唯一的一位政治学导师,"无论谁说人生而自由,都是在胡扯淡"②。曼海姆也明确指出:"并不是所有的保守主义思想都是历史思想。"③这就说明,对历史主义与保守主义的区分十分必要。

(一)民族观念的差异

从总体上来讲,保守主义和历史主义都推崇一种民族意识,只不过,在历史主义这里,民族主义观念要强一些,而在保守主义这里,这一观念要相对弱一些。也正是因此,在英法国家,民众对"公民身份""公共

---

① 〔德〕曼海姆:《保守主义》,李朝晖等译,译林出版社2002年版,第142页。
② 〔法〕迈斯特:《信仰与传统》,冯克利等译,商务印书馆2010年版,第156页。
③ 〔德〕曼海姆:《保守主义》,李朝晖等译,译林出版社2002年版,第11页。

意志""公共权力"的要求和讨论相对频繁,而在德意志地区,类似的很多问题都被置于民族特性下来定位和讨论,这使得德国历史主义的民族主义情绪要比英法的保守主义更为保守和过火。

我们不妨先来看看迈斯特对法兰西民族的无限热忱。作为一个保守主义者,迈斯特并不认为历史和现实、民族与国家之间存在着两极对立的关系。带着对法兰西民族的自豪感,迈斯特指出:"法国对欧洲各国行使着领导之责。……确切地说,上帝给了法兰西民族两样工具,也可以说,是让它去塑造世界的两只手,即它的语言和传播信仰的热情,后者构成了法兰西民族性格的核心。所以,法国总是希望并且有能力给人类施加影响。"① "说到法语的威力,我几乎要说它的'至尊地位',乃是显而易见,几乎不容争辩的。"② 当然,遍览迈斯特的《论法国》一文,其通篇对法兰西民族的热忱表述也就这两段话。在更多的意义上,他是将法国作为一个整体来看待,在他这里,国家就等于民族,民族就等于国家。原因是,在法国大革命之前,法国就不仅实现了政治上的统一,而且实现了文化上的繁荣,在路易十四时代,凡尔赛宫廷和王室的风尚是欧洲文明的引领者,彼时的巴黎俨然是欧洲先进文化的中心。正是因为有如此影响,就不难理解何以在法国诞生了卢梭、伏尔泰、孟德斯鸠、孔多塞、达朗贝尔等一大批思想先贤。从根本上说,18世纪的法国就是欧洲的中心,并且,这种繁荣和荣光是君主制的产物。

所以,对于法国大革命中所产生的暴民政治,迈斯特那种深恶痛绝之情我们完全可以理解。在他内心深处,传统秩序并不是一无是处,在他看来,"秩序乃人类的天然要素,你们将在秩序中找到从无序中徒劳追求的幸福。大革命使你们遭受苦难,因为它是一切罪恶所为,这些罪恶便是人类公正的刽子手。与此相反,君主制的恢复不会产生你们担心未来会出来的那些罪恶,反而会剪除目前吞噬你们的苦难。你们的所有

---

① 〔法〕迈斯特:《信仰与传统》,冯克利等译,商务印书馆2010年版,第18页。
② 〔法〕迈斯特:《信仰与传统》,冯克利等译,商务印书馆2010年版,第18页。

努力都将是积极有效的,你们毁灭的仅仅是毁灭"①。所以,要想消除并避免暴政,就必须把国王带回王座,让法国恢复旧有的秩序。很可惜,毫无理智和鉴别力的法国人将自己的国王推上了断头台,这已经不是一个简单的权力争夺的问题,而是涉及对法兰西民族在历史中形成的悠久的历史传统的尊严的维护问题,所以他说:"这场大革命之所以让人倍感痛苦,正是因为它践踏了成见的全部尊严。即使君主制的复辟让同样多的人感到同样真实的失落,从它不会触犯任何尊严这一点说,它也完全是另一回事。因为目前的法国根本不存在尊严,就像不存在至上的权力一样。"②

在德国历史主义这边,对民族特性、民族精神、民族观念的重视和强调要比保守主义更为鲜明和浓重。当然,我们也需要强调的是,法国大革命在根本上是一场新兴资产阶级与封建贵族阶级之间的阶级斗争,所以,这场革命必将从法国本土向周边的其他国家蔓延和扩散,尤其是当拿破仑带着自己的军队向境外扩张进而把法兰西共和国变成法兰西帝国时,作为毗邻国的德国才真正感受到了法国大革命的政治威力和军事威胁。在此背景下,德意志地区(尤其是普鲁士邦)原来那种基于对法国启蒙运动的理性原则的向往,对自身民族特性的历史进行理性挖掘,迅速转变成一种直接的民族主义,这或许就是从康德到费希特所发生的德国思想史内部的一种思想裂变,这或许也是黑格尔早期和后期对法国大革命两种截然相反的态度所由以产生的现实背景。当然,除了这种思想史的变化之外,法国大革命也对德国(至少是普鲁士)的政治产生了影响,对此,曼海姆在其《保守主义》一书中也进行了专门的分析。

一方面,在德国的思想谱系中,我们看到,在康德这里,或许是没有遭遇法国大革命的洗礼和考验,所以,他对理性要素和能力的考察更多集中在先验层次。在整部《纯粹理性批判》中,康德主要任务就是力

---

① 〔法〕迈斯特:《信仰与传统》,冯克利等译,商务印书馆2010年版,第67页。
② 〔法〕迈斯特:《信仰与传统》,冯克利等译,商务印书馆2010年版,第69—70页。

求通过对人类先天认识能力的批判性考察，进而确定哪些要素具有先天的普遍性和必然性，以及这些要素的来源、功能、条件、范围和界限，从而确定认识能力的边界问题。质言之，康德所做的纯粹是形而上学自身的事情，它并不触及经验世界以及本质领域。更为重要的是，康德将自己对形而上学事业的认识论法则移植到了社会历史领域。如果说他对自然世界的认识依托的是牛顿的自然哲学体系，那么，在人文世界，他更多依靠的是卢梭的先验道德理论（即人生而自由的学说）。为此，他站在一种世界公民的立场给世界历史的发展设定了九个应然命题，并进而畅想了永久和平实现的可能性。

在费希特这里，我们似乎也看到了康德的影子。至少，在其思想发展的最初阶段，费希特对法国大革命充满了向往之情，他也曾经站在一个世界公民的角度孜孜不倦地致力于弘扬理性的王国，他甚至直言不讳地指出："只有法兰西共和国才能是正直的人的祖国，而正直的人也只能为这个共和国贡献自己的力量，因为从现在起，不仅人类的殷切希望，而且人类的现实生活都是与这个共和国的凯旋连结在一起"①，"如果没有法国人取得巨大的优势，并且在德国，至少在它的一个相当大的部分，进行根本的变革，那么，任何一个深知要在自己的生活中作自由思考的人都决不再回在若干年内找到德国有一个栖息的地方？"②。可是，理想很丰满，现实很骨感。1799 年 11 月，拿破仑开始担任法兰西共和国第一执政，这个时候，敏锐的费希特开始以疑虑的眼光密切注视着法国政局的演变。事实是，他的疑虑很有必要，尤其是 1806 年法国在耶拿战争中取胜并迫使普鲁士签订《提尔西特和约》，这才让费希特最终坚定了自己的民族主义立场。在他看来，拿破仑是法国大革命成果的篡夺者，拿破仑及其帝国政治和军事行动宣告了世界化理性王国的失败，代之而起的应该是爱国主义

---

① 〔德〕费希特：《对德意志民族的演讲》"中文版序言"，梁志学等译，商务印书馆 2010 年版，第 2 页。

② 〔德〕费希特：《对德意志民族的演讲》"中文版序言"，梁志学等译，商务印书馆 2010 年版，第 2 页。

和民族主义，所以，对于德意志民族来说，应该将目光转向自己，要认清自己所处的历史阶段并迅速进行自救。这种自救的方式就是，其一，要对"有教养的阶层"进行教育，让其感受到民族复兴的使命。其二，要通过德意志人的语言来挖掘民族的特性，在语言中，我们能够找到德意志民族的所有东西并将其与日耳曼裔部族区分开来，只有在语言中，德意志人才能实现向内团结。其三，要重视德国的宗教改革所产生的社会作用，这便是德意志对于基督教和新教发展所产生的历史作用。

结合上述要求，费希特认为，德意志民族并不是灰暗一片，她首先必须找到自己的"内在疆界"，在意识到这一点的基础上，德意志人应该尽快团结起来，所以，他对年轻人、老年人、思想家、学者、做实际工作的人和君王同时发出了团结的恳求。他不仅告诫思想家们要跳出纯粹思想的争论，要开通思维与现实联合的道路，而且还以德意志人祖先的名义训示道："你们已经领受了更伟大的使命，那就是建立精神和理性的王国，将作为世界统治者的全部粗野的物质力量消灭殆尽。如果你们会这样做，你们就称得上是我们的后人。"[①]

在德国历史主义谱系中，通过语言来强化民族主义的做法不只有费希特一个人，除他之外，还有赫尔德、洪堡、施莱格尔兄弟、诺瓦利斯和黑格尔等很多人，只不过，由于政治语境和现实需要的差异，他们对语言的重视程度和论述方式各有差异罢了。但是，在法国大革命之后，对于德国的知识分子来说，民族的生存危机显然要大于对语言的一般性讨论，这种差异性逐渐让步于德国的现实境遇，并且，历史理性似乎显得更为重要，所以，在黑格尔这里，历史性就成了为民族性辩护的一个理论基准。当然，这种历史性是理性与现实、思维与存在、个体意识与绝对精神、神性与理性相互交织、互为作用、彼此成就的一个辩证过程。

黑格尔的民族观念十分强烈和鲜明。在《历史哲学》中，尽管国家

[①] 〔德〕费希特：《对德意志民族的演讲》，梁志学等译，商务印书馆2010年版，第235页。

是世界历史发展的一个环节和载体，但是，在黑格尔这里，民族和国家之间的区分并不明确，尤其是当他叙述到世界历史的成熟时期时，拿破仑的铁蹄已经扫荡了日耳曼的大多数地区，这对本来就已经名不副实的"德意志神圣罗马帝国"是一个沉重打击，他甚至直言："日耳曼政局的一个主要因素就是权利的法律，那当然是法兰西的压迫造成的，特别是因为这种压迫暴露了旧制度的许多缺点。向来名不副实的一个'帝国'这时完全消灭了，它已经分裂为若干主权国家。"① 于是，一种最后的决定就是必要的，这种最终决定就需要日耳曼人建立起高度的民族自觉。当然，在黑格尔的有生之年，德意志第二帝国并未诞生，所以，面对法国的入侵和普鲁士与法国之间绵延不断的战事，黑格尔站在一种世界历史天命的高度指出，日耳曼民族就等于日耳曼国家本身，日耳曼民族就是世界历史的终点，在现实的政治让人堪忧的同时，我们只有在内心深处建立起这种普遍的信仰，世界历史的天平最终必然会倒向日耳曼民族。

另一方面，除了在思想上构建并强化起民族性之外，德国的历史主义者们开始将目光投向了普鲁士政治体制。此时，普鲁士也涌现出了一批改革派人物，如施泰因男爵、哈登贝格侯爵、尼布尔、沙恩霍斯特和格奈泽瑙伯爵，这几位全都不是土生土长的普鲁士人，但是他们心中都有一个完整的德意志概念。

施泰因男爵曾动情地写道："我只有一个祖国，她就是德国。因为根据古老的宪法我只属于她而不属于她的某一个特定的部分，所以我只能把整个心奉献给她，而不是给她的某一部分。在这时势多变的伟大时刻，所有的王朝对我来说都无所谓，它们不过是工具而已。我的宿愿是，为了重新获得自主、独立和民族性，德国要国土广大，国力坚强，并且在地处法俄两国之间的情况下把这两者固守毋失。这是德意志民族和整个欧洲的利益所在。旧的形势已经分崩离析、腐朽不堪，在这样的道路

---

① 〔德〕黑格尔：《历史哲学》，王造时译，上海人民出版社2006年版，第425页。

上德国是不可能保存下去的……我的信仰是统一。"① 施泰因绝不是随便说说而已，随后，他不仅号召公民广泛行动起来积极参加国家生活，而且在镇、县、省乃至整个普鲁士建立了人民代表机构，在这些自治性机构中，公民可以共同讨论公共事务。最著名的是，他还于1807年颁布了"十月敕令"，这份敕令废除了一切农庄农民隶属关系或农奴制度，使所有农奴最终变成了自由人。另外，贵族也可以从事一般的市民职业，作为市民，他们有权选举市政府议员，再由议员选出政府。所有这些都表明了法国大革命对德意志地区实实在在的影响。

对于上述情况，曼海姆在自己的书中专门进行了交代。他说，法国大革命"加剧了以封建力量和旧的等级制为一方与以官僚主义——专制主义的理性主义为另一方之间的冲突。普鲁士资产阶级无疑是受到一些革命的影响，但是，法国大革命的决定性作用在于它在某种程度上暂时削弱了已经由弗里德里希大王牢固地建立起来的专制主义君主与贵族之间的精神上和政治上的联盟。……德国知识分子中的多数阶层都欢迎法国大革命的爆发，他们的热情我们是深知的。大多数保守主义者和反革命者的自传都表明他们的青年时代也有一个革命的时期。同样广为人知的是，许多高级官员也令人惊奇地沉迷于自由主义的观念，耶拿之役所进行的'自上而下的改革'就是由于这种倾向"②。但是，我们也要注意的是，彼时的普奥之间还存在着一种松散的联系，至少，奥地利的哈布斯堡家族仍然掌管着整个德意志地区的事务，它对于普鲁士邦民族热情和利益的保障似乎有点热情不高或力不从心，而1815年在法兰克福举行的德意志邦联会议也并没有实质地解决普奥之间的关系，这便是后来普鲁士力求挣脱奥地利梅特涅政府的管辖，进而力求通过自己的努力完成德国统一的一个基础背景。

实际的情况是，在德国统一的问题上，作为最大邦的普鲁士始终在

---

① 〔德〕迪特尔·拉夫：《德意志史——从古老帝国到第二共和国》，波恩 Inter Nationes 出版社1987年版，第55页。

② 〔德〕曼海姆：《保守主义》，李朝晖等译，译林出版社2002年版，第118页。

默默努力。1834年,德意志关税同盟的成立大大增强了德国统一的可能性,至少,经济上的同盟关系为实现政治上的同盟奠定了较好基础。时任普鲁士财长的莫茨在给国王的备忘录中写道:"收取进关、出关和过关税仅仅是各国在政治上分裂所造成的后果,如果这一点确是政治学真理的话,那么反过来说,这些国家结成关税和商业联盟的同时,它们也必将统一成一个政治体系,这也应当是真理。"①通过这种努力,普鲁士的民族主义热望又一次被点燃,更重要的是,此间,法国在非洲所进行的殖民掠夺以及为谋求霸权进而和奥地利所产生的冲突,使德国人对法国人的仇视之心又一次被强化,这让本就分邦割据的德意志各邦在精神上团结到了一起。

当然,属于德意志民族主义胜利的时刻还远未到来,1848年革命似乎又一次从相反的意义上刺激了德意志的民族主义。实际上,此间所举行的国民议会并没有解决德意志问题,舒尔茨也因此感叹道:"国民议会缺少一个能一眼看到机会并抓住不放的天才——它忘记了,在大动干戈的时代里,世界历史是不会等待思想家的。所以它必然一事无成。"②事实正是如此,就在国民议会的谈判桌上,普鲁士力求在德国建立起一个联邦国家,把各国国王变成普鲁士的属国并且把奥地利排除出去,此建议得到了与会成员的反对,可是,和奥地利政府那种更加保守的提议相比,这一建议的建设性意义似乎要大一点,但是无论怎么讲,英国、法国、俄国都不愿意普鲁士连为一体,法国的德·路易斯在日记中直接写道:"法国的优越性就在于民族的统一;法国的主要利益就是防止在欧洲结合成这样一些实体,这些实体把今天臣服于不同政权的人民捏合在一个单一的国家之中而变得比法国自己更加强大。一切旨在阻止统一的努力和一切使各个大的民族保持分裂状态的做法,对我们都是

---

① 〔德〕迪特尔·拉夫:《德意志史——从古老帝国到第二共和国》,波恩 Inter Nationes 出版社1987年版,第77页。

② 转引自〔德〕迪特尔·拉夫:《德意志史——从古老帝国到第二共和国》,波恩 Inter Nationes 出版社1987年版,第90页。

有益的。"①

上述可见,在18—19世纪的民族国家进程中,法国和德国的民族主义始终在场,二者的区别在于,在法国这边,民族主义处于攻势;在德国这边,民族主义处于守势,但是,这也只是最初的态势。当拿破仑剑指德国时,德国的保守主义、民族主义和历史主义思潮也就自动站到了一起,只有在1871年普鲁士人在法国的凡尔赛宫宣告德国统一时,德意志的民族主义才完成了自己阶段性的历史使命。

(二)神学观念的差异

同样是替保守的制度辩护,但是,法国是天主教传统,而德国是基督教传统。在基督教从天主教分离独立的过程中,德国的马丁·路德起到了至关重要的作用。但是,马丁·路德的宗教改革毕竟是16世纪的事情,法国大革命爆发于1789年,在革命爆发前夕,无论是德国还是法国,随着世俗王权的巩固和强大,宗教的至高无上性已经减弱,其世俗化倾向已经十分明显。除了举行宗教仪式、从事民事等级、发展社会教育和扶危济困并控制人的精神活动之外,正统教会的职能已经日益单一。更为根本的是,为了确保各自的财产和权力,教权和王权必须密切配合,或者说,王权与教权其实是一种互相利用的关系。

在上述背景下,法国天主教的活动领地已经十分有限,除了保有自己的财产、特权和独立组织性之外,其主要作用在于勉强维持教会与基督徒之间的社会联系,同意给国王无偿的赠予。德国的红衣主教、主教和教士也是世俗的君主,受基督新教精神和仪式仪轨的影响,德国的新教更多变成了一种平民化、普世化的道德律令。易言之,"对修道士的敌视,首先对隐修士的敌视,已是相当普遍的现象"②。所以,彼时的人们已

---

① 〔德〕迪特尔·拉夫:《德意志史——从古老帝国到第二共和国》,波恩Inter Nationes出版社1987年版,第92页。

② 〔法〕乔治·勒费弗尔:《法国革命史》,顾良等译,商务印书馆2010年版,第45页。

经逐渐把神职人员看作是从事伦理教育和宣传的公职人员,这充分表明了宗教的世俗化趋势。

尽管教会世俗化的倾向已很明显,尽管其与罗马教廷存在着重要联系,但是,从当时法国社会的等级分布来讲,教士阶层仍然连同许多王室成员以及世袭贵族一起并列于第一等级,这些人是社会的主人,而不是社会的仆人。从这个意义上说,启蒙思想家所宣传的天赋人权、人人生而平等的原则必然会引起根本的阶级矛盾。在伯克看来,主仆关系只是表象,这种表象意味着,国王存在的根本理由就是因为有人民的支持,如果国王不为人民谋利益,他就没有称王的理由,但是,伯克同时意味深长地指出:"这并不意味着,在一般意义上(至少就我们的宪法而言)他们就跟真正的仆人是一样的。仆人的最根本处境是要听从他人的命令并且是可以被随意差遣免职的。而不列颠的国王不服从任何其他人。其他的所有人,不论是个人也好还是集体也好,都在他之下并且有服从他的法律义务。"① 所以,当法国大革命的信息传到英国时,英国的保守主义者(尤其是伯克)不仅对其进行了严厉的道德批判,而且从宗教教义出发对共和制的危害进行了控诉。如果说法国大革命推崇的是人权,那么,伯克所深究的则是人性。从人性的平等主义精神出发,他认为,法王路易十六连同他的王公贵族也是法国公民的一分子,当愤怒的法国人民冲向王室大肆毁坏的时候,他们可曾想过他们已经违背了革命的平等原则和自由精神,说到底,国民议会就是个混杂的俱乐部,这个俱乐部的所有代表的心灵已经受到了玷污,所以,"正义是严肃和庄重的,只有在非此不可的情况下才应施以惩罚,但凡还有选择,就不应诉诸此手段"②。有幸的是,英国的情况并不是这样,"英国人民感到满意的是,宗教对大人物所提供的慰藉与它所能提供的教导

---

① 〔英〕埃德蒙·柏克:《法国大革命反思录》,冯丽译,江西人民出版社2015年版,第56页。

② 〔英〕埃德蒙·柏克:《法国大革命反思录》,冯丽译,江西人民出版社2015年版,第128页。

是同等必要的"①。

较之于法国和英国,德国的保守性要更强,所以,在维护上帝的事情上,德国的历史主义者几乎都沿袭了有神论传统。当然,一个思想前提是,在法国大革命之前,对宗教的批判已经一浪高过一浪,所以,在革命过程中,法国民众对教会恶行的清算是连同对封建贵族的反抗一起进行的。但是,在德国这边,情况要差很多,根本的原因是,德国当时没有一个统一的中央政权,只有散居于德意志各地的大大小小的邦国,加之当时的市民阶级和无产阶级并不成熟,也不具备共同的组织和行动能力,所以,他们更多是在思想深处与法国大革命遥相呼应。因此,一个鲜明的区别就是,在法国大革命之前,宗教批判已经开始甚至完成,而在德国,直到19世纪上半叶宗教批判才开始。例如,在施特劳斯的《耶稣传》(1835年)和费尔巴哈的《基督教的本质》(1841年)这里,哲学家们才开始本质地反思上帝与人的颠倒关系。

当然,这种批判依然不彻底。原因是,在古典哲学的高峰时期(例如在黑格尔这里),固然是人的自由意识得到了某种程度的重视,但从根本上讲,黑格尔不仅没有放弃神性,反而极力替上帝进行存在论辩护。也正是在此基础上,马克思才发动了存在论革命。十分重要的是,彼时的马克思显然已经站在了法国的唯物主义和人道主义立场,而且,这种立场在根本上体现了新兴资产阶级的立场,它代表着世界历史发展的总方向。

回过头来看,德国史学家的历史保守主义就有点显得不合时宜。为了表达对奥斯纳布吕克地区古建筑的迷恋之情,尤斯图斯·默泽尔坦言:"每当我遇到一种与现代理性不合拍的旧传统或旧习俗时,我就不停地在它周围徘徊,心里想'毕竟,我们的祖先不是傻瓜',直到我为他找到一个合理的理由。"②默泽尔基于历史特性而表达出的保守主义情结的确让

---

① 〔英〕埃德蒙·柏克:《法国大革命反思录》,冯丽译,江西人民出版社2015年版,第152页。

② 转引自〔德〕曼海姆:《保守主义》,李朝晖等译,译林出版社2002年版,第147页。

人印象深刻，但是，这种"恋古癖"究竟能为现实的发展产生何种作用呢？曼海姆对默泽尔评价道："他就生活在一年一年地保存下来的过去的残余中。他生活于其中并在其中说话。过去并不是被他落在后面的东西，而是对现已濒临灭亡的东西的强化。"① 这一点与马克思当年对历史法学派的批判何其相似？

正是因为比保守主义更加保守，所以，历史主义必然要与法国那种激进的革命逻辑展开较量。实际的情况是，历史主义在维护基督教正统进而为德意志特殊性进行辩护的道路上从未止步，以至于在二战结束之后，梅尼克依然对德国的历史特性念念不忘。如安东尼所言："在梅尼克看来，德国历史主义摧毁的正是这种作为现代世界的人道主义和民主主义理想之基础的观念。在过去的两千多年里，这种普遍理性曾是西方文明的北斗星，但在梅尼克看来，它无非是个抽象、空洞而且虚伪的概念，他认为，摧毁这一观念是自宗教改革以来德国思想取得的第二个伟大成就。概言之，德国历史主义用个体化的具体思维代替了一概而论的抽象思维。18世纪的世界主义者徒劳地谈论人类，德国历史主义则认为民族是个活生生的有机体，它有自己的灵魂、自己的精神，以及自己独特的历史。这种历史多样性的视角必然衍生出政治现实主义，因为整个民族个体必然要求毫无顾忌地实现排他性的自身利益。"②

即使德国历史主义强化了英法保守主义的保守主义方面，但是，法国大革命依然在遵循着自己的逻辑向前发展。这中间，尽管发生过王朝复辟，尽管发生过恐怖专制，尽管产生了拿破仑帝制，但是所有这些都是历史变革和前进的必要环节。这中间有一个马克思主义所谓的历史的前进性和曲折性相互交织的问题，反过来说，这恰恰是现代性内部自我对抗、自我否定、自我变革进而推陈出新的一种必然的方式。在此宏大

---

① 〔德〕曼海姆：《保守主义》，李朝晖等译，译林出版社2002年版，第147页。
② 〔意〕安东尼：《历史主义》，黄艳红译，格致出版社、上海人民出版社2010年版，第6页。

的思想史格局中，自由主义和保守主义已经根据实际做出了多次调整，二者对彼此的积极因素也互相进行了吸收，而作为一种充分吸收了保守主义因素的历史主义思潮也已经在20世纪60年代之后走向衰落，这便是自启蒙以来的近代欧洲社会的另一种思想史格局。

参考文献

中文文献

（1）《马克思恩格斯文集（1—10）》，北京：人民出版社，2009。

（2）〔古希腊〕希罗多德：《历史（上、下）》，王以铸译，北京：商务印书馆，1959。

（3）〔德〕黑格尔：《哲学史讲演录（第1卷）》，贺麟、王太庆译，北京：商务印书馆，1959。

（4）〔德〕李斯特：《政治经济学的国民体系》，陈万煦译，北京：商务印书馆，1961。

（5）〔德〕黑格尔：《法哲学原理》，范扬、张启泰译，北京：商务印书馆，1961。

（6）〔美〕鲁滨孙：《新史学》，齐思和等译，北京：商务印书馆，1964。

（7）〔英〕亚当·斯密：《国民财富的性质和原因研究》，郭大力、王亚南译，北京：商务印书馆，1974。

（8）〔德〕谢林：《先验唯心论体系》，梁志学、石泉译，北京：商务印书馆，1976。

（9）〔德〕黑格尔：《哲学史讲演录（第4卷）》，北京：商务印书馆，1978。

（10）〔德〕黑格尔：《精神现象学（上、下）》，贺麟、王玖兴译，北京：商务印书馆，1979。

（11）〔德〕黑格尔：《小逻辑》，贺麟译，北京：商务印书馆，1980。

（12）〔德〕威廉·罗雪尔：《历史方法的国民经济学讲义大纲》，朱绍文译，北京：商务印书馆，1981。

（13）〔德〕海涅：《论德国》，薛华、海安译，北京：商务印书馆，1980。

（14）〔法〕摩莱里：《自然法典》，黄建华、姜亚洲译，北京：商务印书馆，1982。

（15）〔意〕克罗齐：《历史学的理论和实际》，傅任敢译，北京：商务印书馆，1982。

（16）〔意〕马基雅维利：《君主论》，潘汉典译，北京：商务印书馆，1985。

（17）〔意〕维柯：《新科学》，朱光潜译，北京：人民文学出版社，1986。

（18）〔法〕笛卡尔：《第一哲学沉思集》，庞景仁译，北京：商务印书馆，1986。

（19）〔德〕迪特尔·拉夫：《德意志史》，香港：波恩 Inter Nationes 出版，1987。

（20）〔英〕巴勒克拉夫：《当代史学主要趋势》，杨豫译，上海：上海译文出版社，1987。

（21）〔美〕威廉·德雷：《历史哲学》，王炜、尚新建译，北京：生活·读书·新知三联书店，1988。

（22）〔英〕古奇：《十九世纪历史学与历史学家（上、下）》，耿淡如译，北京：商务印书馆，1989。

（23）〔美〕伊格尔斯：《欧洲史学新方向》，赵世玲、赵世瑜译，北京：华夏出版社，1989。

（24）〔美〕平森：《德国近现代史（上、下）》，范德一译，北京：商务印书馆，1989。

（25）〔美〕威廉姆·肖：《马克思的历史理论》，阮仁慧译，重庆：重庆出版社，1989。

（26）〔英〕柯亨：《卡尔·马克思的历史理论——一个辩护》，岳长龄译，重庆：重庆出版社，1989。

（27）〔德〕巴莱特、格哈德：《德国启蒙运动时期的文化》，王昭仁、曹其宁译，北京：商务印书馆，1990。

（28）〔德〕康德：《历史理性批判文集》，何兆武译，北京：商务印书馆，1990。

（29）〔德〕威廉·格曼斯：《德国文化简史》，王旭译，桂林：广西师范大学出版社，2017。

（30）〔德〕艾米尔·路德维希：《德国人：一个具有双重历史的国家》，杨成绪、潘琪译，北京：生活·读书·新知三联书店，1991。

（31）〔德〕梅尼克：《德国的浩劫》，何兆武译，北京：生活·读书·新知三联书店，1991。

（32）〔德〕曼弗里德·布尔：《理性的历史：德国古典哲学关于历史的思考》，王步涛译，北京：社会科学文献出版社，1992。

（33）〔美〕詹姆逊：《语言的牢笼·马克思主义与形式》，钱佼汝、李自修译，南昌：百花洲文艺出版社，1995。

（34）〔美〕J. W. 汤普森：《历史著作史（第1—4卷）》，孙秉莹、谢德风译，北京：商务印书馆，1996。

（35）〔英〕柯林武德：《历史的观念》，何兆武、张文杰译，北京：商务印书馆，1997。

（36）〔德〕马克斯·布劳巴赫等：《德意志史（上、下）》，陆世澄、王昭仁译，北京：商务印书馆，1998。

（37）〔法〕孔多塞：《人类精神进步史表纲要》，何兆武、何冰译，北京：生活·读书·新知三联书店，1998。

（38）〔德〕威廉·冯·洪堡：《论国家的作用》，林荣远、冯兴元译，北京：中国社会科学出版社，1998。

（39）〔英〕柏克:《法国革命论》,何兆武等译,北京:商务印书馆,1998。

（40）〔英〕卡尔·波普尔:《历史主义贫困论》,何林、赵平译,北京:中国社会科学出版社,1998。

（41）〔德〕萨维尼:《法律冲突与法律规则的地域和时间范围》,李双元等译,北京:法律出版社,1999。

（42）〔德〕胡塞尔:《哲学作为严格的科学》,倪梁康译,北京:商务印书馆,1999。

（43）〔德〕埃里希·卡勒尔:《德意志人》,黄正柏等译,北京:商务印书馆,1999。

（44）〔英〕沃尔什:《历史哲学——导论》,何兆武、张文杰译,桂林:广西师范大学出版社,2001。

（45）〔英〕格鲁内尔:《历史哲学:批判的论文》,隗仁莲译,桂林:广西师范大学出版社,2001。

（46）〔德〕温克尔曼:《希腊人的艺术》,邵大箴译,桂林:广西师范大学出版社,2001。

（47）〔德〕费希特:《论法国革命》,李理译,贵阳:贵州人民出版社,2001。

（48）〔德〕萨维尼:《论立法与法学的当代使命》,许章润译,北京:中国法制出版社,2001。

（49）〔德〕狄尔泰:《历史中的意义》,艾彦、逸飞译,北京:中国城市出版社,2001。

（50）〔德〕胡塞尔:《欧洲科学的危机与超越论的现象学》,王炳文译,北京:商务印书馆,2001。

（51）〔德〕狄尔泰:《精神科学引论(第一卷)》,童奇志、王海鸥译,北京:中国城市出版社,2002。

（52）〔德〕莱辛:《汉堡剧评》,张黎译,上海:上海人民出版社,2002。

（53）〔德〕卡尔·曼海姆：《保守主义》，李昭晖、牟建君译，南京：译林出版社，2002。

（54）〔英〕以赛亚·伯林：《反潮流：观念史论文集》，冯克利译，南京：译林出版社，2002。

（55）〔英〕汤因比等著，张文杰编：《历史的话语：现代西方历史哲学译文集》，桂林：广西师范大学出版社，2002。

（56）〔德〕霍克海默、阿道尔诺：《启蒙辩证法》，渠敬东、曹卫东译，上海：上海人民出版社，2003。

（57）〔英〕哈耶克：《科学的反革命》，冯克利译，南京：译林出版社，2003。

（58）〔美〕库恩：《科学革命的结构》，金吾伦、胡新和译，北京：北京大学出版社，2003。

（59）〔德〕狄尔泰：《体验与诗》，胡其鼎译，北京：生活·读书·新知三联书店，2003。

（60）〔德〕特勒尔奇：《基督教伦理与现代》，朱雁冰等译，北京：华夏出版社，2004。

（61）〔德〕卡西尔：《人文科学的逻辑》，关子尹译，上海：上海译文出版社，2004。

（62）〔德〕加达默尔：《哲学解释学》，夏镇平、宋建平译，上海：上海译文出版社，2004。

（63）〔德〕加达默尔：《真理与方法（上、下）》，洪汉鼎译，上海：上海译文出版社，2004。

（64）〔法〕保罗·利科：《历史与真理》，姜志辉译，上海：上海译文出版社，2004。

（65）〔美〕怀特：《元史学：19世纪欧洲的历史想像》，陈新译，南京：译林出版社，2004。

（66）〔美〕彼得·赖尔、艾伦·威尔逊：《启蒙运动百科全书》，刘北成、王皖强编译，上海：上海人民出版社，2004。

（67）〔德〕哈贝马斯：《现代性的哲学话语》，曹卫东等译，南京：译林出版社，2004。

（68）〔英〕奥克肖特：《经验及其模式》，吴玉军译，北京：文津出版社，2004。

（69）〔英〕加登纳：《历史解释的性质》，江怡译，北京：文津出版社，2005。

（70）〔英〕约翰·伯瑞：《进步的观念》，范祥涛译，上海：上海三联书店，2005。

（71）〔美〕怀特：《形式的内容：叙事话语与历史再现》，董立河译，北京：文津出版社，2005。

（72）〔美〕詹姆斯·施密特：《启蒙运动与现代性》，徐向东、卢华萍译，上海：上海人民出版社，2005。

（73）〔英〕以赛亚·伯林：《启蒙的时代》，孙尚扬、杨深译，南京：译林出版社，2005。

（74）〔荷兰〕弗兰克·安柯斯密特：《历史与转义：隐喻的兴衰》，韩震译，北京：文津出版社，2005。

（75）〔美〕马丁：《历史解释：重演和实践推断》，王晓红译，北京：文津出版社，2005。

（76）〔德〕尼采：《历史的用途与滥用》，陈涛、周辉荣译，上海：上海人民出版社，2005。

（77）〔意〕克罗齐：《作为思想和行动的历史》，田时刚译，北京：中国社会科学出版社，2005。

（78）〔意〕克罗齐：《十九世纪欧洲史》，田时刚译，北京：中国社会科学出版社，2005。

（79）〔美〕费舍尔：《纳粹德国：一部新的历史（上、下）》，萧韶工作室译，南京：江苏人民出版社，2005。

（80）〔美〕盖伊：《魏玛文化：一则短暂而璀璨的文化传奇》，刘森尧译，合肥：安徽教育出版社，2005。

（81）〔德〕约恩·吕森：《历史思考的新途径》，綦甲福、来炯译，上海：上海人民出版社，2005。

（82）〔德〕斯宾格勒：《西方的没落（一、二卷）》，吴琼译，上海：上海三联书店，2006。

（83）〔美〕唐纳德·凯利：《多面的历史》，陈恒、宋立宏译，北京：生活·读书·新知三联书店，2006。

（84）〔德〕黑格尔：《历史哲学》，王造时译，上海：上海人民出版社，2006。

（85）〔美〕伊格尔斯：《德国的历史观》，彭刚、顾杭译，南京：译林出版社，2006。

（86）〔美〕伊格尔斯：《二十世纪的历史学》，何兆武译，济南：山东大学出版社，2006。

（87）〔英〕彼得·伯克：《法国史学革命：年鉴学派，1929—1989》，刘永华译，北京：北京大学出版社，2006。

（88）〔法〕马克·布洛赫：《为历史学辩护》，张和声、程郁译，北京：中国人民大学出版社，2006。

（89）〔德〕海德格尔：《存在与时间》，陈嘉映、王庆节译，北京：生活·读书·新知三联书店，2006。

（90）〔德〕德罗伊森：《历史知识理论》，胡昌智译，北京：北京大学出版社，2006。

（91）〔美〕列奥·施特劳斯：《自然权利与历史》，彭刚译，北京：生活·读书·新知三联书店，2006。

（92）〔美〕维塞尔：《启蒙运动的内在问题》，贺志刚译，北京：华夏出版社，2007。

（93）〔德〕海因里希·罗门：《自然法的观念史和哲学》，姚中秋译，上海：上海三联书店，2007。

（94）〔德〕李凯尔特：《李凯尔特的历史哲学》，涂纪亮译，北京：北京大学出版社，2007。

（95）〔英〕E. H. 卡尔：《历史是什么？》，陈恒译，北京：商务印书馆，2007。

（96）〔俄〕加比托娃：《德国浪漫哲学》，王念宁译，北京：中央编译出版社，2007。

（97）〔瑞士〕布克哈特：《世界历史沉思录》，金寿福译，北京：北京大学出版社，2007。

（98）〔英〕布莱德雷：《批判历史学的前提假设》，何兆武、张丽艳译，北京：北京大学出版社，2007。

（99）〔德〕莱布尼茨：《神义论》，朱雁冰译，北京：生活·读书·新知三联书店，2007。

（100）〔德〕赫尔德：《赫尔德美学文选》，张玉能译，上海：同济大学出版社，2007。

（101）〔美〕法伊尔阿本德：《反对方法：无政府主义知识论纲要》，周昌忠译，上海：上海译文出版社，2007。

（102）〔德〕梅尼克：《世界主义与民族国家》，孟钟捷译，上海：上海三联书店，2007。

（103）〔德〕米夏埃尔：《德意志：一段寻找自我的国家历史》，孙雪晶译，天津：天津人民出版社，2007。

（104）〔美〕丹图：《叙述与认识》，周建漳译，上海：上海译文出版社，2007。

（105）〔波兰〕埃娃·多曼斯卡：《邂逅：后现代主义之后的历史哲学》，彭刚译，北京：北京大学出版社，2007。

（106）〔德〕海德格尔：《现象学之基本问题》，丁耘译，上海：上海译文出版社，2008。

（107）〔英〕以赛亚·伯林：《浪漫主义的根源》，吕梁等译，南京：译林出版社，2008。

（108）〔德〕迈内克：《马基雅维利主义》，时殷弘译，北京：商务印书馆，2008。

（109）〔加〕帕米拉·麦考勒姆：《后现代主义质疑历史》，蓝仁哲、韩启群译，北京：中国社会科学出版社，2008。

（110）〔英〕伯恩斯、皮卡德：《历史哲学：从启蒙到后现代性》，张羽佳译，北京：北京师范大学出版社，2008。

（111）〔法〕布罗代尔：《论历史》，刘北成、周立红译，北京：北京大学出版社，2008。

（112）〔德〕马克斯·韦伯：《罗雪尔与克尼斯：历史经济学的逻辑问题》，李荣山译，上海：上海人民出版社，2009。

（113）〔德〕梅尼克：《历史主义的兴起》，陆月宏译，南京：译林出版社，2009。

（114）〔美〕埃伦·梅克辛斯·伍德、约翰·贝拉米·福斯特主编：《保卫历史——马克思主义与后现代主义》，郝名玮译，北京：社会科学文献出版社，2009。

（115）〔加〕让·格朗丹：《哲学解释学导论》，何卫平译，北京：商务印书馆，2009。

（116）〔德〕蒂堡、萨维尼：《论统一民法对于德意志的必要性：蒂堡与萨维尼论战文选》，朱虎译，北京：中国法制出版社，2009。

（117）〔德〕赫尔德：《反纯粹理性——论宗教、语言和历史文选》，张晓梅译，北京：商务印书馆，2010。

（118）〔法〕约瑟夫·德·迈斯特：《信仰与传统——迈斯特文集》，冯克利、杨日鹏译，北京：商务印书馆，2010。

（119）〔德〕费希特：《对德意志民族的演讲》，梁志学、沈真等译，北京：商务印书馆，2010。

（120）〔德〕兰克：《历史上的各个时代》，杨培英译，北京：北京大学出版社，2010。

（121）〔法〕安托万·基扬：《近代德国及其历史学家》，黄艳红译，北京：北京大学出版社，2010。

（122）〔德〕托尔斯滕·克尔讷：《纳粹德国的兴亡》，李工真译，北京：人民出版社，2010。

（123）〔德〕勒佩尼斯：《德国历史中的文化诱惑》，刘春芳、高新华译，南京：译林出版社，2010。

（124）〔意〕卡洛·安东尼：《历史主义》，黄艳红译，上海：格致出版社、上海人民出版社，2010。

（125）〔法〕吕西安·费弗尔：《莱茵河》，许明龙译，北京：商务印书馆，2010。

（126）〔英〕弗尔布鲁克：《德国史：1918—2008》，卿文辉译，上海：上海人民出版社，2011。

（127）〔英〕巴勒克拉夫：《当代史导论》，张广勇、张宇红译，上海：上海社会科学院出版社，2011。

（128）〔美〕理查德·塔纳斯：《西方思想史》，吴象婴等译，上海：上海社会科学院出版社，2011。

（129）〔德〕斯特凡·约尔丹：《历史科学基本概念辞典》，孟钟捷译，北京：北京大学出版社，2012。

（130）〔美〕莫里斯·曼德尔鲍姆：《历史知识问题》，涂纪亮译，北京：北京大学出版社，2012。

（131）〔法〕皮埃尔·迪昂：《德国的科学》，李醒民译，北京：商务印书馆，2012。

（132）〔美〕帕尔默：《诠释学》，潘德荣译，北京：商务印书馆，2012。

（133）〔美〕卡尔·贝克尔：《人人都是他自己的历史学家》，马万利译，北京：北京大学出版社，2013。

（134）〔德〕赫伯特·施奈德尔巴赫：《黑格尔之后的历史哲学：历史主义问题》，励洁丹译，杭州：浙江大学出版社，2014。

（135）〔德〕萨弗兰斯基：《荣耀与丑闻：反思德国浪漫主义》，卫茂平译，上海：上海人民出版社，2014。

（136）〔德〕哈贝马斯等：《希特勒，永不消散的阴云？——德国历史学家之争》,崔博等译,北京:生活·读书·新知三联书店,2014。

(137)〔德〕兰克:《近代史家批判》,孙立新译,北京:北京大学出版社,2016。

(138)〔法〕雷蒙·阿隆:《历史讲演录》,张琳敏译,上海:上海译文出版社,2016。

(139)〔德〕扬·德马斯:《极简德国史》,冯小冰译,北京:中国友谊出版社公司,2017。

(140)〔德〕维克托·法里亚斯:《海德格尔与纳粹主义》,郑永慧等译,北京:时事出版社,2000。

(141)〔德〕特洛尔奇等:《克服历史主义》,陈湛等译,北京:华夏出版社,2021。

外文文献

(1) Clarence T. Craig, Biblical Theology and the Rise of Historicism, *Journal of Biblical Literature*, Vol. 62, No. 4(Dec., 1943), pp. 281-294.

(2) F. H. Heinemann, Reply to Historicism, *Philosophy*, Vol. 21, No. 80(Nov., 1946), pp. 245-257.

(3) Erich Auerbach, Vico and Aesthetic Historism, *The Journal of Aesthetics and Art Criticism*, Vol. 8, No. 2(Dec., 1949), pp. 110-118.

(4) Gerald Strauss, Meinecke, Historismus, and the Cult of the Irrational, *The German Quarterly*, Vol. 26, No. 2(Mar., 1953), pp. 107-114.

(5) Glenn Tinder, The Necessity of Historicism, *The American Political Science Review*, Vol. 55, No. 3(Sept., 1961), pp. 560-565.

(6) George H. Nadel, Philosophy of History before Historicism, *History and Theory*, Vol. 3, No. 3(1964), pp. 291-315.

(7) H. Ganse Little, Jr. Ernst Troeltsch and the Scope of Historicism, *The Journal of Religion*, Vol. 46, No. 3(Jul., 1966), pp. 343-364.

(8) Georg G. Iggers and Helen P. Liebel, Comments on Helen

Liebel's "Rise of German Historicism", *Eighteenth-Century Studies*, Vol. 5, No. 4(Summer, 1972), pp. 587-603.

(9) Laurence Lampert, On Heidegger and Historicism, *Philosophy and Phenomenological Research*, Vol. 34, No. 4(Jun., 1974), pp. 586-590.

(10) Colin T. Loader, German Historicism and Its Crisis, *The Journal of Modern History*, Vol. 48, No. 3, On Demand Supplement(Sept., 1976), pp. 85-119.

(11) Jonathan Ree, The Vanity of Historicism, *New Literary History*, Vol. 22, No. 4, Papers from the Commonwealth Center for Literary and Cultural Change(Autumn, 1991), pp. 961-983.

(12) Helen P. Liebel, The Enlightenment and the Rise of Historicism in German Thought, *Eighteenth-Century Studies*, Vol. 4, No. 4(Summer, 1971), pp. 359-385.

(13) Tom Lewis, The New Historicism and Marxism Author(s), *The Journal of the Midwest Modern Language Association*, Vol. 24, No. 1, Cultural Studies and New Historicism (Spring, 1991), pp. 14-23.

(14) G. G. Iggers, The German Enlightenment and the Rise of Historicism by Peter Hans Reill, *The History Teacher*, Vol. 10, No. 2(Feb., 1977), pp. 339-340.

(15) Laurence Lerner, Against Historicism, *New Literary History*, Vol. 24, No. 2, Reconsiderations (Spring, 1993), pp. 273-292.

(16) Allan Megill, Why Was There a Crisis of Hoistoricism, *History and Theory*, Vol. 36, No. 3(Oct., 1997), pp. 416-429.

国内相关专著

（1）刘新利：《德意志历史上的民族与宗教》，北京：商务印书馆，2009。

（2）张京媛：《新历史主义与文学批评》，北京：北京大学出版社，

1993。

（3）李秋零：《德国哲人视野中的历史》，北京：中国人民大学出版社，1994。

（4）孙凤城编选：《德国浪漫主义作品选》，北京：人民文学出版社，1997。

（5）何兆武：《历史理论与史学理论》，北京：商务印书馆，1999。

（6）王学典：《二十世纪后半期中国史学主潮》，济南：山东大学出版社，2000。

（7）王晴佳：《西方的历史观念》，上海：华东师范大学出版社，2002。

（8）韩震、孟鸣岐：《历史·理解·意义：历史诠释学》，上海：上海译文出版社，2002。

（9）黄进兴：《历史主义与历史理论》，西安：陕西师范大学出版社，2002。

（10）丁建弘：《德国通史》，上海：上海社会科学院出版社，2002。

（11）何兆武、陈启能：《当代西方史学理论》，上海：上海社会科学院出版社，2003。

（12）王晴佳、古伟瀛：《后现代与历史学——中西比较》，济南：山东大学出版社，2003。

（13）丁建弘、李霞：《德国文化：普鲁士精神和文化》，上海：上海社会科学院出版社，2003。

（14）许章润：《萨维尼与历史法学派》，桂林：广西师范大学出版社，2004。

（15）张广智：《西方史学史》，上海：复旦大学出版社，2004。

（16）陈新：《当代西方历史哲学读本》，上海：复旦大学出版社，2004。

（17）冯景源：《人类境遇与历史时空：马克思〈人类学笔记〉、〈历史学笔记〉研究》，北京：中国人民大学出版社，2004。

（18）张庆雄、周林东、徐英瑾：《二十世纪英美哲学》，北京：人民出版社，2005。

（19）易兰：《兰克史学研究》，上海：复旦大学出版社，2006。

（20）何兆武：《历史与历史学》，武汉：湖北人民出版社，2007。

（21）黄进兴：《后现代主义与史学研究》，北京：生活·读书·新知三联书店，2008。

（22）张汝伦：《二十世纪德国哲学》，北京：人民出版社，2008。

（23）王晴佳：《新史学讲演录》，北京：中国人民大学出版社，2010。

（24）李工真：《德意志现代化进程与德意志知识界》，北京：商务印书馆，2010。

（25）鲁成文：《德意志之在（上、下）》，北京：世界图书出版公司，2010。

（26）宋友文：《历史主义与现代价值危机》，北京：人民出版社，2012。

（27）袁雷、张云飞：《马克思恩格斯"论东方村社"研究读本》，北京：中央编译出版社，2013。

（28）焦佩锋：《唯物史观与历史主义》，上海：复旦大学出版社，2013。

（29）焦佩锋：《唯物史观与当代历史主义》，北京：人民出版社，2019。

（30）曹典顺：《马克思〈人类学笔记〉研究读本》，北京：中央编译出版社，2013。

（31）李百玲：《马克思〈历史学笔记〉研究读本》，北京：中央编译出版社，2014。

（32）陈乐民：《20世纪的欧洲："欧洲观念"的历史哲学》，北京：生活·读书·新知三联书店，2014。

（33）韩震：《20世纪西方历史哲学》，北京：北京师范大学出版社，

2015。

（34）曹卫东等：《德意志的乡愁：20世纪德国保守主义思想史》，上海：上海人民出版社，2015。

（35）管小其：《启蒙的后现代反思》，北京：人民日报出版社，2015。

（36）沈湘平：《唯一的历史科学：马克思学说的自我规定》，北京：中国社会科学出版社，2016。

论文类文献

（1）伊格尔斯：《历史主义的由来及其含义》，《史学理论研究》1998年第1期。

（2）费迪耶等：《晚期海德格尔的三天讨论班纪要》，《哲学译丛》2001年第3期。

（3）格朗丹：《历史主义的解释学问题》，《江苏行政学院学报》2006年第4期。

（4）王晴佳：《论近代德国的历史思想和实践》，《世界历史》1990年第6期。

（5）张汝伦：《历史主义与现代性》，《浙江社会科学》2000年第6期。

（6）刘新利：《二战前后德国历史研究中的民族主义》，《世界历史》2002年第2期。

（7）万丹、伍屏芝：《论库恩的历史主义》，《江西社会科学》2003年第12期。

（8）马德普：《历史主义的兴起及其对自由主义普遍主义的冲击》，《政治学研究》2003年第4期。

（9）俞吾金：《人体解剖是猴体解剖的钥匙——历史主义批判》，《探索与争鸣》2007年第1期。

（10）陈新：《20世纪早期的德国史学：一种目的论解释》，《江海学刊》2007年第3期。

（11）景德祥：《德国历史主义学派的评价问题》，《山东社会科学》2007年第7期。

（12）倪梁康：《历史现象学与历史主义》，《西北师范大学学报（社会科学版）》2008年第4期。

（13）邹诗鹏：《解释学史学观批判（上、下）》，《学术月刊》2008年第1、2期。

（14）邹诗鹏：《唯物史观对启蒙的超越与转化》，《哲学研究》2008年第6期。

（15）王新生：《马克思哲学的历史主义根基：遗忘与重建》，《吉林大学社会科学学报》2009年第2期。

（16）黄艳红：《19世纪德国历史主义民族观、国家观和伦理观》，《史学理论研究》2009年第4期。

（17）沈湘平：《马克思思想视域中的历史主义》，《学术月刊》2010年第8期。

（18）边立新：《历史唯物主义对历史主义的超越》，《山东社会科学》2013年第6期。

（19）宋德孝：《历史唯物主义与历史主义关系之再思》，《哲学动态》2016年第7期。

（20）于沛：《从大历史观看人类命运共同体》，《求是》2019年第2期。

（21）焦佩锋：《人类命运共同体与世界历史发展的新视野》，《中国社会科学报》2019年5月30日。

（22）焦佩锋：《德国历史主义的两种形式及其内在问题》，《河北学刊》2018年第6期。

（23）焦佩锋：《从启蒙理性主义、德国历史主义到马克思的历史科学》，中国辩证唯物主义研究会编：《马克思主义哲学论丛》，北京：社会科学文献出版社，2018。

（24）焦佩锋：《民族复兴的历史逻辑》，《哲学研究》2018年第6期。

（25）焦佩锋：《从公共阐释学到历史阐释学》，《哲学动态》2020年第4期。

后　记

　　从 2007 年入读复旦大学接触历史主义问题开始，不知不觉时间已经过去了十多年。在这十多年里，尽管本人始终基于思想史方向来研究和阐释历史主义问题，但是，至今看来，这依然是一项十分艰巨且复杂的学术任务。原因是：（1）就范围而言，历史主义不仅涉及德国与法国对以启蒙为代表的现代性传统的差异性理解，而且涉及文学、艺术、宗教、史学和哲学等领域的思想理论家对历史主义问题的不同解读。（2）就谱系而言，历史主义不仅涉及基于历史意识对德意志特殊性的历史化理解和辩护，而且涉及对欧洲保守主义和自由主义传统的扩展性清理与认识。（3）就意义而言，历史主义不仅涉及对德国式现代化道路的存在论清理，而且涉及对欧洲近世的历史认识论和马克思主义历史理论的方法论阐释。正是源于这种复杂性，"历史主义"其实是一个聚讼纷纭的概念，本人这些年所做的工作无非就是想从思想史的路向为清理这一概念做些基础性工作。

　　依托上述理解，本人先后撰写并出版了《唯物史观与历史主义》（复旦大学出版社 2013 年版）、《唯物史观与当代历史主义》（人民出版社 2018 年版）两本著作，力求沿着西方历史思想史的脉络将 19—20 世纪的历史主义问题先做一个总体梳理，以期为专门化讨论历史主义问题和挖掘马克思历史思想的科学性奠定一个基本的学术背景。实际上，呈现在学界同仁面前的这部《历史主义五论》便是本人以专论的样式深化历史主义问题研究的一种尝试。与之前的两部著作相比，这部著作在体例、结构和方法上有一点变化，其更多聚焦于用问题来带人物、事件和观点，目的是较为丰富地呈现历史主义理论和现实的复杂性，从而推进和深化对历史主义问题的研究。

基于目前的学术理解，本人认为，本著作所选取的五个方面专论大致能够呈现出历史主义问题的复杂性面孔。其中，与历史科学相关联表现的是历史主义问题的学科背景、与自然主义相关联表现的是历史主义问题的法哲学背景、与相对主义相关联表现的是历史主义问题的认识论背景、与纳粹主义相关联表现的是历史主义问题的政治化效应、与保守主义相关联表现的是历史主义问题的价值论背景。经由这些方面，我们认为，对历史主义进行专论式研究完全必要。

回过头来看，尽管历史主义有这样那样的问题，但是，如果对其产生的德国情境做一种"同情式理解"，那么，我们会发现，德国历史主义从产生到发展是德意志民族主义和国家主义相互证成的结果。马克思有言："理论在一个国家实现的程度，总是取决于理论满足这个国家的需要的程度。"① 实际的情况是，在从"观念德意志"向"政治德意志"转型的过程中，作为一个在政治、经济和军事等方面无法与英法相抗衡的松散邦国，德意志只能借助历史和文化为自身求得一种存在论与价值论辩护，历史主义恰恰就是基于历史观念呼应这一需求的现实产物。诚如梅尼克所言，德国历史主义既是一场现实运动，也是一种精神革命，它较好地完成了为德意志"国家理由"进行辩护的理论使命。

思想史的研究并不是要满足一种思想的好奇，也不是要沉醉于不同概念之间的话语游戏，而是要获得对"历史性现实"的真切理解。正是在这个意义上，对于今天的学人而言，对历史主义问题的研究既意味着一种知识或思想考古，也意味着对梅尼克所谓的德意志"国家理由"及其特殊道路的一种再理解与再批判，这才是基于思想史视野考察德国历

---

① 《马克思恩格斯文集》第1卷，人民出版社2009年版，第12页。

史主义问题的现实意义。

当然，上述理解并不意味着历史主义问题的全部，原因是，一方面，一些涉及历史主义研究的理论前提问题，如哲学史和思想史的关系、历史思想史的写法以及历史主义问题的世界历史意义等，本人的思考尚显不足。另一方面，对于历史主义语境中的社会主义与保守主义关系、历史主义与基督教哲学的关系、唯物史观与历史主义的解释学差异、制度经济学派与德国历史学派、历史主义与西方马克思主义、历史主义与阶级分析方法、马克斯·韦伯与德国历史学派、波普尔与历史主义等问题，本人的积累、思考、研究和阐释依然不够。综合而言，历史主义问题是一座思想富矿，值得学界同仁予以共同关注和研究。

学术著作的撰写和出版似乎总是一项遗憾的事业。尽管本书的写作、修改和核校历经一年有余，但是，临近出版之际，笔者依然感到本书的思路和框架尚需修正，有些内容和论点尚需推敲，有些语言和文字尚需雕琢。坦白地讲，从思想性、学术性、现实性和可读性兼备的写作目的出发，这本书目前还是有点不尽如人意。对于这种遗憾，本人只能诚恳接受学界同仁的不吝批评与指正，以便来日再做完善提高。

本书能被商务印书馆接纳和出版，离不开该馆领导和同事的大力支持。衷心感谢商务印书馆党委书记、执行董事顾青同志将本书纳入出版计划，衷心感谢责任编辑石斌在编辑出版方面的辛苦付出。

焦佩锋

2021年10月18日于大有庄